LA INVESTIGACIÓN SOCIAL Y SU PRÁCTICA

LA INVESTIGACIÓN SOCIAL Y SU PRÁCTICA

Aportes latinoamericanos a los debates metodológicos de las ciencias sociales

Azucena Reyes Suárez
Juan Ignacio Piovani
Ezequiel Potaschner
(coordinadores)

CLACSO

teseo

FCPyS
FACULTAD DE
CIENCIAS POLÍTICAS Y SOCIALES

UNCUYO
UNIVERSIDAD
NACIONAL DE CUYO

FaHCE
FACULTAD DE HUMANIDADES Y
CIENCIAS DE LA EDUCACIÓN

UNIVERSIDAD
NACIONAL
DE LA PLATA

RedMet
Red Latinoamericana
de Metodología de las Ciencias Sociales

La investigación social y su práctica: aportes latinoamericanos a los debates metodológicos de las ciencias sociales / Azucena Beatriz Reyes Suárez ... [et al.]; coordinación general de Azucena Beatriz Reyes Suárez; Juan Ignacio Piovani; Ezequiel Potaschner. – 1a ed . – Ciudad Autónoma de Buenos Aires: Teseo; Ciudad Autónoma de Buenos Aires: CLACSO; La Plata: Facultad de Humanidades y Ciencias de la Educación Universidad Nacional de La Plata: Red Latinoamericana de Metodología de las Ciencias Sociales (RedMet), 2018. 318 p.; 20 x 13 cm.

ISBN 978-987-723-175-5

1.Epistemología. 2. Metodología de la Investigación. 3. Ciencias Sociales. I. Reyes Suárez, Azucena Beatriz II. Reyes Suárez, Azucena Beatriz, coord. III. Piovani, Juan Ignacio, coord. IV. Potaschner, Ezequiel, coord.

CDD 121

Índice

Agradecimientos

Esta obra ha sido posible gracias al apoyo brindado por la Facultad de Ciencias Políticas y Sociales de la Universidad Nacional de Cuyo, la Facultad de Humanidades y Ciencias de la Educación de la Universidad Nacional de La Plata, la Red Latinoamericana de Metodología de las Ciencias Sociales (RedMet) y el Consejo Latinoamericano de Ciencias Sociales (CLACSO). Además, fundamentalmente, gracias al trabajo conjunto de numerosos investigadores, docentes y estudiantes de las instituciones mencionadas. Un agradecimiento especial a todos los participantes del V ELMeCS, que con sus aportes y reflexiones han nutrido este espacio de encuentro.

Introducción

Aportes latinoamericanos a los debates metodológicos de las ciencias sociales

AZUCENA REYES SUÁREZ, JUAN IGNACIO PIOVANI
Y EZEQUIEL POTASCHNER

Este libro recoge aportes y reflexiones compartidas durante el V Encuentro Latinoamericano de Metodología de las Ciencias Sociales (ELMeCS) "Métodos, metodologías y nuevas epistemologías en las ciencias sociales: desafíos para el conocimiento profundo de nuestra América", que se realizó en noviembre de 2016 en la ciudad de Mendoza, Argentina, en la Facultad de Ciencias Políticas y Sociales de la Universidad Nacional de Cuyo.

Desde hace diez años la Red Latinoamericana de Metodología de la Ciencias Sociales (RedMet), que nuclea a especialistas en la materia de toda la región, viene realizando estos encuentros en conjunto con diferentes universidades: en 2008 con la Universidad Nacional de La Plata (Argentina), en 2010 con la Universidad de Sonora (México), en 2012 con las Universidades de Manizales y de Caldas (Colombia), en 2014 con la Universidad Nacional (Costa Rica) y en 2016, como se ha señalado, con la Universidad Nacional de Cuyo. Y para el año 2018 está previsto un nuevo encuentro a realizarse en la Universidad de Cuenca (Ecuador).

Los ELMeCS constituyen un ámbito propicio para compartir conocimiento y debatir pluralmente sobre una amplia variedad de cuestiones relacionadas con la investigación social y su práctica, desde sus fundamentos teóricos y epistemológicos hasta sus aspectos técnicos y procedimentales más específicos. A través del tiempo se han transformado en el evento académico especializado en metodología de las ciencias sociales más importante del continente.

En la quinta edición (2016) participaron más de 500 colegas provenientes de diferentes países latinoamericanos, así como de Italia, España y Portugal. Durante una semana se reflexionó sobre nuevas epistemologías, metodologías y métodos para abordar lo "profundo" de la realidad latinoamericana en sus diversas expresiones, desde las culturas originarias hasta las transformaciones sociohistóricas del nuevo siglo. Para ello, se llevaron a cabo 6 seminarios de posgrado internacionales, 5 cursos de actualización en técnicas de investigación y 25 mesas temáticas con presentación de ponencias, además de talleres, paneles y conferencias magistrales. También se organizó una feria del libro de ciencias sociales, entre otras actividades académicas y culturales.

Este libro reúne específicamente los trabajos presentados por los conferencistas y panelistas del encuentro, y constituye una invitación a repensar colectivamente los dilemas e interrogantes del proceso de producción de conocimiento frente a las actuales condiciones sociales, culturales y políticas de nuestra América. El libro se compone de 12 artículos organizados en seis módulos que se corresponden con los bloques temáticos abordados en las conferencias, paneles y el taller, que se orientaron a la discusión de diferentes perspectivas teóricas, metodológicas y epistemológicas, así como a la reflexión en torno del sistema científico en el contexto latinoamericano, la enseñanza de la metodología, las prácticas de investigación social y las herramientas utilizadas en la producción de conocimiento.

El módulo I, "Perspectivas teóricas y metodológicas para el abordaje de nuestra América", se compone de dos artículos. En el primero, titulado "Propuesta epistemológica, respuesta metodológica y desafíos analíticos", Irene Vasilachis presenta una larga y profunda reflexión sobre las formas de conocer, planteando diferentes alternativas y poniendo el foco en la relación saber-poder/conocimiento-poder, así como en cuestiones relativas a la validez del conocimiento. Realiza un análisis crítico de las formas tradicionales de conocer con base en los principios epistemológicos del positivismo y expone una propuesta alternativa centrada en la investigación cualitativa. En este marco rescata la importancia de considerar la perspectiva del sujeto, en cuanto ser humano con emociones, sentires, relaciones, interacciones y vivencias de vida específicas, confrontando con la mirada objetivista –supuestamente neutral–, observacional y de construcción de la evidencia empírica a partir de recursos sensoriales. Asimismo, pone de relieve las diferencias entre producción y reproducción del conocimiento, y entre comprensión de la vida de los sujetos en contextos específicos y la verificación de teorías elaboradas en contextos diferentes a los de los sujetos investigados. No obstante, sostiene la coexistencia de epistemologías: la epistemología del sujeto conocido, la epistemología del sujeto cognoscente y su complementariedad: la metaepistemología.

Las reflexiones que realiza la autora se basan, por una parte, en una revisión de sus propias experiencias investigativas –retomando distintos y sucesivos estudios interdisciplinarios– y, por otra parte, en el análisis de los más recientes aportes a la investigación cualitativa. En este sentido, presenta una abundante bibliografía que permite al lector encontrarse con sus referencias de manera directa. Es un trabajo desafiante que promueve una valoración crítica de las formas tradicionales y alternativas de conocimiento y su pertinencia para abordar la realidad latinoamericana, sus poblaciones, su cultura, sus lugares y su historia, con el fin de decolonizar lo que sabemos de nosotros mismos quitándonos las lentes de la mirada eurocéntrica que promueve un único modelo de hombre, el europeo moderno. Es un artículo que se destaca por su profundidad crítica y analítica y por su invitación a reconocer las múltiples y variadas formas de conocer frente a aquellas tradicionalmente instituidas.

El segundo capítulo, "Alternativas teóricas para el abordaje de nuestra América", de Adriana Arpini, consiste en un original trabajo de búsqueda y registro de los aportes de diferentes pensadores latinoamericanos y de otros continentes que contribuyeron a delinear una tradición alternativa para producir conocimiento sobre realidades concretas y bien delimitadas –como las de América Latina–, en debate y confrontación con las formas de conocer impuestas por el modelo de producción de conocimiento proveniente de los centros de poder hegemónicos. La autora repasa cómo se han posicionado diversos intelectuales frente a las exigencias de los principios epistemológicos del modelo estándar de ciencia, de raigambre positivista –objetividad, neutralidad, ahistoricidad, sistematicidad, entre otros–, y pone sobre la mesa las formas alternativas de conocer que dichos pensadores han propuesto. De este modo, quedan al descubierto nuevas categorías teóricas, nuevos términos y nuevas construcciones analíticas que centran la mirada en los contextos regionales y territoriales, tales como "dependencia", "dependencia histórica", "dominación", "poder", "resistencia", "cultura de la dominación", o más vinculadas a los sistemas analíticos, tales como "imperialismo de las categorías", "producción de categorías autóctonas", "colonialidad del poder", "colonialidad del saber", "lo real maravilloso", "ecología de saberes", "interculturalidad".

Se trata de un trabajo que recorre un largo periodo histórico y que, a partir de las reflexiones profundas y comprometidas de aquellos hombres y mujeres que se propusieron comprender la realidad de América y su diversidad, entrelaza geografías y culturas. Asimismo, la autora muestra cómo este cometido les exigió a estos pensadores realizar una torsión de la teoría para encontrar otro tipo de explicación de la realidad que comenzara por reconocer las diferencias que atraviesan nuestras sociedades.

El módulo II, "La producción científica en América Latina: métodos, validez del conocimiento y sistema científico", también está integrado por dos artículos. Ruth Sautu, en "Desafíos para la investigación en ciencias sociales: el papel de la metodología de la investigación", aborda algunos retos por los que atraviesa actualmente la producción de conocimiento científico en ciencias sociales, haciendo hincapié en la delimitación de fronteras en el marco de la diversidad disciplinaria, la multidisciplina y la interdisciplina. En este sentido, analiza la superposición de diferentes disciplinas y los enfoques de cada una en relación con los temas que son objeto de análisis en el artículo. También aborda la cuestión de la transferencia de conocimiento: para la autora, ya que entre investigación básica y transferencia o asesoramiento técnico hay una diferencia de *expertise*, estas tareas no deben ser realizadas necesariamente por los mismos sujetos. Otros de los desafíos a los que alude remiten a la formación de recursos humanos; las tecnologías de información, comunicación y procesamiento de grandes bases de datos en función de un conocimiento más profundo de nuestra sociedad; y las discusiones sobre cuestiones actuales fuertemente controversiales que pueden dar lugar a posiciones discriminatorias y estigmatizantes. Todos estos desafíos son planteados por Sautu en vinculación con la metodología de la investigación, enmarcándolos específicamente en la disputa sobre recursos y su distribución. Así, el artículo abre un fructífero camino para la reflexión sobre cómo diseñar estrategias a futuro en relación con la redefinición de los temas prioritarios de investigación y cómo adecuar teorías y metodologías para el estudio de esos temas.

Por su parte, Roberto Follari, en "Sobre la producción actual de ciencias sociales en Latinoamérica: hacia una metacrítica", se expresa acerca de algunos de los puntos que considera problemáticos en la actual producción de las ciencias sociales, pensados singularmente en su versión latinoamericana. Entre estos destaca la necesidad de rescatar al método frente a ciertas modas intelectuales ametódicas –o del "vale todo"– en las que el conocimiento científico perdería sus criterios de validación y demarcación. A su vez, señala la necesidad de que las ciencias sociales se ocupen del presente, para disputarle la palabra sobre los temas socialmente decisivos al sentido común y a la *doxa* periodística.

A partir del reconocimiento de "otros" saberes, fundamentalmente los de los grupos sociales y étnicos históricamente dominados, Follari realiza una rica crítica epistemológica, teórica y política de las corrientes decoloniales y de la interdisciplina. Finalmente, analiza la situación del sistema científico en el actual contexto de avance del neoliberalismo en la región y las implicancias que esto tiene sobre la producción de conocimiento. La mirada lúcida del autor sobre estos temas es fundamental para pensar la ciencia social en el marco de las corrientes epistemológicas, teóricas y políticas presentes en América Latina.

El módulo III, "Nuevas herramientas y perspectivas epistemológicas para el conocimiento de la realidad latinoamericana: traspasando la diada cuantitativo-cualitativo", reúne los trabajos de Carlos Gallegos Elías, Manuel Canales y María Teresa Sirvent. Carlos Gallegos Elías, en su artículo "Pensar las nuevas configuraciones más allá de la diada cuantitativo-cualitativo", realiza una aguda lectura de la situación actual del mundo globalizado, marcando las nuevas configuraciones nacionales e internacionales en diversos ámbitos –político, económico, cultural– para dar cuenta de que las ciencias sociales carecen de las herramientas adecuadas para explicar las trasformaciones actuales y su devenir histórico. Desde una mirada científicamente experta, el autor enfatiza la necesidad de focalizar en la construcción de un objeto de estudio que contemple y contenga las diversas aristas de la compleja realidad mundial y de los Estados nacionales y locales, que se encuentra en proceso de definición. Haciendo un recorrido por los distintos acontecimientos que se vienen sucediendo en América Latina y en el mundo, Gallegos Elías nos insta a tener presente que no podemos pretender seguir acercándonos a estas realidades emergentes desde las visiones tradicionales. En sus palabras:

> … tenemos ahí una formidable tarea por delante: aprender a desaprender lo aprendido, a desaprender lo que hemos supuesto como la base de todo lo que sabemos y empezar a aprender lo que no nos han enseñado, empezar a aprender por nosotros mismos en un entorno particularmente difícil en el cual este hecho, esta necesidad de desaprender para aprender lo que nos han enseñado, plantea un desafío enorme para la formación y la investigación en Ciencias Sociales.

Se trata de un artículo realmente creativo, que realiza un importante aporte a la construcción de conocimiento en el contexto de las ciencias sociales, puntualizando cómo encarar los estudios de las actuales reconfiguraciones sociales, políticas y económicas que se están produciendo en el continente y en el mundo, sin recurrir necesariamente a la diada cualitativo-cuantitativo.

Por su parte, Manuel Canales, en "Más acá del método", cuestiona la forma en que se definen los objetos de investigación en las ciencias sociales a partir del marco paradigmático de las ciencias naturales. En este sentido, aborda el tema del "lenguaje del diseño de investigaciones sociales en el contexto de la institucionalidad académica o científica actual", y sostiene "que el plan del acto investigativo presenta problemas de coherencia y aplicabilidad por una asimilación no reflexionada con el lenguaje del diseño de las ciencias naturales." Su crítica se centra en señalar que los científicos sociales han desarrollado formas de construir conocimiento sobre la base de los dictados de las ciencias naturales, distorsionando así el verdadero quehacer de su campo. Pone el acento en que no se trata de una crítica al método que se utiliza en sí mismo, sino al lugar desde donde se formula la pregunta de investigación. Según su planteo, en las ciencias sociales se ha olvidado el objeto concreto de su especialidad, la sociedad, para desde allí preguntar y problematizar sobre los fenómenos a estudiar. En la medida en que los diseños de las investigaciones se ajustan a los lineamientos de las ciencias naturales, basados en los ejes tiempo-espacio, se pierde de vista que el cúmulo de transformaciones que se van sucediendo en el ámbito de lo social no son de carácter lineal. En resumen, se trata de un artículo que pretende llevar al científico social a reflexionar sobre el modo de construir conocimiento sobre su propio objeto, alentándolo a encontrar un camino adecuado para la formulación de preguntas de investigación "con potencia analizadora", según sus términos.

Finalmente, María Teresa Sirvent, en el artículo titulado "Desafíos epistemológicos, metodológicos y pedagógicos en relación con la naturaleza de la investigación en ciencias sociales: la génesis de una investigación y su complejidad", realiza una descripción muy completa –y a la vez un llamado a la revisión crítica– del modo de hacer ciencia social, teniendo en cuenta una serie de conceptos vertebrales que le sirven para elaborar y desarrollar su propuesta de reflexión y de enseñanza. El artículo entrelaza el debate sobre las distintas formas de conocer y de hacer investigación científica con los procesos de formación de los jóvenes investigadores. La autora resalta también que la política científica en la Argentina, en Latinoamérica y en el mundo se maneja con "criterios anticientíficos porque no facilitan la generación de las condiciones objetivas necesarias para la formación en el oficio de investigador y para el crecimiento de nuestros investigadores jóvenes en el alma y el corazón de la ciencia: la creatividad, la libertad, la autonomía y el pensamiento reflexivo y crítico." Otro aspecto relevante de este trabajo es la marcada insistencia en la importancia del contexto sociohistórico: en cuanto proceso situado, es fundamental en la investigación problematizar el contexto, que luego se expresa en el planteo del problema de investigación. Por otra parte, en el artículo la autora fija su posición frente a "los modos de enfrentar algunos de los desafíos de índole epistemológica, metodológica y pedagógica en relación con la naturaleza de la investigación de lo social", con miras a la superación de la díada cuantitativo-cualitativo.

El módulo IV, "La enseñanza de la metodología en ciencias sociales", está compuesto por tres artículos. En primer lugar, Mauricio Phélan presenta su texto "Cinco desafíos contemporáneos sobre la enseñanza de la metodología en las ciencias sociales en Venezuela y en Latinoamérica", en el que plantea dos cuestiones centrales: ¿qué significa enseñar métodos en ciencias sociales en Latinoamérica en el contexto actual? y ¿qué ha significado la RedMet para la enseñanza de los métodos en ciencias sociales y cuál ha sido su aporte? Para responder estas preguntas, Phélan plantea cinco desafíos. El primero alude a la práctica de la enseñanza en contextos donde esté limitado el acceso a recursos y a medios de información, en un marco de libertades restringidas. Esta situación particular impone, según el autor, una elección por la creatividad y la imaginación en la enseñanza de la metodología. El segundo está referido a la superación de la brecha generacional que se expresa, fundamentalmente, en el uso y manejo de las tecnologías. El tercer desafío se relaciona con lo que para Phélan es la deuda pendiente en la región, la desigualdad socioeconómica, que se manifiesta en brechas educativas y tecnológicas, en el acceso a la información, en las condiciones socioambientales, entre otras. El cuarto atañe a la especificidad de la enseñanza de la metodología en niveles y contextos educativos distintos: pregrado y posgrado. El último desafío toma la forma de recomendaciones y se refiere a la integración, el intercambio y la producción de alcance regional. Aquí entra en consideración el análisis de la Red Latinoamericana de Metodología de las Ciencias Sociales (RedMet). En su artículo, Phélan nos propone pensar la enseñanza de la metodología como una práctica situada en un contexto regional que de manera permanente actualiza estos desafíos.

Por su parte, Gloria Clemencia Valencia González, en el artículo "La formación en investigación: enseñanza y más", parte de considerar que si bien la formación investigativa incluye la enseñanza de la metodología, no puede agotarse en ella. A lo largo del texto articula su reflexión en torno a lo que define como tres señales. Señal 1: la investigación es un ejercicio de y para la mente bien ordenada. Señal 2: la enseñanza y aprendizaje de la investigación configuran una interrelación compleja. Señal 3: la enseñanza de la investigación exige un movimiento en clave de humanidad-sociedad-cultura.

Estas señales implican, para Valencia, asumir la necesidad de repensar los roles (intercambiables) entre quien enseña y quien aprende en el proceso de enseñanza de la investigación, buscando cultivar un nuevo espíritu científico que abogue por la inteligencia general, la aptitud para problematizar, la puesta en relación de los conocimientos. Esto implica también la posibilidad de otorgarle sentido al conocimiento a partir de la propia biografía y desde los lugares en que este adquiere valor para los sujetos involucrados en su producción (tanto el investigador como los sujetos de investigación). En este mismo sentido rescata el concepto de la enseñanza de la investigación como un movimiento en clave de humanidad, de sociedad y de cultura. La formación investigativa supone, para la autora, un lugar político y vital fuerte, ya que implica pensarnos en el nosotros y en el otro, con saberes propios y desde lugares diferentes, pero no desde jerarquías distintas. La propuesta de la autora nos invita a realizar una profunda reflexión sobre el sentido de las propias prácticas de enseñanza de la metodología, como actividad vital, cuestionadora y creativa.

Néstor Cohen presenta el artículo "¿Cuál es el problema, la enseñanza o la producción metodológica?". El autor propone situar sus reflexiones desde el interior de la metodología como conjunto de saberes, tradiciones y confrontaciones, y por fuera del propio acto de la enseñanza en sí. En este sentido, reflexiona sobre qué está pasando más allá de la enseñanza para poder aportar a la tarea áulica, ya que "lo que enseñamos resulta de lo que pensamos y producimos. Si no fuera así, estaríamos faltando a nuestra coherencia intelectual y falseando nuestro discurso."

A partir de este posicionamiento, a lo largo del artículo Cohen expone cinco hábitos o costumbres que se presentan en el *discurso metodológico cotidiano*. El primero atañe a la tensión fundamentalista entre las metodologías cualitativas y cuantitativas, que suele expresarse a partir de argumentos basados en la oposición al otro, y no a partir de la defensa de las propias virtudes y fortalezas. La segunda costumbre que destaca es la importante presencia que tiene el empirismo en las investigaciones cualitativas y cuantitativas, perdiendo de foco la relevancia teórica que exige toda investigación y su centralidad para abordar la realidad que se estudia. Esto lleva, según el autor, a un tercer hábito que es la homologación de hecho con dato, con lo cual el investigador cae en el riesgo de asumir un rol pasivo y dependiente del hecho como generador de teoría:

> Tratar al hecho como dato significa desconocer que este es una representación teórica (…), en otras palabras, significa suponer que la teoría tiene un lugar secundario, solo de interpretación y no de producción, y que el dato se impone desde más allá de la propia decisión y perspectiva del investigador.

Por otra parte, tanto en las investigaciones cuantitativas, como en las cualitativas, la producción de los datos no aparece como un momento central de los procesos de investigación, es decir, no se presta suficiente atención a los diferentes recorridos que se realizan para atravesar el puente que une teoría con métodos y base empírica. Por último, destaca una tendencia, que pareciera generalizada en los metodólogos, a concebir la metodología como un campo autónomo con sus propias reglas, sin reconocer que la producción de conocimiento metodológico solo se da a partir de las demandas surgidas en el marco de la investigación teórica-empírica. Es decir que las cuestiones metodológicas se constituyen como respuesta a las dificultades que surgen al interior de los procesos de investigación. Como conclusión, Cohen considera que mientras no asumamos que estos hábitos contribuyen a la fragmentación del conocimiento científico social, continuaremos produciendo confusiones de distinto tipo en nuestra tarea docente.

El módulo V, "Notas sobre los Encuentros Latinoamericanos de Metodología de las Ciencias Sociales" (ELMeCS), presenta el trabajo de Luis Diego Salas Ocampo y Willy Soto Acosta, titulado "Exploración del discurso generado por especialistas en investigación en América Latina en el marco del IV Encuentro Latinoamericano de Metodología de Ciencias Sociales (ELMeCS)". Los autores indagan en los diversos trabajos expuestos en dicho encuentro, que se llevó a cabo entre el 27 y 29 de agosto 2014 en la Escuela de Relaciones Internacionales de la Facultad de Ciencias Sociales de la Universidad Nacional (Costa Rica), con el fin de definir el perfil de las principales problemáticas encaradas en el campo de la metodología en América Latina.

Como punto de partida los autores señalan que, en general, los estudios presentados en encuentros anteriores se ocupaban más de abordar problemáticas vinculadas a fenómenos sociales concretos y recortados espacialmente que a analizar las formas específicas de construcción del conocimiento sobre tales fenómenos. A partir de esta consideración, llevan a cabo un análisis de 285 resúmenes correspondientes a 19 mesas temáticas organizadas en el marco del IV ELMeCS, "para tratar de establecer desde dónde se produce conocimiento en este campo metodológico en términos del discurso, cuáles son las principales asociaciones y eventualmente también los ausentes de esta construcción colectiva." Para realizar el análisis utilizaron el software TLab, que les permitió "trabajar el discurso mediante la identificación de los contextos, comprendidos como porciones de texto en los que puede dividirse el corpus." Según sus palabras, los autores apuntan a realizar "un aporte a la discusión de cómo desde América Latina nos pensamos desde el ejercicio intelectual, sobre todo, en un campo tan apasionante y retador como el metodológico, no solamente para el ejercicio académico de la disciplina sino también para la acción en el campo aplicado."

El módulo VI, "Performance-investigación", presenta el trabajo de Silvia Citro "Taller perfomance-investigación: indagaciones colectivas de y desde los cuerpos", en el que describe una forma particular de producir conocimiento en las ciencias sociales, inscrita en el marco de la investigación participativa y colaborativa, que remite a experiencias que incorporan prácticas perfomáticas. En una primera parte del artículo la autora describe experiencias propias de investigación en las que ha ensayado lo que denomina "performance-investigación". En este sentido, brinda algunos ejemplos de los modos en que las performances pueden ser incorporadas a investigaciones participativas y reflexiona sobre "el potencial epistemológico y político que estas metodologías experimentales poseen."

Citro destaca la existencia de investigaciones que utilizan cada vez más diversos modos de producción –visual y audiovisual colaborativo, registros fotográficos y fílmicos, cartografías sociales, murales o museos comunitarios–, pero remarca que son pocas todavía las experiencias que incorporan otras prácticas performáticas –basadas, por ejemplo, en la exploración de los movimientos corporales, las gestualidades y las sonoridades– como una vía alternativa para la producción colectiva de conocimientos y la generación de reflexividades.

En su artículo también recoge de diversos autores "las contribuciones producidas a los modos en que las corporalidades sensibles y en movimiento pueden ser generadoras de saberes y reflexividades así como de agencias y transformaciones micropolíticas, desde una perspectiva crítica de los paradigmas dualistas del racionalismo, hegemónicos en la modernidad occidental." Hace hincapié en los saberes colectivos, "ejercidos desde los cuerpos, [que] eran inmovilizados e invisibilizados al ingresar al mundo logocéntrico, y por momentos individualista y competitivo, del saber académico." Pone en valor la generación de nuevos modos de conocer y de saber-hacer provenientes de una amplia diversidad de tradiciones culturales que suelen denominarse "no occidentales", y que según Citro aún poseen modalidades distintivas de las cuales los cientistas sociales podrían aprender.

En la segunda parte de su artículo, la autora describe un ejemplo de estas estrategias aplicadas a la indagación sobre problemáticas de género, a partir de la reseña del breve taller brindado en el V ELMeCS, en el cual participó un numeroso grupo de estudiantes, docentes e investigadores. Esta parte está acompañada del registro fotográfico realizado por La Colectiva Desenfocadas, del proyecto de la Facultad de Ciencias Políticas y Sociales de la Universidad Nacional de Cuyo denominado "Saberes de mujeres. Corpobiografías de sanación" (SECTyP 2016-2018), dirigido por Rosana Rodríguez. A través de estas imágenes, la autora apunta a dar mayor espesor a las experiencias y reflexiones que su escrito intenta evocar.

En conclusión, el conjunto de reflexiones diversas que se incluyen en el libro, y que componen un diálogo plural, invita a aquellos interesados en un abordaje científico de la realidad social latinoamericana a reflexionar de manera profunda y crítica sobre los posicionamientos epistemológicos, las prácticas de investigación y las estrategias metodológicas y pedagógicas que se asumen en la tarea de construir conocimiento socialmente relevante para nuestra región.

Módulo I.
Perspectivas teóricas y metodológicas para el abordaje de nuestra América

Propuesta epistemológica, respuesta metodológica y desafíos analíticos

Irene Vasilachis de Gialdino

Introducción

Los interrogantes

En esta presentación intento mostrar los pasos de un recorrido que conduce a plantear una forma distinta de conocer, no excluyente, sino complementaria de otras. Los presupuestos y fundamentos ontológicos, epistemológicos y metodológicos que orientan este planteo no son nuevos y a algunos de ellos ya me he referido en anteriores trabajos. Lo que sí constituye un aporte reciente son sus distintas fases de revisión, extensión, afianzamiento, así como los desarrollos que, a partir de tales presupuestos, he podido realizar como consecuencia de sucesivas investigaciones. Tales indagaciones me conducen a afirmar que el hecho de que la epistemología tradicional no se haya originado en la necesidad de conocer a las personas, en especial, y a sus situaciones, relaciones, interacciones, así como a los procesos que mueven a esas situaciones y que promueven, movilizan, encarnan, tales relaciones e interacciones, en general, exige a las ciencias sociales una reflexión que las lleve a preguntarse acerca de las posibles consecuencias de continuar aproximándose al mundo social recurriendo al modelo de relaciones causales necesarias e ineludibles propuesto por las ciencias naturales.

Esta y otras reflexiones me llevaron a interrogarme, en diferentes oportunidades (Vasilachis de Gialdino, 2003/2013), por un lado, acerca de si no habría que distinguir el proceso de conocimiento de las ciencias sociales del de otras ciencias que manipulan objetos físicos o simbólicos sin abrevar en el conocimiento de estos y, por el otro, acerca de si los investigadores aceptarían formas de conocer distintas a través de las cuales se advierta que la comprensión por parte de los sujetos que están siendo conocidos respecto de los fenómenos sociales puede tanto coincidir como oponerse y/o superar a la de esos investigadores. Con todo, hoy el interrogante asume otro alcance. La interpelación, que vincula al conocimiento con el poder, se formula, entonces, de otro modo y en otros términos: ¿estamos conociendo o estamos sometiendo a otros/as si impedimos, restringimos, la posibilidad de que con sus expresiones, gestos, emisiones, silencios, cuestionen los presupuestos epistemológicos, teóricos, metodológicos mediante los cuales intentamos conocer y conocerlos?

Aunque esta cuestión suscita una plétora de respuestas de diversa índole y carácter, es dable afirmar que han de permanecer vedadas, ignoradas, acalladas, múltiples y variadas formas de conocer y, con ellas, tanto sus avances como los límites del actual, codificado y disciplinado conocimiento mientras se admita que solo algunos poseen y conservan el saber, la potestad, la legitimación, la palabra, el lenguaje, la voz autorizada. Todos ellos, en su conjunto, se corporeizan en la llave secreta que, a la vez: a) abre la puerta de la validez del llamado conocimiento científico, y b) establece qué, cómo, para qué y para quién conocer. Estimo que la recuperación de esas formas de conocer vedadas reclama, primero, una previa descolonización, ruptura, revisión, objeción epistemológica, y, enseguida, la formulación de propuestas que admitan la pluralidad de epistemologías como expresión de la multiplicidad de culturas, de cosmogonías, de formas de ser y de estar tanto en el mundo como en los diversos mundos que coexisten, se superponen, se disponen de acuerdo con las diferentes creencias, y los que suscitan a los actores sociales explicaciones causales tanto de carácter inmanente como trascendente.

Las sucesivas investigaciones

La finalidad de esta presentación es dar cuenta de los procesos reflexivos y cognitivos desarrollados en el seno de distintas y sucesivas investigaciones cualitativas interdisciplinarias en las que se conjugan la sociología y la lingüística, y que se corresponden con una de las líneas de investigación por las que transito y que pertenece a un programa de investigación más amplio. En esa línea comencé por analizar las características de las situaciones de pobreza y los itinerarios "en" y "desde" esas situaciones por parte de un conjunto de personas y familias de la ciudad de Buenos Aires recurriendo a diversas estrategias cualitativas de recolección de datos, y al análisis sociológico-lingüístico para el análisis de estos. El centro de interés se ubicó en las perspectivas de las personas pobres acerca de su identidad, de su situación, del origen y subsistencia de esta, y de las posibilidades de superarla. Estas indagaciones me plantearon serios interrogantes, especialmente, frente a la exigencia de recolectar y analizar los datos cualitativos bajo el requisito, que considero imperioso, de respetar la identidad integral de las personas pobres. Tales cuestionamientos me guiaron a la profundización de la reflexión epistemológica derivada del proceso de investigación cualitativa, y a la propuesta de nuevas formas de conocer que reconocieran el carácter cooperativo de la producción de conocimiento en las ciencias sociales para, desde allí, proceder a la revisión de las estrategias de recolección y análisis de datos cualitativos.

Estas circunstancias motivaron el inicio de una nueva línea de investigación que se centra en la producción de conocimiento, y que no tiene ya por objeto las acciones, las situaciones, los procesos sociales, sino la forma en la que todos estos son conocidos científicamente, sea de manera aislada, sea en forma cooperativa. Aquí, por ende, el objeto de conocimiento no se ubica en la realidad social, sino principalmente en a) la diversidad de estrategias metodológicas con las que se intenta conocer esa realidad, y b) los presupuestos ontológicos y epistemológicos en los que se fundan las elecciones metodológicas.

A partir de esta orientación investigativa que gira en torno a la producción de conocimiento científico y apunta a los métodos, a las estrategias, a los problemas teóricos y epistemológicos ínsitos en la labor de investigación, y que busca perfeccionar las formas y procesos de conocimiento, al mismo tiempo que hacer visibles y explícitos los criterios de calidad en los que se fundan, examiné los más recientes aportes a la investigación cualitativa. Pude arribar a que en ellos se hace evidente la coexistencia de diversas epistemologías, paradigmas, metodologías, que abren el horizonte de las formas de producir conocimiento hasta alcanzar a un *continuum* que se extiende desde la producción centrada en el sujeto que conoce hasta aquella otra en la que ese sujeto produce conocimiento cooperativamente con quienes participan en la indagación (Vasilachis de Gialdino, 2006a, 2011a).[1]

De otra parte, observé que es cada vez más marcada la crítica a las formas de conocer tradicionales, conjuntamente con el cuestionamiento de a) el presupuesto de la neutralidad valorativa; b) la aceptación de un determinado régimen de verdad; c) el reconocimiento de un limitado número de metodologías legítimas, y d) la admisión de un entramado de conceptos y categorías aplicables con prescindencia de las variaciones temporales, contextuales y cognitivas. La inclusión del compromiso ético en el proceso de investigación, de la multiplicidad de tipos de validez y de nuevos conceptos y categorías es una consecuencia de la

---

[1] Dado que la presentación supone el desarrollo de sucesivas y distintas investigaciones, he previsto facilitar el acceso a la bibliografía citada ofreciendo, en la mayoría de los casos, la posibilidad de acceso directo a esas publicaciones acompañando la cita con la dirección electrónica correspondiente. Para cumplir con esta finalidad, he evitado, en la mayoría de los casos, citar aquellas publicaciones cuyo acceso es restringido.

contribución de la mencionada tendencia crítica, inclinada más a la creación que a la reproducción de conocimiento (Vasilachis de Gialdino, 2012a).

De cara a los límites hallados en las formas de conocer tradicionales –reforzados por los resultados de la investigación centrada en la producción de conocimiento– he considerado la investigación cualitativa como el medio más apropiado para abordar las situaciones de pobreza desde la perspectiva de los actores sociales a fin de conocer a las personas pobres, sus acciones, motivos, significados, necesidades, aspiraciones, reclamos, cuestionamientos, teorías, reflexiones críticas. No obstante, frente al marcado protagonismo del investigador durante el proceso de investigación, así como de sus concepciones y presupuestos teóricos y epistemológicos, y de sus variados compromisos, sea con las formas vigentes de conocer, sea con las formas actuales o posibles de ser de las sociedades, sea con la suposición de la necesidad de determinados procesos históricos y sociales en aras de la posibilidad de comprender y/o explicar lo que observa, escucha, percibe; he juzgado oportuno proponer presupuestos ontológicos y epistemológicos propios de la investigación cualitativa y congruentes con su idiosincrasia.

De modo tal, a partir de las mencionadas y encadenadas investigaciones y, muy especialmente, como resultado del compromiso con el trabajo de campo, es que surge la propuesta epistemológica que realizo y que radica en la coexistencia de epistemologías. Para el esbozo de esta propuesta es menester recorrer un camino que supone distintos momentos, que no responden necesariamente a una sucesión temporal: 1) Pasar del qué al quién. 2) Realizar un trabajo interno y reflexivo. 3) Optar por un rostro. 4) Abandonarse al otro/a. 5) Revisar los presupuestos teóricos. 6) Liberarse del peso de la teoría. 7) Hacer posible la interacción cognitiva. 8) Construir conocimiento cooperativamente. 9) Reconocer la simultaneidad de miradas. 10) Encarnar los distintos momentos en el proceso de investigación.

1. Pasar del qué al quién

En este apartado es menester volver sobre los presupuestos y fundamentos ontológicos, epistemológicos y metodológicos, corolario de las investigaciones a las que he aludido, que orientan mis investigaciones en la actualidad, que han surgido durante el proceso de investigación y que reposan en las dificultades y limitaciones con las que me he enfrentado en distintas instancias de ese proceso, en particular, cuando las personas tenían un lugar preeminente en la indagación. Tales presupuestos y fundamentos podrían resumirse de la siguiente forma:

1.1. La persona situada constituye el núcleo vital de la investigación cualitativa. De esta suerte, las que refieren a las personas son las *características primarias*, fundamentales de la investigación cualitativa; y las *características secundarias*, las que refieren al contexto, a la situación en la cual los actores sociales crean sentidos, elaboran perspectivas, construyen los significados (Vasilachis de Gialdino, 2009/2011).

1.2. La persona y su situación poseen distinta condición ontológica: aunque no se puede conocer a la persona sino situada, no se puede conocer a la persona solo por su situación, ni a esta última solo a través de las representaciones elaboradas por las personas; si se lo hace, se promueve una tergiversación ontológica.

1.3. La Epistemología del Sujeto Conocido que propongo viene a provocar una *ruptura ontológica* en lo que se refiere a la identidad de la persona: una *ruptura*, por un lado, porque la forma de conocer que formula tiene como centro la identidad -una identidad que es, a la vez, igual y distinta- y, por el otro, porque esa ruptura es *ontológica*: no apunta al *qué* sino al *quién* se conoce, a su peculiaridad, a sus rasgos, a sus capacidades, a sus atributos, y la pregunta acerca del *quién* resulta, aquí, anterior a la pregunta acerca del *cómo* se conoce.

1.4. Para la Epistemología del Sujeto Conocido la identidad posee dos componentes: a) el esencial, dignitario, y b) el existencial, biográfico; por tanto, el *quién* de esta epistemología es ontológicamente distinto del *quién* de la Epistemología del Sujeto Cognoscente.

1.5. El componente dignitario y común de la identidad determina que todo conocimiento sobre el ser humano: a) es subsidiario al reconocimiento de su común dignidad y, por ende, b) carece de validez ontológica si esa dignidad no es reconocida. Esta circunstancia hace que el componente relacional, ético propio de la investigación cualitativa, sea el que exige la suspensión de la Epistemología del Sujeto Cognoscente, y el paso a la del Sujeto Conocido cuando son las personas quienes están siendo conocidas.

1.6. La Epistemología del Sujeto Cognoscente, en la que ubico los distintos paradigmas que coexisten en las ciencias sociales, supone a un sujeto que conoce y que para hacerlo acude, en especial, a los recursos cognitivos vigentes en un tiempo y espacio determinados y, a partir de ellos, se vincula con el sujeto que está siendo conocido e intenta acceder a sus características e interpretar las particularidades de su situación.

1.7. La Metaepistemología supone la complementariedad entre la Epistemología del Sujeto Conocido y la Epistemología del Sujeto Cognoscente. Así, las concepciones, presupuestos, conceptos propios de esta última epistemología acerca del sujeto que se está conociendo y que operan como parte del horizonte interpretativo del investigador no serán rechazadas sino en la medida que impidan, a ese sujeto que se está conociendo, manifestarse plenamente en su integridad y, al investigador, transformarse como corolario de esa manifestación.

1.8. La Epistemología del Sujeto Conocido reniega del presupuesto del dualismo epistemológico y cuestiona la suposición de la necesaria distancia, del apartamiento entre quien conoce y quién/es está/n siendo conocido/s. La aceptación de la común dignidad e idéntica capacidad de conocer de los diferentes miembros de la relación determina que la interacción cognitiva se constituya en la condición ineludible de la construcción cooperativa del conocimiento.

1.9. El abandono al otro/a requiere del investigador pasar de la exigencia del *saber más* al imperativo del *saber mejor*. El *saber más* se encuentra ligado al valor atribuido a la acumulación de un conocimiento que suele traducirse en la identificación de quien investiga con la mirada colonizadora de un otro ajeno. El *saber mejor* está enraizado en la elección de privilegiar la mirada del otro propio y, al mismo tiempo, verse a sí mismo a través de esa mirada.

1.10. En la interacción cognitiva están incluidas, como mínimo, dos miradas, dos trayectorias recíprocas entre el sujeto cognoscente y el sujeto conocido, y ambas gozan de igual legitimidad. Lo epistemológico abarca esa reciprocidad, alcanza a ambos desplazamientos cognitivos: el del sujeto cognoscente y del sujeto conocido, quien deja de ser un pasivo receptor de la mirada de un otro ajeno. De una parte, ambos desplazamientos hacen posible la construcción cooperativa del conocimiento y, de otra, el conocimiento científico centrado en la mirada del sujeto cognoscente se revela como solo una más entre las distintas formas posibles de conocer.

2. Realizar un trabajo interno y reflexivo

Si se acepta que la persona es el núcleo vital de la investigación cualitativa y que la identidad posee dos componentes, el esencial y el existencial, entonces, no es posible conocer a una persona apelando únicamente a la observación, a los rasgos existenciales cuando lo que se intenta es alcanzar al conjunto de la identidad. En este sentido, es posible afirmar que la evidencia sensorial no es sino uno de los recursos con los que cuenta quien conoce pero que ese recurso, por su limitación, de aplicarse con exclusividad lleva a reducir la identidad a uno solo de sus componentes: el existencial. La Epistemología del Sujeto Conocido, al reconocer la idéntica capacidad de conocer y la legitimidad de las formas de conocer de quien está siendo conocido, incorpora al mundo de la ciencia una forma de evidencia diferente: aquella que ofrece quien está siendo conocido respecto de sí en todo aquello a lo que tiene un acceso privilegiado.

Para que este proceso sea factible es menester que el/la investigador/a lleve a cabo un trabajo interno y reflexivo que le permita declinar los presupuestos sobre la/el otra/o. Esos presupuestos contienen, por un lado, apreciaciones sobre el denominado como conocimiento válido, legítimo y/o verdadero, y sobre quién y cómo se lo produce y, por el otro, categorías conceptuales y, con ellas, interpretaciones y evaluaciones acerca de las distintas acciones y del sentido de estas. Ese mismo trabajo interno y reflexivo le hará posible, además, a quien investiga, abstenerse de definir los términos de la interacción cognitiva debido a que para que ella sea viable esos términos han de ser precisados por los participantes en la interacción, y esto es dable solo si son considerados como iguales, libres y con idéntica capacidad de conocer y de producir conocimiento.

El investigador debe, entonces, interrogarse acerca de si aquellos que participan en su indagación son quienes él cree que son, y si hacen, sienten, esperan lo que él presume, y si los medios con los que los intenta conocer son hábiles para dar cuenta, al unísono, de los límites, de lo acotado del alcance de esos medios y de la necesidad de quien conoce de abrirse a lo insondable, a lo inabarcable de las nuevas perspectivas, posibilidades, desafíos que se expanden frente a él en virtud del encuentro con todo otro, con toda otra. Que el rostro de esos otros muestre su plenitud al investigador depende, simplemente, de que este reconozca la común dignidad que los une, y que todos comparten. Encontrándose en ellos y con ellos el investigador se encontrará, entonces, consigo mismo (Vasilachis de Gialdino, 2013a).

No obstante, este proceso no es realizable si el investigador observa a ese otro u otra desde sí mismo, desde sus propios conceptos, nociones, presupuestos. Si esto acontece, el investigador no puede descubrir a quien se le presenta porque al imponerle su mismo rostro, su misma mirada, se apropia de su otredad, la usurpa y, al hacerlo, desconoce su identidad. El investigador suele olvidar que no es su imagen la que ha de hallar en el rostro de los otros; que aquel o aquella que ha de encontrar no es el quién que prenuncian los conceptos a través de los cuales intenta conocerlo.

Esa operación se patentiza en los procesos de categorización que suele llevar a cabo la investigadora o el investigador. Al emplear términos como "persona", "trabajador", "madre", está suponiendo identidades, situaciones, relaciones, acciones que son diferentes de aquellas que presume al utilizar la calificación en el proceso de categorización como, por ejemplo, mediante el uso de términos tales como "excluido", "carenciado", "desempleado", "precarizado", "madre soltera", "madre primeriza", "madre tardía". Quien investiga, por lo general, no solo se sirve de esas categorías para nombrar, sino principalmente para ver, por eso es posible decir que forman parte de su rostro. Si no lo reconoce, no va a poder acceder al rostro de una persona que está en una situación de pobreza, que ha sido despedida o que tendrá o ha tenido un hijo, sino que va a acceder a su propio rostro de investigador repetido en el rostro del otro o la otra, simplemente porque no se ha podido desasir de la mirada que ya traía consigo antes de comenzar la investigación.

El trabajo interno y reflexivo le ha de permitir a quien investiga hallar la común dignidad que lo identifica con los participantes en la investigación, pero velando siempre porque, además, no se ciegue el reconocimiento y la aceptación de las diferencias entre ellos y con quien los está conociendo. Si no reconoce esa común dignidad, niega a los otros, pero también a sí mismo, en esa dignidad compartida que los hace iguales, y la negación de la igualdad supone un acto de violencia. Conocer a otros es conocerlos en su completa identidad. Es necesario, entonces, comenzar a aprender a ver en los otros esa identidad esencial compartida que es fundamento de la igualdad entre los seres humanos. Si este camino no se recorre, difícilmente puedan comprenderse las acciones, los gestos, las palabras, los sentidos que son reflejo y manifestación de esa identidad.

3. Optar por un rostro

Sin ese trabajo interno y reflexivo, el investigador no puede reconocer al otro en su alteridad, ni transformarse él mismo en ese proceso, entonces, el rostro que él descubre no es más que parte de su propio rostro. Ese, el rostro del investigador, no es sino la máscara del rostro del otro ajeno. Ajeno porque la mirada del investigador se ha construido recurriendo a múltiples miradas que observaron otros contextos, otros tiempos, otras relaciones, otros procesos ¿Cómo y dónde se crearon las teorías a las que el investigador acude para ver, para comprender, para explicar, cuando no para predecir? ¿Surgieron esas teorías para dar respuesta a problemas latinoamericanos o para dar respuesta a conflictos de diversa índole presentes en otros tiempos y otras sociedades, especialmente las europeas? Esa ajenidad ¿no nos interroga acerca de lo engañoso de aislar a las teorías de las características históricas y sociales de su creación para inmovilizarlas en el tiempo y negarles su arraigo contextual convirtiendo su alcance en perpetuo e ilimitado, y haciéndolas universales cuando solo eran particulares, situadas?

El rostro con el cual el investigador se mimetiza es, además, ajeno, porque no se ha dibujado observando los rostros que se le presentan durante la investigación y/o cotidianamente, sino creyendo que lo que podían expresar ya ha sido expresado, que lo que podían ver ya ha sido visto. Esto es así porque solo a algunos se les ha atribuido la capacidad de descubrir y el poder de determinar qué rostros merecen y deben ser observados y cómo se habrá de hacerlo. Con esta mirada sesgada, reducida, obnubilada, que se reproduce una y otra vez, a medida que el conocimiento se hace cada vez más estático, se impide que el rostro de los/as otros/as propios, latinoamericanos, en nuestro caso, vea la luz.

Si las investigadoras y los investigadores imponen su propia perspectiva, su propia mirada sobre aquella de quienes participan en su indagación, al mismo tiempo: a) desconocen, someten, reniegan de la perspectiva de los actores participantes; b) ignoran los límites de la orientación –que suelen reiterar– y que guía el proceso de investigación, y c) reproducen una forma de conocimiento y de interpretación de los datos que difícilmente pueda dar cuenta de las particularidades de los contextos que estudian y de la idiosincrasia de quienes incesantemente los transforman. Frente a estas condiciones correspondería, entonces, formular el siguiente interrogante: ¿cómo podrían las investigadoras y los investigadores comprender y explicar las acciones y los procesos de los cuales los actores participantes forman parte y a los que mueven y modifican sin invocar las teorías creadas por esos actores para dar sentido a sus acciones individuales y/o colectivas?

Es menester recordar que el ideal de "hombre europeo moderno" que simbolizaba la idea de civilización y alrededor del cual giraron las construcciones ontológicas, epistemológicas y metodológicas de las que hemos abrevado, en palabras de Baudrillard, "todavía no ha tenido lugar", todavía no ha existido en nuestro mundo latinoamericano, y es poco verosímil pronosticar su advenimiento. Existen otras mujeres y hombres que han de ser reconocidos en su igual dignidad y, a la vez, conocidos en el complejo, heterogéneo, creativo desarrollo de su identidad existencial. Si bien hemos "consumido", "absorbido", las representaciones de ese "hombre moderno", de sus posibilidades y de sus restricciones, ya no es dable considerar la historia como un proceso unificado, ni la cultura como la realización de un modelo universal de humanidad. Sin embargo, lamentablemente, hasta ahora la producción de conocimiento supone ese "hombre" y, de alguna manera, rechaza las imágenes construidas *de* y *por* otros hombres y mujeres que difieren de él, y que lo impugnan, lo cuestionan. La generación de conocimiento ha tenido y tiene, pues, como modelo, esa imagen totalitaria y totalizante de "hombre" en la cual, en nuestra historia, se han unido, inquebrantablemente, el poder y el saber. Entonces, el resultado es que hemos aprendido a vernos con la imagen que el colonizador creó de nosotros, por oposición a su propia imagen: hemos aprendido a desconocernos (Vasilachis de Gialdino, Pérez Abril, 2012b: 518).

4. Abandonarse al otro/a

Quien intenta conocer a una persona, sus emociones, percepciones, motivos, representaciones, debe cerciorarse, por una parte, de que se ha predispuesto, blandamente, a dejar que sea ella quien se manifieste, y, por otra, de que se ha entregado, esforzadamente, a evitar poner en su boca palabras que son, primero, el eco de la voz de quien investiga y, después, la obra de su mano. Si bien estas afirmaciones parecen no aportar novedad alguna, es frecuente advertir que términos y expresiones empleados por los investigadores para elaborar categorías conceptuales en el proceso de creación de teoría no devienen de las emisiones pronunciadas en las respuestas del actor participante en la entrevista, sino que están contenidas en el turno anterior de la interacción conversacional, es decir, en la pregunta que formula el investigador. Como ejemplo, si se le pregunta a una persona si se siente discriminada, la categoría conceptual "discriminación" no surge espontáneamente del entrevistado, sino que es inducida por el entrevistador.

Entiendo que uno de los mayores impedimentos entre los que obstaculizan el abandono a la/el otra/o es la falta de reconocimiento de su igual capacidad de conocer, corolario de su igual dignidad. Abandonarse al otro supone una crucial opción que lleva al investigador a pasar de la exigencia del *saber más* al imperativo del *saber mejor*.

Que el investigador pondere un tipo de saber por sobre el otro, que los considere excluyentes o complementarios, va a depender de sus elecciones ontológicas, epistemológicas y metodológicas.

El *saber más*, valorado positivamente de acuerdo con la presunción evolucionista del carácter progresivo y acumulativo del conocimiento, está unido a la apropiación de la mirada del otro ajeno porque son sus concepciones, teorías, nociones las que emplean los investigadores para legitimar, en un comienzo, el conocimiento a producir y, luego, los resultados obtenidos, aún cuando superen y/o cuestionen el conocimiento previo.

El *saber mejor* está enraizado en la opción de privilegiar la mirada del otro propio. Una mirada que no puede ser captada sin el abandono al otro, arrancando de cuajo las ramas secas de los prejuicios y preconceptos para permitir el crecimiento de los brotes de un conocimiento nuevo en su origen, en su proceso, en sus condiciones, en sus aportes, en sus conclusiones. La construcción cooperativa del conocimiento que propongo sería solo una ficción de no abandonarse la mirada del otro ajeno con la que se pretendía ver y conocer y con la que, de darse esa construcción, ya no se procurará confirmar o cuestionar lo que se creía saber.

La epistemología occidental eurocéntrica ha colaborado con la atribución al sujeto cognoscente de una capacidad diferencial, autorizada, fidedigna de conocer que, de un lado, impide y reniega del abandono al otro al que vengo refiriéndome y, del otro, clausura, obstruye, ahoga la posibilidad de quien está siendo conocido de revelar, al mismo tiempo, su capacidad y sus formas de conocer.

El abandono al otro/a está fuertemente vinculado con algunas de las exigencias enlazadas al proceso de interpretación. Entre ellas se halla el que denomino *requisito de fidelidad* (Vasilachis de Gialdino, 2012c), el cual supone el respeto a la dignidad de las personas durante todas y cada una de las diversas etapas de la indagación. El recurso a los propios sentidos, expresiones, explicaciones, conclusiones de los actores participantes como centro y principio del proceso de interpretación se transforma, así, en un medio adecuado para, en primer lugar, asegurar la libre y espontánea expresión de esos actores y para evitar, más tarde, en la presentación de los hallazgos, todo lo que pudiera constituir una tergiversación ontológica de su identidad, o una posible amenaza o límite a sus posibilidades de acción histórica.

Debido a que la investigación cualitativa es relacional y que, por tanto, en ella el conocimiento se construye cooperativamente (Vasilachis de Gialdino, 2006a, 2009/2011), la construcción del significado no puede ser sino, también, cooperativa. Las estrategias de análisis de datos deben, pues, dar cuenta de esas modalidades de producción de conocimiento, de sentidos, de significados, unidas a las estrategias de construcción discursiva de la identidad de los hablantes. El lenguaje no puede ser considerado ni transparente ni libre de valores. La palabra, contenida en una expresión escrita u oral, no posee un significado universal, sino que su sentido particular le es asignado por los hablantes y los oyentes de acuerdo con la situación en la cual el lenguaje está siendo utilizado, y es de ese sentido del que debe dar cuenta el análisis (Vasilachis de Gialdino, 2012c).

5. Revisar los presupuestos teóricos

El desarrollo de la propuesta epistemológica que formulo requiere que, en esta instancia, nos detengamos para formular un conjunto de preguntas entre las cuales, desde una perspectiva latinoamericana, se destacan las siguientes: ¿se pueden analizar los distintos contextos históricos y culturales y a sus actores apelando a un discurso teórico universal válido *a priori*?; ¿la pretensión de una validez *a priori* no excluye a las teorías, a las cosmogonías, a las formas de conocer aún no consideradas como válidas?; ¿no habría, entonces, que revisar las condiciones de validez de las teorías conjuntamente con sus fundamentos ontológicos, epistemológicos y metodológicos?; la universalización de las teorías y el olvido de su carácter particular, situado, ¿no supone, acaso, la opción por una determinada forma de conocer? Y si se admite la coexistencia de epistemologías, de paradigmas, de metodologías, ¿por qué habría de aceptarse una única, privilegiada y posible condición de validez?

Concibo que la validez de las teorías debe atender, como mínimo, a dos aspectos vinculados entre sí: a) su estar originadas en situaciones marcadas por condiciones y contingencias espacio-temporales, y b) su estar arraigadas en contextos cognitivos de referencia específicos. Si esto es así, ¿no podría impugnarse la validez de las investigaciones que tienden a verificar tales teorías con independencia de esos dos aspectos tan estrechamente interconectados?

Las teorías no constituyen una creación *ex nihilo*; se conciben en un contexto social e histórico determinado y, habitualmente, para responder a cuestiones sociales de diversa índole, pero, también, para intentar resolver tanto los problemas atinentes a la forma de conocer como de orientar la búsqueda de solución y/o modificación de esas cuestiones. Las construcciones teóricas además de sostenerse, habitualmente, en presupuestos metafísicos tales como, entre otros, los del "orden" o del "conflicto" como condición del "progreso" -un término con distinto contenido semántico según las teorías que lo contengan–, no son ajenas a los intereses, aspiraciones y compromisos ni de quienes las producen, ni de quienes las emplean, sea para legitimar científicamente sus indagaciones, sea para fundar y defender sus perspectivas y expectativas políticas.

Sucesivas investigaciones sobre el discurso político de los presidentes argentinos entre 1983 y 2017 (Vasilachis de Gialdino, 2013a, 2010a, 2016) me permiten afirmar que el paradigma positivista, con las teorías que lo conforman, es el que está en la base del modelo interpretativo de sociedad y de relaciones sociales del discurso del conjunto de los presidentes. Si bien no podría afirmar lo mismo respecto del discurso científico en general, sí podría sostener que de acuerdo con mis recientes indagaciones (Vasilachis de Gialdino, 2013a) a ese paradigma es al que se recurre cuando, entre otros, se pretenden justificar los resultados obtenidos, aún en las investigaciones cualitativas, mediante la cuantificación de datos cualitativos, o las generalizaciones forzadas, o las evidencias arraigadas en el presupuesto de la verdad como correspondencia con un mundo objetivo y objetivable, o bien apelando al recurso de múltiples estrategias de validación en la mayoría de las cuales se da por cierta la presencia de ese mundo acudiendo a diversas versiones del realismo, tanto implícitas como explícitas.

Como adelantara, las teorías no solo responden a un dónde y a un cuándo, a un aquí y a un ahora, sino que, además, están arraigadas en contextos cognitivos de referencia específicos así, y como ejemplos separados en el tiempo, Marx forja los fundamentos de su teoría –devenida en paradigma– apoyándose en el materialismo histórico y en el método dialéctico e incorporando y enfrentando, a la vez, dos de las concepciones paradigmáticas presentes en el acervo de conocimiento de su época: el materialismo de Feuerbach y el idealismo de Hegel (Vasilachis de Gialdino, 1992:32). Por su parte, Habermas elabora su modelo comunicativo de acción que, para él, tiene capacidad para renovar el materialismo histórico considerando a las funciones del lenguaje, y definiendo las tradiciones de la ciencia social que parten del interaccionismo simbólico de Mead, del concepto de juegos del lenguaje de Wittgenstein, de la teoría de los actos de habla de Austin y Searle, así como de la hermenéutica de Gadamer, a quien le critica el abordaje puramente hermenéutico a la actividad humana (Vasilachis de Gialdino, 1997:82-83).

Como es dable advertir, las transformaciones y el dinamismo social –con los avances y/o retrocesos que acarrean–, por un lado, y las modificaciones, superaciones y/o regresiones en el ámbito del conocimiento y de las prácticas cognitivas, por el otro, exhiben de qué manera tanto la universalización de las teorías como su desarraigamiento constituyen un fuerte ataque a la validez. Esto es debido a que la verificación de esas teorías soslaya su primitivo carácter particular, emplazado, y por ende, su estar afianzadas en formas de conocimiento limitadas, precisamente debido a su carácter social e históricamente situado. La condición de coexistencia y de mutua influencia de los contextos social y cognitivo refuerza ese ataque a la validez que, de no reconocerse, podría contribuir con una relación que se revitaliza una y otra vez en las ciencias sociales, aquella siempre vigente, y ya mentada, que liga al saber con el poder. ¿Podría, entonces, eludirse este complejo y profundo ataque a la validez cuando se intentan verificar hipótesis teóricas en la investigación cuantitativa o se emplean categorías teórico-conceptuales en el análisis de datos cualitativos?

6. Liberarse del peso de la teoría

Al tratar las exigencias propias del proceso de interpretación y análisis, hice referencia al que denomino *requisito de fidelidad* (4). Esta exigencia se enlaza estrechamente con otra: *la indicación explícita del lugar que se le concede a la teoría* en ese proceso. Es imperioso, así, que el investigador establezca claramente la función que le otorga a la/s teoría/s y a las nociones, conceptos, categorías que presupone en el proceso de interpretación y análisis. Además, es imprescindible que explicite qué entiende por "teoría" y si considerará como tales las empleadas por los actores para interpretar y explicar los sucesos que relatan, para comprenderlos, para construir versiones, representaciones de la realidad, para dar sentido y expresar la comprensión acerca de ellos mismos, de sus experiencias, de sus mundos, construyendo totalidades significativas (Vasilachis de Gialdino, 2012c).

Estas exigencias se sustentan en la observación de la forma en la cual operan los presupuestos teóricos de las investigadoras y los investigadores durante todo el proceso de investigación y, en particular, al momento de la interpretación. El peso de la teoría determina, impone, dispone quienes conocen y quienes pueden producir conocimiento.

A la vez, a) obstaculiza la posibilidad de crear teoría, b) determina los temas y problemas de investigación, c) restringe las que se presentan como alternativas de transformación de la sociedad, d) cercena la posibilidad de acceder, con la interacción cognitiva y a partir de los datos, a un conocimiento nuevo y/o innovador, y, por tanto, e) impide la construcción cooperativa del conocimiento en las ciencias sociales.

De igual modo, el peso de la teoría condiciona la interpretación y/o explicación de las situaciones y el sentido de las acciones y procesos sociales. Constituye, al punto, al *quién* en un *qué*, en un objeto pasivo de las creencias, juicios y evaluaciones privativas de un otro ajeno pero que giran en torno a ese *quién* que está siendo conocido. Por este medio, el actor participante yace encerrado tras los muros de concepciones, interpretaciones, representaciones que le son extrañas y que no puede revisar, modificar, socavar, contribuir a horadar, a superar. El peso de la teoría priva tanto de la posibilidad de diálogo, de contribución, como de confrontación, de cuestionamiento, y esas posibilidades pueden hacerse efectivas solo por un *quién*, porque solo un/a otro/a, un *quién*, conoce cómo es conocido.

Debido a que, como afirmara, las *características primarias* de la investigación cualitativa son aquellas que refieren a las *personas*, es decir, al actor, a sus acciones, expresiones, interpretaciones, significaciones, obras, producciones, el no reconocimiento por parte del investigador del lugar que le concede a la teoría puede llegar a constituirse en una de las más graves amenazas a la validez en ese estilo de investigación. Esta amenaza se efectiviza cuando se emplean estrategias cualitativas de recolección de datos ubicadas en diseños estructurados de verificación de teoría, y, por tanto, de análisis de datos mediante categorías teóricas; o bien, entre otros, durante el desarrollo de procesos de investigación cualitativa en sus distintas etapas pero en los que, al momento de la presentación de los resultados, se recurre a formas de evidencia que se corresponden con las características intrínsecas de una ontología realista.

En estos, como en otros casos, en los que se no se contempla el necesario vínculo entre las metodologías y los paradigmas en cuyos fundamentos tales metodologías se sostienen, el cambio de orientación paradigmática del investigador –de la interpretativa, inductiva, a la positivista, deductiva– establece que lo que esperaba descubrir en los datos sea sustituido por aquello que viene a verificar de la teoría o las teorías con las que los ha interpretado. Mediante este proceso, la producción se convierte en reproducción de conocimiento, y lo nuevo que atesoraban los datos se oculta bajo el peso de las teorías creadas, la mayor parte de ellas, independientemente de esos, como de otros datos y, aún así, aceptadas, difundidas, autorizadas, aplicadas en contextos -como el latinoamericano– que difieren al de creación de esas teorías. El investigador se ve, pues, compelido a traducir sus datos a aquello que está aceptado, a lo que se considera legítimo y se enfrenta, además, al temor de que su producción no sea considerada como "científica" si actúa de otra manera.

Se mueve, entonces, en la tensión entre, por un lado, la legitimación y, luego, la aceptación, y, por el otro, la creación y, frecuentemente, el rechazo, la desaprobación, la exclusión. En estas circunstancias, los investigadores se interrogan, por ejemplo, acerca de si habrán de restringir las formas de conocer a aquellas que están hoy avaladas aun poniendo en riesgo la calidad de la investigación. Se preguntan, por lo demás, si han de reducir las formas históricas y posibles de ser de las sociedades a aquellos modelos de división, contradicción, jerarquización, ordenación, distribución consagrados, cuyo conocimiento es o no posible de acuerdo con los criterios vigentes en el paradigma predominante, el cual, al naturalizar, contribuye tanto con la tergiversación como con la asimilación ontológica de la injusticia, la dominación, la opresión. Ante estas condiciones

cabría interpelarse acerca de si podríamos los investigadores latinoamericanos cuestionar las formas de conocer
mediante las cuales se nos ha conocido, y se nos intenta
conocer durante el persistente proceso de colonización y, a
la vez, postular otras formas alternativas de conocimiento
sin sufrir la condena al ostracismo del mundo de la ciencia.

Esos mismos investigadores cuestionan los perniciosos
efectos del mecanismo por el cual lo que puede llegar a ser
las múltiples, renovadas, disímiles perspectivas utópicas, se
reduce a lo que ha sido y se espera que sea, de acuerdo
con las variadas suertes que a la posibilidad de acción social
le atribuyen los asentados y reanimados determinismos. La
clausura de las formas de conocer se corresponde, pues,
con la de las formas de ser de las sociedades (Vasilachis
de Gialdino, 2011a).

7. Hacer posible la interacción cognitiva

El reconocimiento de la *común-unión* de los sujetos de
la interacción cognitiva caracteriza a la Epistemología del
Sujeto Conocido: *común*, porque ambos sujetos comparten el componente esencial de la identidad; *unión*, porque
eso que comparten los une, los identifica como personas
y les permite que, juntos, construyan cooperativamente el
conocimiento durante dicha interacción cognitiva. En ella,
dos sujetos esencialmente iguales realizan aportes diferentes derivados de su igual capacidad de conocer, y fruto de
su propia biografía, de las circunstancias, luchas y logros
de su propia existencia (Vasilachis de Gialdino, 2009/2011,
2003/2013).

La principal condición que hace posible la interacción
cognitiva es el reconocimiento por el sujeto cognoscente
del componente esencial, dignitario, común, de la identidad, el que lo hace igual *a* y que lo identifica *con* el sujeto
conocido. Si esa condición no se alcanza, no se logra, difícilmente quien conoce pueda admitir la idéntica capacidad
de conocer que comparte con quien está siendo conocido.

Además, si esa misma capacidad de conocer no es aceptada, se obstruye el proceso de construcción cooperativa de conocimiento y se coarta la posibilidad de los participantes en la investigación de hacer de ese proceso un medio a través del cual se presentan a sí mismos y, al unísono, exteriorizan sus perspectivas, teorías, formas de acción, de conocimiento y de reflexión sobre sus propias situaciones y las posibilidades de transformarlas.

Si hablo de interacción cognitiva es, precisamente, porque la suposición de la común identidad de los sujetos presentes en el proceso de conocimiento anuncia la misma posibilidad de cada uno de influir sobre el otro, sin que ninguno tenga mayor probabilidad de fijar los términos y las condiciones de esa interacción. Este sujeto conocido activo y no pasivo, como siendo y haciendo, no como estando y aceptando, como produciendo conocimiento, no como proveyendo de datos útiles para que otros conozcan, es el que marca la diferencia entre una epistemología centrada en el sujeto cognoscente y otra, la que propongo, centrada en el sujeto conocido (Vasilachis de Gialdino, 2007).

La interacción cognitiva es posible si el diálogo lo es, y este supone la igualdad, la idéntica capacidad y posibilidad de argumentar, de oponerse, de construir conjuntamente el conocimiento. Las formas mediante las cuales se suele producir y transmitir el conocimiento considerado "válido", suelen nutrirse de un sutil ejercicio de violencia, de una violencia que no ataca a la vida y la integridad de la persona pero sí a la identidad en su componente esencial, dignitario, compartido. Mediante esas formas se encubre la capacidad de acción, se oscurece la voluntad y el ejercicio de la resistencia (Vasilachis de Gialdino, 2009, 2013a) al no considerarse, las más de las veces, como tal a la que excede los límites conceptuales de las teorías consolidadas. Esas teorías definen, al unísono, las formas de desarrollo de las sociedades, y los mecanismos y condiciones de su transformación. También los investigadores latinoamericanos sufren esa violencia al no ser convocados a participar del diálogo que se genera al interior de las distintas disciplinas y ámbitos de conocimiento y, difícilmente, son aceptadas sus propuestas encaminadas a desplegar otras formas de conocimiento y de comunicación (Vasilachis de Gialdino, 2011b: 134).

La presencia de ese componente identitario común conduce a que, en la interacción cognitiva, ambos sujetos se transformen ampliando, extendiendo su ser porque, en el proceso de conocimiento, al conocer, conocen sobre sí mismos, sobre el otro, sobre aquello que intentan conocer, sobre las posibles y diferentes formas de conocer y sobre la ampliación del conocimiento y de la capacidad de conocer como resultado de esa interacción cognitiva. En otros términos pero con igual sentido, entiendo que la construcción cooperativa del conocimiento dependerá, por un lado, de la posibilidad del sujeto conocido de manifestarse integralmente, de evidenciar, de expresar los diversos aspectos de los componentes esencial y existencial de su identidad y, por el otro, de que, a la par, el sujeto cognoscente abra su ser a la conmoción y a la transformación que esa manifestación le provoca y se manifieste, a su vez, en toda su integridad (Vasilachis de Gialdino, 2003/2013: 35).

8. Construir conocimiento cooperativamente

La apertura del ser de quien está conociendo a la recepción de los otros devela, al mismo tiempo, aquello en lo que es igual y aquello en lo que difiere de ellos hasta hacerse uno con cada uno, lo que le permite al que conoce transmutar su propia visión, sea porque comienza a percibir de otra manera, alcanzando aquello que no había visto, sea porque adopta formas de conocer tanto imprevistas como inusitadas. Esto es así porque comienza a conocer cómo es conocido por quienes está conociendo y a admitir los límites de su propio conocimiento de cara a la infinitud del ser que esos otros exhiben frente a él. Es durante este proceso que el investigador encuentra en ellos el secreto de su propia identidad, modifica sus supuestos acerca de la producción de conocimiento y, lejos de presumir a un sujeto aislado como artífice de la producción de conocimiento, emprende la senda de la aceptación del valor y la exigencia de la construcción cooperativa del conocimiento.

Desde la Epistemología del Sujeto Conocido se cuestiona toda relación que suponga superioridad de unos sobre otros seres humanos y que, por lo tanto, desconozca el principio de la igualdad esencial entre todos ellos. En este sentido, se cuestionan las interacciones cognitivas que: a) desconozcan esa igualdad; b) presupongan el mayor valor de una forma de conocer por sobre otras, y c) asignen al que emplee esas formas de conocer, consideradas como más valiosas y cómo validas, un poder legitimado como para disponer del conocimiento del que lo provee el sujeto conocido, independientemente de los efectos que pueda producir sobre la identidad, situación y relaciones de ese mismo sujeto (Vasilachis de Gialdino, 2006b:11-12).

Así, y como ejemplo, los presupuestos ontológicos sobre los que se asientan las teorías de la pobreza, enraizadas en la Epistemología de Sujeto Cognoscente -en la que ubico a los distintos paradigmas de las ciencias sociales- no plantean la exigencia de la necesidad de una ruptura ontológica respecto de la identidad tal como lo postula la Epistemología del Sujeto Conocido. Ese límite se traduce en un marcado silencio teórico y epistemológico respecto de las habilidades, las capacidades, la creatividad, la entereza desplegadas por las mujeres y los hombres pobres, de una parte, para enfrentar las relaciones de privación y para lidiar con las condiciones en las que se ven obligados a desarrollar su existencia y, de otra, para hacer explícito el significado de sus acciones, comprender las situaciones que padecen, explicarlas causalmente señalando y cuestionando a los responsables de ellas, así como para identificarse como participantes activos ubicados no en los márgenes, sino en el corazón de la sociedad a la que pertenecen (Vasilachis de Gialdino, 2011b, 2013).

Aquellos cuyas acciones son una y otra vez interpretadas por las teorías, cuando no dirigidas, orientadas políticamente mediante los supuestos de esas teorías, difícilmente son interrogados acerca de si a través de ellas se aprehende, se recoge, se discierne o se tergiversa, se restringe, se constriñe el sentido de esas acciones. En estos casos no tiene lugar la producción cooperativa del conocimiento porque quien indaga, lejos de permitir la manifestación del actor participante, la expresión de su propio conocimiento, busca explicar, interpretar, lo que observa; escucha, lee con códigos ajenos a los de aquellos cuyas acciones intenta comprender, imponiéndoles la violencia de un código, de un relato, de una ley que, por lo general, ni conocen, ni consideran que guía sus acciones.

Esta *violencia del código de interpretación* impone al otro/ a una "visión" sobre él o ella y, con esta, una imagen de su identidad, de lo que es, de lo que puede, cuando no de lo que debe ser y hacer. Le pronostica un destino, le señala las metas posibles y las imposibles, y las distintas condiciones de posibilidad. Lejos de asumir esa actitud, el investigador debe estar dispuesto a sentirse interpelado a que esa vida existencialmente única desborde las categorías que le son impuestas para conocerla; la reflexión no aporta más que la narración de una aventura personal, de un alma privada, que vuelve a ella misma sin cesar, aun cuando parece escapar-se. Lo humano no puede, entonces, ofrecerse más que a una relación que no es un poder (Vasilachis de Gialdino y Gialdino, 2010b).

El mutuo reconocimiento recíproco por parte del sujeto cognoscente y del sujeto conocido de lo igual y lo diferente en cada uno de ellos es condición de la interacción cognitiva. Sin el cumplimiento de esa condición, la construcción cooperativa del conocimiento no es posible; de un conocimiento que no es solo el de alguno, sino el de los distintos sujetos de la interacción cognitiva (Vasilachis de Gialdino, 2015).

El conocimiento cooperativamente construido se amplia, crece, se expande al crearse y transmitirse. Nutre y esclarece a quienes conocen y a quienes son conocidos y, por tanto, no se produce sin la recíproca transformación de quien conoce y de quien es conocido. Este proceso de transformación mutua no es ni recogido ni reconocido por la Epistemología del Sujeto Cognoscente debido a que es este sujeto quien, por lo general, se aferra a su propia perspectiva y, lejos de transformarse y transformarla durante la interacción cognitiva, termine por imponerla primero en el proceso de conocimiento y, luego, en la representación de los resultados. De esta manera, es probable que el investigador forje un conocimiento científicamente legítimo para la Epistemología del Sujeto Cognoscente pero ontológicamente inválido para la Epistemología del Sujeto Conocido. Esa invalidez proviene del desconocimiento de la ruptura ontológica que propone esta última epistemología respecto de la identidad, la cual que es, a la par, una y múltiple, esencial y existencial, igual y diferente, dignitaria y biográfica.

9. Reconocer la simultaneidad de miradas

Es dable sostener, de acuerdo con lo expuesto hasta aquí, que en la interacción cognitiva deben estar incluidas, como mínimo, dos miradas, dos procesos: a) el que va del sujeto cognoscente al sujeto conocido, y b) el que va del sujeto conocido al sujeto cognoscente. Es decir que quienes participan en esa interacción cognitiva comparten un mismo proceso de conocimiento, pero, a la vez, cada uno ellos lleva a cabo un proceso distinto y recíproco en el que conocen a otro/s, se conocen a sí mismos y, a la vez, son conocidos por otros (Vasilachis de Gialdino, 2016).

Es a partir de la admisión de este carácter complejo y recíproco del proceso de conocimiento que puede afirmarse que lo epistemológico deja de estar centrado en el movimiento cognitivo del sujeto cognoscente, debido que incluye al movimiento cognitivo del sujeto conocido, quien deja de ser un pasivo receptor de la mirada de un otro ajeno. Esos dos movimientos son los que hacen posible la construcción cooperativa del conocimiento. De modo tal, en virtud del reconocimiento de la igual capacidad de conocer de los participantes en la interacción –derivada de su igual dignidad–, se impone la admisión de idéntica legitimidad a ambas trayectorias cognitivas. Así, la imposición de determinadas formas de conocer y de sus criterios de validez muestra, a la vez, de una parte, la violencia de ese apremio, de esa coacción y, de otra, la resistencia a la violencia unida a la apertura hacia la aceptación de otras formas de conocer, a la coexistencia de epistemologías. El conocimiento científico centrado en la mirada del sujeto cognoscente se exhibe, así, solo como una más entre las distintas formas posibles de conocer.

Este juego de las dos miradas, la de un otro ajeno y la de un otro propio, conduce a al interrogante de cuál es la mirada que predomina en las investigadoras y los investigadores. Presumo que en América Latina nos hemos mirado, y nos seguimos mirando, con la mirada del otro ajeno a nosotros. Nos comprendemos con su razón y nos juzgamos con sus juicios. Todavía no nos hemos encontrado, todavía no nos hemos conocido. Aunque, en apariencia, actuamos como sujetos cognoscentes durante la investigación, no somos nosotros quienes observamos porque seguimos mirando con la mirada del otro ajeno, y es con ella que hemos sido expropiados de nuestra propia mirada; entonces, ¿qué vemos en quien estamos conociendo sino aquello que hemos aprendido a ver y/o a ignorar de él o de ella?

Sin embargo, no basta con, simplemente, olvidar esa mirada ajena. Es menester cuestionarla, revisarla para mostrar que es más lo que excluye que lo que incorpora, más lo que niega que lo que admite de nuestras identidades, relaciones, procesos, conflictos, movimientos, utopías. Todavía no pensamos libremente, todavía no creamos, todavía no conocemos como somos conocidos por quienes participan en nuestras investigaciones. Nos hemos quedado en

la cáscara, debemos ir al corazón del fruto para descubrir
su dulzura. Todavía no creemos enteramente que podemos aprender más de ellos que de todos los que ya los
han categorizado, definido, calificado, conjuntamente con
las acciones individuales y/o colectivas que realizan o que
podrían realizar.

La mirada del otro ajeno alcanza al presente, al pasado
y al futuro. Consolida y descarta utopías parejamente con
posibles formas de ser de nuestras sociedades. Está presente
aun en las teorías críticas o en las poscoloniales elaboradas con los recursos epistémicos que se impusieron y se
imponen en los procesos de colonización que perduran y se
remozan cada día. Es con esa mirada ajena que se construye
la mirada que nos separa, que muestra más lo que nos diferencia entre personas y entre comunidades que lo que nos
identifica como seres humanos y como latinoamericanos.

10. Encarnar los distintos momentos en el proceso de investigación

Durante el proceso de investigación es necesario tomar un
conjunto de decisiones que se van modificando, afinando,
perfeccionando durante ese proceso y que se vinculan profundamente con las investigadoras y los investigadores, sus
biografías, sus trayectorias, sus compromisos, sus obligacio-
nes, sus afiliaciones, sus intereses, sus preferencias políticas
e ideológicas, entre otras. Además, quien investiga está ubicado en un contexto social e histórico que condiciona esas
decisiones y que, muchas veces, determina el sentido y/o
trastoca las orientaciones de esas decisiones. Opera, a la vez,
en un medio académico en el cual, habitualmente, se hacen
manifiestas múltiples tensiones, exigencias, presiones que
lo sitúan frente a una nueva opción: reproducir las legitimidades en las que se asienta el conocimiento denominado "científico" o cuestionarlas incorporando, creando, otras
legitimidades, tanto las surgidas de los reclamos, conflictos,
acciones individuales y colectivas con los que se enfrenta a

las distintas formas de ser de la injusticia, como las emanadas de sus propios y cambiantes problemas de investigación y de los recursos cognitivos con los que cuenta para resolverlos (Vasilachis de Gialdino, 2013b).

Tales decisiones han de revisarse una y otra vez a medida que el problema de investigación se perfila y alcanzan a los paradigmas, a las epistemologías, a los propósitos, a las metodologías, a los estilos de investigación, a las estrategias de recolección y de análisis de los datos, a las formas de transmisión y representación de los resultados, a las relaciones recíprocas entre las diversas cuestiones a resolver.

Si me he detenido a puntualizar y esclarecer los distintos momentos que he recorrido hasta aquí (1-9) para desarrollar mi propuesta epistemológica, es porque advierto que las decisiones que acabo de mencionar suponen una decisión previa, y es esta la que está latente en cada uno de esos momentos: la de hacer del reconocimiento de la común dignidad de la persona humana la opción prioritaria, preferencial, en la producción de conocimiento de las ciencias sociales. Como consecuencia, todo conocimiento acerca de esa persona adquiere un carácter subsidiario respecto del reconocimiento de su dignidad, y, asimismo, tal conocimiento es ontológicamente inválido si esa dignidad no es reconocida.

Esta opción prioritaria y preferencial tiene carácter ético, de allí la necesidad de abandonar el modelo de las ciencias naturales, de pasar del *qué* al *quién*, de la realización de un trabajo interno y reflexivo por parte del investigador que le permita declinar los presupuestos acerca de los otros, abandonarse a esos otros, optar su rostro, desprenderse de la mirada de un otro ajeno, con la que ese investigador se había mimetizado, para alcanzar la del otro propio y, entonces, mirarlo y mirarse a través de ella.

La epistemología occidental tradicional no reconoce la simultaneidad de miradas. Está centrada en el sujeto cognoscente y en su avalada capacidad de conocer y, por tanto, esa epistemología ni mueve al investigador a abandonarse al otro, a todo otro, ni a buscar su rostro renegando de la mirada de un otro ajeno con el cual el investigador ha conocido a ese otro y se ha conocido a sí mismo. La opción prioritaria y preferencial atinente a la dignidad conduce tanto a la exigencia de revisar los presupuestos teóricos como a la de liberarse del peso de la teoría, debido a que si estas exigencias no se plasman, no es posible ni la interacción cognitiva ni la construcción cooperativa del conocimiento. Cabría, pues, interrogarse no solo acerca de la validez de las teorías, sino también acerca de si esas teorías no cierran la posibilidad de hombres y mujeres de construir autónomamente su futuro, su vida, la de su familia, la de su comunidad, si no terminan por apropiarse del destino de los actores sociales cuando las investigadoras y los investigadores se aferran a ellas para leer el pasado, para comprender el presente, y para predecir el futuro tanto de esos actores como de sus sociedades.

La decisión de hacer del reconocimiento de la común dignidad de la persona humana la opción prioritaria, preferencial en la producción de conocimiento de las ciencias sociales, tiene relevantes consecuencias para el conjunto del proceso de investigación. La ruptura ontológica que supone pasar del *qué* al *quién* conlleva la elección previa de una postura epistemológica que se traducirá en elecciones tanto metodológicas como de estrategias de recolección y análisis de datos que respeten el componente esencial y el existencial de la identidad. Esas elecciones tenderán, por un lado, a recuperar el rostro propio de los participantes en la investigación, a revisar la mirada ajena de los aportes teóricos, y por el otro, a transitar el camino inductivo para crear teoría en lugar de verificarla, considerando como teoría a las que elaboran los actores sociales. Es decir, procurarán producir conocimiento en lugar de reproducirlo y, como consecuencia, a darle un carácter dinámico y no estático al proceso de conocimiento así como a los resultados obtenidos.

Las investigadoras y los investigadores latinoamericanos tenemos la responsabilidad y el desafío de generar un conocimiento a la vez autónomo y auténtico. Aprender a conocer cómo conocen y cómo nos conocen quienes participan en nuestras investigaciones puede ayudarnos a abandonarnos a ellos primero y, después, a recuperar la mirada propia de la hemos sido privados. Sin ese proceso de recuperación de la mirada propia, de desprendimiento de la mirada del otro ajeno, nuestro conocimiento no podrá ser dinámico, creativo, liberador, construido junto con aquellos que nos enseñaron a ver que poco de nuestra mirada descubría su rostro o mostraba su plenitud, que poco de nuestra ciencia contenía el arte de hacernos uno con ellos, de reconocerlos y sentirlos a partir de sus propios tonos, colores, sonidos, sentimientos, motivaciones, esperanzas.

Referencias bibliográficas

Ameigeiras, A. R. *et al.*, en Vasilachis de Gialdino, Irene (coord.), *Estrategias de Investigación Cualitativa*, Barcelona, Gedisa, 2006a.

Vasilachis de Gialdino, Irene y Gialdino, Mariano R., "Propuesta de un recorrido Epistemológico para las Investigaciones Cualitativas", en *Ciencia y Tecnología para el Hábitat Popular*, Buenos Aires, Nobuko, CEVE-CONICET, 2010b.

Vasilachis de Gialdino, Irene y Pérez Abril, Mauricio, "Investigación, epistemología e identidad en Latinoamérica. Entrevista a Irene Vasilachis de Gialdino", en *Magis: Revista Internacional de Investigación en Educación*, 4 (9), Bogotá, 2012b, pp. 513-523. https://bit.ly/2OwR97v.

_____, "De 'la' forma de conocer a 'las' formas de conocer, en N. K. Denzin e Y. Lincoln, *Manual de Investigación Cualitativa Vol. II. Paradigmas y perspectivas en disputa*, Barcelona, Gedisa, 2012a. https://bit.ly/2q0HRFY.

_____, "De las nuevas formar de conocer y de producir conocimiento", en N. K. Denzin e Y. S. Lincoln, *Manual de Investigación Cualitativa. El campo de la Investigación Cualitativa, Vol. I.*, Barcelona, Gedisa, 2011a. https://bit.ly/2Eg9K1o.

_____, *Discurso científico, político, jurídico y de resistencia. Análisis lingüístico e investigación cualitativa*, Barcelona, Gedisa, 2013a.

_____, "El aporte de la Epistemología del Sujeto Conocido al estudio cualitativo de las situaciones de pobreza, de la identidad y de las representaciones sociales", en *Forum Qualitative Sozialforschung / Forum: Qualitative Social Research*, 8(3), Berlín, 2007. https://bit.ly/2EfPtZP.

_____, "El 'otro': identidad y construcción discursiva, en *CUHSO. Cultura – Hombre – Sociedad*, 11(1), Chile, 2006b, pp. 7-16. https://bit.ly/2MM1E5f.

_____, "El pensamiento de Habermas a la luz de una metodología propuesta de acceso a la teoría", *Estudios sociológicos*, 15(43), México, 1997, pp. 79-107. https://bit.ly/2lOBRxL.

_____, "Investigación Cualitativa: Metodologías, Estrategias, Perspectivas, Propósitos", en N. K. Denzin e Y. Lincoln, *Manual de Investigación Cualitativa Vol. III. Estrategias de investigación cualitativa.* Barcelona, Gedisa, 2013b. https://bit.ly/2Gxl2js.

_____, "Investigación Cualitativa: Proceso, política, representación, ética", en: N. K. Denzin e Y. Lincoln, *Manual de Investigación Cualitativa Vol. IV Métodos de de recolección y análisis de materiales empíricos*, Barcelona, Gedisa, 2015. https://bit.ly/2tU191R.

_____, "Itinéraires 'dans' et 'depuis' les situations de pauvreté: une proposition d'analyse sociologique-linguistique de la narration", en *Recherches Qualitatives*, 28 (2), Canadá, 2009, pp.8-36. https://bit.ly/2z9BE1J.

_____, "Labour, workers and work: sociological and linguistic analysis of political discourse", *Critical Discourse Studies*, 7(3), Londres, 2010a, pp. 203-217.

_____, "La coexistencia de epistemologías o la diferencia entre el qué y el quién en el proceso de investigación cualitativa", en: *VIII Jornadas de Etnografía y Métodos Cualitativos*, Buenos Aires 10, 11 y 12 de agosto de 2016. https://bit.ly/2KxO8p2.

_____, "L'interprétation dans la recherche qualitative: problèmes et exigences ", en *Recherches Qualitatives* 31(3), Canadá, 2012c, pp.155-187. https://bit.ly/2KHpS3g.

_____, *Métodos Cualitativos I. Los problemas teórico-epistemológicos*, Buenos Aires, Centro Editor de América Latina, 1992. https://bit.ly/2GyblBu.

_____, "Nuevas formas de conocer, de representar, de incluir: el paso de la ocupación al diálogo", en *Discurso & Sociedad* 5(1), 2011b, pp. 132-159. https://bit.ly/2Ee1jDG.

_____, "Ontological and epistemological foundations of qualitative research", en *Forum Qualitative Sozialforschung / Forum: Qualitative Social Research*, 10(2), Art. 30, Berlín, 2009/2011. https://bit.ly/2IrDNFH. Versión en español: https://bit.ly/29cxBl2.

_____, *Pobres, pobreza, identidad y representaciones sociales*, Barcelona, Gedisa, 2003/2013.

Alternativas teóricas
para el abordaje de nuestra América

Adriana María Arpini

¿Cómo han de salir de las universidades los gobernantes, si no hay universidad en América donde se enseñe lo rudimentario del arte del gobierno, que es el análisis de los elementos peculiares de los pueblos de América? A adivinar salen los jóvenes al mundo, con antiparras yanquis o francesas, y aspiran a dirigir un pueblo que no conocen. En la carrera de la política habría de negarse la entrada a los que desconocen los rudimentos de la política.
José Martí, *Nuestra América*, 1891

Se nos ha convocado a reflexionar acerca de *nuestra América*, específicamente, la reflexión se endereza a problematizar las perspectivas teóricas y metodológicas desde las cuales abordar cuestiones que hacen a nuestra realidad social, política, económica, cultural, histórica. Dado que la convocatoria está hecha en términos martianos, nada mejor que traer a colación su propia reflexión. En el párrafo citado como epígrafe, José Martí señala una paradoja, una contradicción: ¿cómo conocernos a nosotros mismos "con antiparras yanquis o francesas"? Es decir, ¿cómo construir conocimiento científico acerca de nosotros mismos si estamos mirando a través de esquemas conceptuales construidos para el análisis de realidades que nos son ajenas? O en otras palabras: ¿pueden los esquemas epistemológicos y metodológicos producidos en los centros de poder hegemónico –productores del conocimiento científico hegemónico– aplicarse sin más al estudio de nuestros problemas? La necesidad de clarificar esta cuestión se vuelve tanto más acuciante cuando de lo que se trata es de conocer para gobernar. Esto es, cuando se busca producir un conocimiento que, desde su nacimiento, está destinado a plasmarse en transformaciones de nuestra geografía física, social, política y cultural, de los códigos que organizan formas diversas de vida.

El exitoso desarrollo del conocimiento científico-tecnológico, desde la modernidad hasta nuestros días, instaló la idea de que la ciencia es un saber caracterizado por su capacidad descriptiva, explicativa y predictiva (mediante leyes), su criticidad (en el sentido de anteponer la duda al dogma), por estar fundamentado lógica y empíricamente (conforme a una lógica de la identidad), por ser metódico, sistemático, comunicable mediante un lenguaje preciso y con pretensión de objetividad. La aceptación generalizada de tales características, y en especial la mencionada en último lugar, abona la convicción −no siempre explicitada entre quienes intervienen en el debate epistemológico− de que el conocimiento científico, una vez establecido, es ahistórico, forzoso, universal, susceptible de ser formalizado y éticamente neutro.

No es nuestra intención aquí problematizar cada uno de estos supuestos epistemológicos, los cuales, de hecho, vienen siendo discutidos desde temprano en el siglo xx, por diversas construcciones teóricas en el marco de la propia tradición occidental, tal es el caso de las epistemologías alternativas o abiertas a lo histórico social.[1] Así, por ejemplo: la teoría crítica, la epistemología francesa, el giro hermenéutico, la teoría de la complejidad, los más recientes posicionamientos de las epistemologías feministas, entre otras. Baste con señalar lo siguiente respecto de la pretendida neutralidad ética: es bien sabido que el vocablo *ética* traduce el término de origen griego *ethos* (ήθος) que se refiere a

---

[1]   Tomamos la noción de epistemologías abiertas a lo histórico social en el sentido que surge del libro editado por Esther Díaz, *La posciencia. El conocimiento científico en las postrimerías de la modernidad*, Buenos Aires, Biblos, 2000.

la costumbre o modo habitual de vida de una comunidad, de un pueblo. Siendo así, no es posible afirmar la neutralidad del *ethos*. Ni siquiera la del *ethos* del conocimiento científico, a no ser por una reducción de la diversidad para subsumirla en un principio único –v. gr. el *logos*, la razón universal o el sujeto trascendental de los modernos–; y por una simultánea operación de abstracción de la historicidad que acaba por formalizar y forzar la universalidad de la costumbre. Con lo cual el término *ethos* pierde su sentido contextual y su riqueza explicativa y práctica.

La necesidad de problematizar la pretendida universalidad, objetividad y neutralidad del conocimiento científico se planteó en nuestra tradición de pensamiento latinoamericano ya en el siglo xix, como hemos visto expresado en José Martí, y en otros pensadores antes que el cubano, quienes reclamaban que nuestros conocimientos y nuestra filosofía, incluso nuestra lógica, debían surgir de nuestras necesidades (v. gr. Juan Bautista Alberdi, Eugenio María de Hostos, Francisco Bilbao, Joseph-Anténor Firmin, entre otros).

Si circunscribimos las referencias al ámbito de la producción de conocimiento socio-histórico-cultural durante el siglo xx, podemos mencionar algunos momentos significativos que permiten delinear una tradición alternativa que no siempre ha tenido cabida en los espacios académicos universitarios.

Sin pretensión de ser exhaustivos, comencemos por mencionar a José Gaos, quien en los años 40 del siglo pasado, en relación al problema de la articulación de la historia de las ideas filosóficas mexicanas, introduce el concepto de "imperialismo de las categorías" para referirse a "la milenaria tendencia a extender las categorías autóctonas de un territorio a otros, incluso a todos los demás, con preferencia a esforzarse por concebir primero cada territorio mediante categorías autóctonas de él". (Gaos, 1980: 34). En el caso de la historia, el imperialismo de las categorías implica concebir la historia del propio país como *paralela* a la historia universal, o bien considerar que no tiene sustancia propia u originalidad y por tanto dividir su historia conforme a la división de la historia universal. Se produce, así, una interpretación de la historia que constituye un claro caso de dependencia respecto de las ideas preconcebidas y de los prejuicios del historiador.

> El mentado imperialismo –dice Gaos– lo ha ejercido hasta hoy la historia europea en la Historia hecha por los europeos –y por los coloniales mentales de los europeos [...]. Y lo ha ejercido como dependencia del más radical imperialismo de la Filosofía de la Historia y de la Cultura hecha por los europeos. (Gaos, 1980: 35)

Semejante ceguera tiene su origen en un proceder acrítico por el cual se llega al convencimiento de la falta de originalidad de la historia, el pensamiento y la filosofía propios. No se trata de oponerse sin más a la posibilidad de articular una historia general de la cultura, sino de reconocer críticamente que cada región tiene peculiaridades estructurales y dinámicas suficientes como para reivindicar cierta originalidad relativa, susceptible de expresarse y articularse mediante categorías autóctonas.

También Aníbal Quijano señala la necesidad de revisar los procedimientos y las categorías con los que se produce el conocimiento de las ciencias sociales en nuestros países. En sus escritos de la década del 60 sobre los problemas del cambio social y la urbanización en Latinoamérica, insistía en la dificultad para explicarlos prescindiendo del análisis del sistema de las relaciones de dependencia y de su adecuada conceptualización. Para el sociólogo peruano no se trataba solo de un conjunto de factores u obstáculos externos, o de acciones unilaterales de las sociedades poderosas contra las débiles. Según su perspectiva, las relaciones de dependencia aparecen cuando las sociedades implicadas forman parte de una unidad estructural de interdependencia, dentro de la cual existe un sector que es dominante respecto de los demás, siendo este un rasgo definitorio del sistema de producción y del mercado capitalista. La dependencia presupone una correspondencia de intereses entre los grupos dominantes de los respectivos países, grupos entre los cuales pueden darse fricciones por la tasa de participación en los beneficios. "En otros términos, los intereses dominantes dentro de las sociedades dependientes corresponden a *los intereses del sistema total de relaciones de dependencia y del sistema de producción y de mercado en su conjunto*" (Quijano, 2014: 78).

Sin embargo las relaciones de dependencia no presentan en todos los casos la misma forma. Según la interpretación de Quijano, la dependencia es un fenómeno constitutivo de las sociedades nacionales latinoamericanas, ya que desde el comienzo formaron parte de la gestación del sistema capitalista de dependencia, primero en su forma colonialista y luego como sociedades nacionales dependientes dentro del sistema capitalista industrial. "Se trata de una *dependencia histórica* que afecta a todos los demás órdenes institucionales y al entero proceso histórico de nuestras sociedades". (Quijano, 2014: 80).

De esta manera el sociólogo peruano señalaba la imposibilidad de prescindir de las dimensiones históricas y contextuales que operan en la producción de conocimientos acerca de nuestras realidades sociales. Si las categorías de la ciencia social positiva le permitían iluminar una parte de la realidad, sin embargo dejaban en penumbras procesos sociohistóricos que se hacen visibles bajo la lupa de una categoría crítica: *dependencia histórica*.

En escritos posteriores, tales como "Colonialidad del poder, eurocentrismo y América Latina" (2000) y "Colonialidad del poder y clasificación social" (2007), Quijano profundiza y complejiza su análisis introduciendo las nociones de *colonialidad del saber* y *colonialidad del poder*. Ofrece una clave para la interpretación del patrón de poder del capitalismo colonial moderno, que culmina con la actual configuración de la globalización. Afirma que:

... uno de los ejes fundamentales de ese patrón de poder es la clasificación social de la población mundial sobre la idea de raza, una construcción mental que expresa la experiencia básica de la dominación colonial y que desde entonces permea las dimensiones más importantes del poder mundial, incluyendo su racionalidad específica, el eurocentrismo. (Quijano, 2000: 246)

En efecto, la categoría moderna de *raza* se estableció como criterio estructural de base biológica para codificar las diferencias entre conquistadores y conquistados, pero también como instrumento de clasificación social y control del trabajo que determinó la distribución geográfica del capitalismo mundial. Tales diferencias y controles se naturalizaron y otorgaron legitimidad a las relaciones de dominación –ya sea bajo la forma de servidumbre del indio y esclavitud del negro en la etapa colonial, ya sea en la forma del trabajo asalariado y de las múltiples facetas del trabajo informal durante la expansión del capitalismo–; configurando, así, un nuevo patrón global de control del trabajo y un nuevo patrón de poder. Ello implicó también un proceso de articulación de la producción cultural, de control de la subjetividad y de configuración de identidades históricas. A tal punto que todas las experiencias, historias, recursos y productos culturales, fueron subsumidos en un solo orden cultural global en torno de la hegemonía occidental. Europa, configurada como nueva identidad hegemónica, concentró el control sobre otras codificaciones de la identidad, la cultura y, sobre todo, de la producción del conocimiento. Implementó para ello estrategias tales como la expropiación de bienes culturales, la represión de las formas de producción de conocimiento (es decir, de objetivación de la subjetividad), la imposición de la cultura del dominado para la reproducción material y subjetiva de la dominación. Así, el patrón de poder configurado como sistema coloca la base de todas las instituciones de la existencia social: el Estado nación, la familia burguesa, la empresa capitalista, la racionalidad científica.

Sin embargo, como bien señala Foucault, donde hay poder hay resistencia y emergen otras formas de modelación de las identidades, de las relaciones sociales y del conocimiento. No ha de extrañar, entonces, que todo el arco de las independencias de nuestra América, desde que se inicia la lucha por la emancipación de la esclavitud en Saint Domingue (Haití), hasta la guerra hispano-cubana-norteamericana esté signada por una afirmación de identidades propias, en sentido emancipatorio, que involucran formas alternativas de producción de conocimiento. Estas variopintas formas de conocer se sustentan en experiencias difícilmente traducibles a lenguajes científicos o académicos que se ajustan a la lógica de la identidad. Requieren de una gramática que permita expresar lo otro, lo diferente, lo que escapa a la racionalidad calculadora, pero que produce acontecimientos, irrumpe en el orden vigente mostrando su contingencia, interrumpe la progresión de la secuencia histórica desviándola de su presunta teleología. Tal vez por eso nuestros intelectuales prefieren el ensayo o la novela como forma de producción textual, que es también una forma de producción de conocimiento sin antiparras acerca de nosotros mismos.

En el campo de la narrativa latinoamericana, Alejo Carpentier se ha referido a esta forma de producción del saber apelando a la noción de lo *real maravilloso*. En el breve texto que sirve de introducción a su novela *El reino de este mundo* –y que nos permitimos citar en extenso–, afirma que:

> … muchos se olvidan, con disfrazarse de magos a bajo costo, que lo maravilloso empieza a serlo de manera inequívoca cuando surge de una alteración de la realidad (el milagro), de una revelación privilegiada de la realidad, de una iluminación inhabitual o singularmente favorecedora de las inadvertidas riquezas de la realidad, de una ampliación de las escalas y categorías de la realidad, percibidas con particular intensidad en virtud de una exaltación del espíritu que lo conduce a un modo de "estado límite". […]

Esto se me hizo particularmente evidente durante mi permanencia en Haití, al hallarme en contacto cotidiano con algo
que podríamos llamar lo *real maravilloso*. Pisaba yo una tierra
donde millares de hombres ansiosos de libertad creyeron en
los poderes licantrópicos de Mackandal, a punto de que esa fe
colectiva produjera un milagro el día de su ejecución. [...]
Hay un momento en el sexto canto de Maldoror, en que
el héroe, perseguido por toda la policía del mundo, escapa
a "un ejército de agentes y espías" adoptando el aspecto de
animales diversos y haciendo uso de su don de transportarse
instantáneamente a Pekín, Madrid o San Petersburgo. Esto es
"literatura maravillosa" en pleno. Pero en América, donde no
se ha escrito nada semejante, existió un Mackandal dotado de
los mismos poderes por la fe de sus contemporáneos, y que
alentó, con esa magia, una de las sublevaciones más dramáti-
cas y extrañas de la historia. (Carpentier, 1973: 4-6)

Creencias, intuiciones, magia, idolatría, opiniones, son
términos utilizados para referir formas de saber que esca-
pan al ordenamiento la ciencia hegemónica eurocentrada.
¡Cómo lo *maravilloso* –en cuanto forma de conocimiento–
puede operar transformaciones *reales*!

Desde otras perspectivas teóricas alternativas surgidas
en nuestra América se ha buscado comprender la diversidad
apelando a caracterizaciones tales como *cultura de la dominación* (Salazar Bondy, 1973 y 1974), *dependencia* (Cardoso
y Faletto, 1977, Sunkel, 1967), *pedagogía del oprimido* (Freire, 1970), *liberación, radical exterioridad del otro, analéctica,
transmodernidad* (Dussel, 1972, 1974, 2006, 2015), *a priori
antropológico, ampliación metodológica, historia episódica, escribir y pensar desde la emergencia* (Roig, 1981, 2002, 2008), *lo
barroco* (Bolívar Echeverría, 1993, 1998), entre otras. Categorías todas estas que buscan dar cuenta de una realidad
cuya comprensión exige una torsión de la teoría, otro tipo
de explicación que comience por reconocer las diferencias
que atraviesan a nuestras sociedades, construyen trayectorias históricas simultáneas y divergentes, se plasman en
múltiples y variadas expresiones culturales. Constituye un

desafío no menor el tratar de pensar las formas de organizar la vida y la sociedad de culturas que son radicalmente diferentes, sin caer en exotismos, es decir, en la mera curiosidad o admiración de lo otro, solo porque es extraño.

Cabe plantear el problema en términos de una *ecología de los saberes*, en el marco de lo que Boaventura de Sousa Santos (2010) ha llamado *pensamiento posabismal*. Ello es posible si se admite la premisa de que el pensamiento occidental moderno es abismal. Esto es una forma de pensamiento que consiste en un sistema de distinciones que trazan un límite –un abismo– más allá del cual lo existente desaparece como realidad, o bien es producido como no existente, no comprensible, es excluido de las formas de saber y de la gramática sociocultural. Lo característico del pensamiento abismal es la imposibilidad de la copresencia contemporánea de los dos lados de la línea.

Si bien existe una disputa por la universalidad y objetividad del conocimiento en el interior del paradigma hegemónico de conocimiento, esta se da entre las producciones de la ciencia, la filosofía, el derecho y la religión. Disciplinas que de todos modos detentan el monopolio de la razón, la verdad, la ley y la fe. Más allá del abismo, en el otro lado de la línea, es decir, en los territorios coloniales, solo habría creencias, opiniones, magia, idolatría, ilegalidad, comprensiones intuitivas; las cuales resultan en una imposibilidad de reconocer a los hombres y las culturas, sus saberes y sus ciencias. Estos, en el mejor de los casos, podrían, para la mirada hegemonizante, ser objetos de investigaciones para la ciencia social, la antropología, la etnografía, etc.

Según afirma De Sousa Santos, la diversidad epistemológica del mundo está todavía por construir. Ello sería posible desde una ecología de los saberes que permita pensar no solo que hay diversas formas de conocimiento, sino también diversos conceptos de lo que cuenta como conocimiento y como criterios de validación. Una ecología de los saberes reconoce la pluralidad de conocimientos heterogéneos –entre los cuales se cuenta también la ciencia, la

filosofía, el derecho y la religión modernos–, interconectados y dinámicos; porque admite la copresencia, esto es, la
simultaneidad como contemporaneidad; porque considera
que la ignorancia no es un punto de partida, sino el resultado de un olvido culposo. En otras palabras, porque afirma la
posibilidad del interconocimiento y de la interculturalidad
(De Sousa Santos, 2010: 31-44).

La superación crítica de las formas de conocimiento
eurocéntrico implica ampliar criterios de inclusión social
mediante una sinergia entre el principio de *igualdad* y el de
reconocimiento de las diferencias. Ello hace posible postular
una forma de conocimiento como emancipación, el cual
va del monoculturalismo hacia el interculturalismo. Es, en
términos de De Sousa Santos, una *hermenéutica diatópica*,
según la cual todas las culturas están incompletas. Se trata,
entonces, de llevar al máximo la conciencia de la incom-
pletitud mediante el diálogo intercultural y el ejercicio de
reciprocidad para transformar las premisas de una cultura
en argumentos inteligibles para otras.

Señalemos, para ir cerrando este breve e incompleto
recuento de alternativas teóricas para el abordaje de nuestra
América, que la práctica de la interculturalidad requiere una
disposición a la vez subjetiva e intersubjetiva de apertura
a la alteridad como irreductible. La interculturalidad, dice
Fornet Betancourt:

> … quiere designar más bien aquella *postura* o *disposición* por
> la que el ser humano se capacita para […] y se habitúa a
> vivir *sus* referencias identitarias *en relación* con los llamados
> *otros*, es decir, compartiéndolas en convivencia con ellos. De
> ahí que se trate de una actitud que abre al ser humano y
> lo impulsa a un proceso de reaprendizaje y de reubicación
> cultural y contextual. Es una actitud que, por sacarnos de
> nuestras seguridades teóricas y prácticas, nos permite perci-
> bir el analfabetismo cultural del que nos hacemos culpables
> cuando nos creemos que basta una cultura, la *propia*, para leer

e interpretar el mundo. [...] es la experiencia de que nuestras prácticas culturales deben ser también prácticas de traducción. (Fornet-Batancourt, 2004)

Referencias bibliográficas

Cardoso, Fernando y Faletto, Enzo, *Dependencia y desarrollo en América Latina*, Buenos Aires, Siglo XXI, 1977.

Carpentier, Alejo, *El reino de este mundo*, Compañía General de Ediciones, México, 1973.

Díaz, Esther, *La posciencia. El conocimiento científico en las postrimerías de la modernidad*, Buenos Aires, Biblos, 2000.

Dussel, Enrique, *La dialéctica hegeliana. Supuestos y superación o del inicio originario del filosofar*, Mendoza, Editorial Ser y Tiempo, 1972.

____, *Método para una filosofía de la liberación. Superación analéctica de la dialéctica hegeliana*, Salamanca, Sígueme, 1974.

____, *Filosofía de la cultura y la liberación*, México, Ediciones de la UACM, 2006.

____, *Filosofías del Sur. Descolonización y transmodernidad*, México, Akal, 2015.

Echeverría, Bolívar, *Conversaciones sobre lo barroco*, México, UNAM, 1993.

____, *Modernidad de lo barroco*, México, Era, 1998.

Fornet-Batancourt, Raúl, *Crítica intercultural de la filosofía latinoamericana actual*, Madrid, Trotta, 2004.

Freire, Paulo, *Pedagogía del oprimido*, Montevideo, Tierra Nueva, 1970.

Gaos, José, *En torno a la filosofía mexicana*, México, Alianza, 1980.

Quijano, Aníbal, *Cuestiones y horizontes. Antología esencial. De la dependencia histórico-estructural a la colonialidad/descolonialidad del poder*, Buenos Aires, CLACSO, 2014.

_____, "Colonialidad del poder, eurocentrismo y América Latina", en Lander, Edgardo (comp.), *La colonialidad del saber: eurocentrismo y ciencias sociales. Perspectivas latinoamericanas*, Buenos Aires, CLACSO, 2000. Disponible en: https://bit.ly/1Al4SAb.

Roig, Arturo Andrés, *Teoría y crítica del pensamiento latinoamericano*, México, Fondo de Cultura Económica, 1981.

_____, *Ética del poder y moralidad de la protesta. Respuestas a la crisis moral de nuestro tiempo*, Mendoza, Editorial de la Universidad Nacional de Cuyo, 2002.

_____, *El pensamiento latinoamericano y su aventura*, Buenos Aires, El Andariego, 2008.

Salazar Bondy, Augusto, "Filosofía de la dominación y filosofía de la liberación", en: *Stromata*, vol. 29, n.o 4, San Miguel, Universidad del Salvador, 1973.

_____, *Bartolomé o de la dominación*, Buenos Aires, Ciencia Nueva, 1974.

De Sousa Santos, Boaventura, "Más allá del pensamiento abismal: de las líneas globales a una ecología de saberes", en Olivé, León y otros, *Pluralismo epistemológico*, La Paz, Muela del diablo / CLACSO, 2009, pp. 31-84.

_____, *Refundación del estado en América Latina: Perspectivas desde una epistemología del sur*. México, Siglo XXI, 2010.

Sunkel, Osvaldo, "Política nacional de desarrollo y dependencia externa", *Revista de estudios internacionales*, vol. 1, n.o 1, Santiago de Chile, 1967.

Módulo II.
La producción científica en América Latina: métodos, validez del conocimiento y sistema científico

Desafíos para la investigación en ciencias sociales

El papel de la metodología de la investigación

RUTH SAUTU

Existen muchas formas de producir conocimiento y distintos procedimientos para lograrlo. En este artículo yo me voy a referir exclusivamente al conocimiento científico en ciencias sociales, a algunos desafíos actuales y al papel que le correspondería jugar a lo que consensualmente denominamos metodología de la investigación social.

Los desafíos a los cuales me voy a referir son en su mayoría de larga data, aunque actualmente se ha exacerbado la diputa sobre recursos y su distribución. Esta posición significa que no abro juicio sobre esas otras formas de conocer; tampoco opino acerca de la asignación de fondos públicos para otras actividades que no sean las referidas a la investigación científica en ciencias sociales.

Mirado retrospectivamente, hace muchas, muchas décadas, en los mil novecientos cincuenta y sesenta: ¡cuánto más sencillo era hacer investigación en ciencias sociales!

Cada disciplina funcionaba en su propio departamento de la universidad o en institutos especializados; los fondos estaban asegurados por la propia institución que los gestionaba ante quien correspondiera. La experiencia de los séniores, más solo un texto, o dos, de metodología eran suficientes para adentrarse en el campo, y lo más importante los modelos de investigación estaban bastante definidos según el área disciplinaria de que se tratara. Los economistas tenían el monopolio en el uso de la estadística, los antropólogos no se preocupaban de ella y llevaban a cabo sus trabajos en el campo, los demógrafos enseñaban a utilizar las fuentes censales, y los sociólogos se ubicaban en el medio. La filosofía (aunque crítica y desafiante), la literatura y el arte parecían manejarse en otro mundo con otros códigos.

Los ensayistas se enorgullecían de serlo y no pretendían presentarse como investigadores. Los investigadores eran felices porque las decisiones para resolver los problemas sociales eran incumbencia de los políticos quienes ¿conocían?, ¿usaban?; ¿se inspiraban? en los resultados de las investigaciones. No lo sé; en realidad nos importaba poco.

Ese mundo idílico, si alguna vez existió de manera completa, ya no existe más. Hoy nos enfrentamos, y diría en casi todo el mundo, con varios desafíos que requieren el uso de nuestra imaginación para llevar a cabo proyectos de investigación que nos permitan profundizar el conocimiento de nuestra América. El núcleo de la cuestión tiene tres componentes, en apariencia independientes pero en los hechos entrelazados entre sí: qué se investiga, cómo se investiga y cuántos son los recursos disponibles y cómo se asignan.

El más importante es el dinero destinado a la investigación científica, y el cuestionamiento de la validez y aplicabilidad del conocimiento generado en la investigación en ciencias sociales. Este es el gran desafío para la investigación en ciencias sociales: cómo se reparten los fondos públicos y establecen prioridades entre las diversas demandas, en un país como Argentina en el cual el financiamiento proviene principalmente del Estado. Lester C. Thurow (1980), Premio Nobel de Economía, publicó un libro llamado *La sociedad de suma cero*, para destacar en los análisis del crecimiento económico las diferencias entre dos nociones claves: el tamaño de la torta y su distribución.

La distribución de fondos, públicos y privados, y de otros recursos (entre los que incluyo disponibilidad de espacios para publicaciones) entre distintas instituciones y disciplinas es hoy en día un tema clave de discusión pública que ronda alrededor de dos cuestiones: cuáles son los criterios de demarcación e inclusión, y quiénes establecen las prioridades y las aplican.

Nos guste o no, la competencia por recursos se da entre disciplinas y también dentro mismo de las ciencias sociales. Los estándares creados e impuestos por la metodología de la investigación juegan un papel importante en esas competencias, de allí que deba responder a varios desafíos actuales, algunos impuestos por el contexto social y político y otros por sus propios intereses y orientaciones. Responder a los desafíos implica necesariamente plantear objetivos de investigación y revisar las estrategias metodológicas teniéndolos en cuenta o argumentando su rechazo.

En el primer conjunto de desafíos que actualmente se discuten merecen destacarse los siguientes: la delimitación disciplinaria, la aplicabilidad tecnológica de los resultados de investigaciones en ciencias sociales, y la formación de recursos humanos para la docencia e investigación. El segundo conjunto de desafíos está fuertemente influenciado por las nuevas tecnologías de información y comunicación, y también por la discusión acerca de cuestiones actuales fuertemente controversiales. Los requerimientos metodológicos que imponen los organismos de promoción incluyen de manera explícita o implícita esos desafíos incorporados a sus agendas de prioridades de investigación en ciencias sociales. La cuestión a debatir es ¿qué modelos de investigación son pertinentes en cada caso, y cuáles son sus supuestos epistemológicos y procedimientos en ciencias sociales? Las áreas disciplinarias, los proyectos de investigación, las metodologías propuestas, todo está en el candelero de a quiénes, a qué y a dónde van los fondos.

En el análisis de los desafíos utilizaré ejemplos que me ayuden a expresar mi pensamiento más acabadamente. La selección de ejemplos y disciplinas es totalmente arbitraria. Más aun, este artículo no ofrece una respuesta rotunda para ninguno de los desafíos aquí planteados. Es solo una base para futuras discusiones.

Primer desafío: la delimitación de fronteras en la diversidad disciplinaria

En más de medio siglo, con el avance y complejidad de las ciencias sociales se han ido perfilando especialidades, que si bien ya existían, han ido adquiriendo rasgos propios, desarrollado teorías y estilos de hacer investigación. En este contexto, han surgido tres cuestiones que deseamos plantear porque ellas están vinculadas a la delimitación entre las disciplinas de ciencias sociales: primero cuáles son las fronteras, si es posible establecerlas, entre las diversas disciplinas de las ciencias sociales. Segundo, cómo afecta la delimitación de las fronteras la creciente presencia de nuevas áreas disciplinarias en las cuales se fusionan más de una disciplina. Y tercero, cuál es la viabilidad y estrategias metodológicas a aplicar en las propuestas de investigaciones multidisciplinarias e interdisciplinarias.

Las fronteras disciplinarias

Haciendo eje en la sociología deseo plantear lo que podríamos decir es el abecé de los textos básicos. En sociología nos enseñan que cuando estudiamos un tema, aun asumiendo la unicidad de lo que definimos como realidad empírica, debemos tener clara su delimitación disciplinaria; posición esta muy controvertida, particularmente desde algunos enfoques filosóficos/epistemológicos. Mientras la sociología estudia las instituciones, los procesos sociales, las estructuras y relaciones sociales y los comportamientos individuales y colectivos, la psicología social-sociológica tiene como objeto de estudio las orientaciones, percepciones y actitudes (es decir la manifestación social de procesos psicológicos); y el análisis cultural los valores, ideologías, modelos y significados.

Parece simple, sin embargo, esas diferencias elementales tienen implicaciones teórico-metodológicas; y también, esto deseo remarcarlo, en nuestras posibilidades de publicar nuestros estudios y en las decisiones sobre qué comité o quiénes evaluarán nuestras solicitudes de fondos.

En esta exposición he seleccionado temas que creo me permitirán mostrar con ejemplos la problemática de las fronteras disciplinarias; ellos son el prejuicio étnico, de género, de clase social, etc.; el voto político y la lealtad partidaria; y la gobernanza.

El tema del prejuicio étnico, la discriminación y estigmatización ofrecen varias facetas. En el campo de la sociología, en sus estudios, los investigadores infieren a partir de regularidades empíricas u observaciones y comparaciones sistemáticas los rasgos de los patrones de conducta que caracterizan comportamientos discriminatorios. Si en cambio su interés, es enfocado en la psicología social, sus estudios estarán centrados en medir las orientaciones y disposiciones hacia un determinado grupo étnico; abordarán también el estudio de la percepción selectiva, la construcción de categorías y estereotipos, y las actitudes etnocéntricas o prejuiciosas. Patrones de conducta y orientaciones y disposiciones se enraízan en ideas, sistemas de valores e ideologías que despliegan sistemas de categorización social (del ego respecto a sí mismo y de los otros), que son construcciones históricas colectivas que forman parte constitutiva de la cultura de la sociedad, clases sociales, o grupos a los que pertenecen (o se identifican) los agentes sociales actuantes. Este es el campo de la sociología de la cultura.

La sociología propiamente dicha, la psicología social-sociológica y la sociología de la cultura comparten un tema, pero difieren en los esquemas teóricos, manera de definir sus objetivos y también en sus metodologías. Mientras que en la investigación de regularidades empíricas, de patrones de comportamiento, se utilizan encuestas, el estudio de disposiciones psicosociales y culturales hace uso cada vez más frecuente de metodologías cualitativas. En realidad, para la realización de investigaciones concretas, cada uno de estos campos disciplinarios invade a los otros, y a su vez roza los campos de otras disciplinas; con harta frecuencia las necesita y las usa.

Si nuestro proyecto de investigación es eminentemente académico, cualquiera de esas perspectivas temáticas es válida, pero establece restricciones acerca de los programas de investigación y las fuentes de financiamiento a los cuales se puede acceder. Ahora, si estoy solicitando fondos a un organismo ejecutivo, por ejemplo, el Instituto Nacional contra la Discriminación, la Xenofobia y el Racismo (INADI) deberé mostrar interés en estudiar la identificación de grupos prejuiciosos y sus comportamientos. Si en cambio me ha contratado una empresa interesada en llevar a cabo una campaña publicitaria, probablemente les sugiera que estudien modelos culturales y sistemas de categorización como insumo para que sus creativos diseñen los mensajes. Vemos así que el uso que se dará a los resultados de la investigación y las instituciones que los solicitan o para quienes se realizan establecen los criterios de demarcación para la aceptación de objetivos de investigación y su abordaje teórico-metodológico.

El segundo tema de interés que deseo usar como ejemplo para marcar las fronteras disciplinarias es el comportamiento electoral, ¿cuánto invade la sociología el campo de las ciencias políticas? Probablemente en el análisis del comportamiento electoral, transversal o longitudinal, la ciencia política está mejor equipada y tiene mayor experiencia. Sin embargo, en el estudio del voto tradicional leal a un partido o ideología, la sociología y la psicología social pueden aportar sus experiencias en el estudio en general del núcleo duro de las ideas e ideologías; las que resisten el paso del tiempo. Ambas disciplinas se superponen y también avanzan sobre los estudios de la cultura política (cultura cívica).

El voto es un comportamiento que puede en términos generales ser analizado utilizando encuestas a personas. El tipo y organización de las encuestas establecen requerimientos y condiciones para la construcción de los instrumentos, su codificación, sistematización y análisis estadístico. El tamaño de la muestra establece a su vez limitaciones en cuanto al número de variables a incorporar y los posibles análisis estadísticos.

El modelo teórico que subyace a ese estudio es similar al de otros estudios sobre comportamientos. Las variables a incorporar y las teorías que las sustentan provienen mayoritariamente del campo disciplinario de la sociología y la psicología social; pero subsiste la pregunta: ¿en qué se diferencia el comportamiento político del económico, familiar, religioso, etc.? Las diferencias o similitudes pueden ser en términos de estabilidad, componentes de *self-interest*, comunalidad, altruismo, etc. Todos estos temas que demandan el aporte de teorías y estilos de investigación de la psicología social y cultural.

El análisis de la lealtad ideológico-partidaria podría medirse retrospectivamente con encuestas (o si se tienen paneles); profundizar en la interpretación de las razones y justificaciones subjetivas y su racionalización, requiere adentrarse además en la compresión de la conciencia política (que puede ser de clase) y también en los significados subjetivos de la política y la adhesión política. Y aquí creemos que conviene recurrir a una metodología cualitativa.

Aun a riesgo de equivocarme, creo que en el análisis de cómo se constituyen y sostienen las ideas (políticas, religiosas, etc.) probablemente la psicología social y la sociología de la cultura gozan de una posición privilegiada en cuanto a teorías y estrategias metodológicas para abordar el tema. Sin embargo, es conveniente prestar atención a la demarcación disciplinaria que establecen las agencias de promoción.

El tercer tema que quiero también presentar despierta interés por su actualidad: la gobernancia. A riesgo de no ser demasiado sutil la definiré, cuando está involucrada la esfera política y/o pública y las maneras en que los ciudadanos se involucran en cuestiones del poder político y sus estilos de compromiso (Newman, 2005). La gobernancia se caracteriza por sus procedimientos y prácticas de gobernar-administrar-organizar y hacer funcionar países, entidades, o comunidades; que a su vez se caracteriza por: (1) es un sistema de múltiples centros, ejes, o núcleos; (2) el sistema constituye redes inter e intra organizaciones; y (3) el foco está puesto en el proceso y no en la estructura de gobernar, lo cual involucra negociación, cooperación, trabajo concertado, búsqueda de consensos; más que en coerción, control, comando.

Las prácticas de gobernancia pueden desarrollarse tanto en la esfera pública como la privada ya que incluyen: (1) una variedad de actores públicos y privados; (2) una multiplicidad de intereses y estrategias y maneras de pensar; y (3) en diversos niveles organizacionales o de entidades públicas y privadas (internacional, nacional, local) (Bekkers, Dijkstra, Edwards & Menno, 2007).

En la investigación de prácticas de gobernancia podemos centrarnos por lo tanto en redes de entidades públicas y privadas y en organizaciones no gubernamentales sin fines de lucro. Temas a analizar podrían ser los estilos de reclutamiento y nuevas formas de participación como son el uso de redes, los e-mails, las formaciones para discutir cuestiones presupuestarias locales, participación en el diseño de políticas y resolución de conflictos. Estos tipos de estudios pueden asimismo desarrollarse en las organizaciones económicas privadas, aunque el mayor interés se centra en la esfera pública (Bingham, Natbatchi & O'Leary, 2005).

En el diseño de investigaciones tenemos potencialmente involucradas varias áreas disciplinarias, aunque la ciencia política parece ser la mejor dotada de teorías y metodologías para su investigación. (1) En una perspectiva macro-social podemos pensar en abordajes teóricos como el nuevo institucionalismo, las teorías de redes aplicadas a los sectores públicos y privados; (2) en una perspectiva micro-social centrada en las organizaciones un posible abordaje sería el de la construcción colectiva de decisiones, resolución de conflictos, compatibilización de intereses, y desempeños; y también la emergencia de una cultura de la organización y grupo.

La ciencia política, el estudio de políticas públicas, la sociología y psicología social, individual y de las organizaciones, y teorías del derecho aparecen pertinentes a estos estudios. Deseo agregar una disciplina no mencionada en la bibliografía, la que sin embargo es clave para investigar de manera global comunidades: la antropología. Ella nos aporta el método etnográfico y los estudios de caso de comunidades con una perspectiva que involucra la multiplicidad de dimensiones y por sobre todo la ubicación de las personas en el centro del estudio.

En síntesis, instituciones y equipos de investigación tienden a ubicarse en campos disciplinarios específicos, lo cual tiene consecuencias no solo en cuanto a teorías y metodologías disponibles sino también en la competencia por recursos frente a los organismos de promoción y financiamiento.

La fusión disciplinaria

Existen tradiciones disciplinarias como la economía que en muchos textos es tratada con independencia de otros procesos sociales; algo parecido sucede con algunas corrientes de la psicología y la demografía. Recortan su campo disciplinario y se nutren de conceptos y esquemas explicativos dentro de sí mismas, dejando de lado temas como el poder, las clases sociales, o los odios o prejuicios ancestrales entre algunas comunidades. Es verdad que la investigación científica, dentro de ciertos límites, nos impone en algunos temas recortes de la realidad a estudiar, no obstante lo cual existe conciencia de la multiplicidad de conexiones que hay entre todas las disciplinas.

Si revisamos brevemente algunos temas claves de la economía encontraremos ejemplos de lo que podríamos denominar pureza disciplinaria. Mencionaré la inflación.

La inflación es un proceso de incremento sostenido en el nivel general de los precios. Existen diferencias de interpretación en cuanto al origen de la inflación y el papel de diversos factores (Domac & Yücel, 2005). Las teorías denominadas *presión de la demanda* (*demand-pull inflation*) enfatizan el rol de los incrementos en las brechas entre producción y demanda; tienen también en cuenta el impacto de la expansión de la base monetaria de un país que presiona sobre la demanda de bienes.

Otra línea de explicación sostiene el papel de la presión de los costos de producción de los bienes (*cost-push inflation*); estas explicaciones sostienen que el incremento en los costos de producción, por ejemplo incremento en los salarios o decisión de las empresas de incrementar su tasa de ganancia, o el aumento en los precios de los insumos importados, empujan los precios hacia arriba. Existen marcadas diferencias en la interpretación según sean teóricos monetaristas o Keynesianos.

Un tema importante en economía es la relación entre inflación, redistribución de ingresos y desempleo. Estas son todas investigaciones abordadas desde teorías y metodologías macrosociales. Sin duda si los criterios de demarcación de un organismo de promoción son exclusivamente económicos, otros enfoques disciplinarios no tienen chances de obtener apoyo. Por ejemplo, para la sociología el análisis de situaciones inflacionarias se centra preferiblemente en personas y familias, tratando de comprender qué es lo que explica sus comportamientos en situaciones inflacionarias. ¿Cómo la gente sobrevive a la inflación? Las teorías que podrían usarse son muy diferentes si se trata de un tipo u otro de unidad de análisis (personas o familias), particularmente si se tienen en cuenta las características de los hogares, su clase social, el origen de sus ingresos. Generalmente estos estudios incorporan variables económicas en sus diseños que operan como condicionamientos estructurales a las estrategias de personas y familias respecto de la asignación de sus ingresos a diversos consumos, en consonancia con el monto y origen de los mismos.

Contamos aquí con investigaciones cuantitativas basadas en datos provenientes de encuestas de hogares, o encuestas especialmente diseñadas al respecto. Para conocer históricamente el impacto de la inflación necesitamos estudios longitudinales sobre cómo se distribuye la asignación de gastos para diversos tramos de ingresos familiares; sabremos así por ejemplo qué gastos resignan distintos tipos de hogares en situaciones inflacionarias, cuáles son sus criterios para establecer prioridades.

Sabemos cómo se recomponen los gastos al interior de los hogares con distintos niveles de ingreso, pero ninguno de esos estudios nos dice ¿cómo vive la gente la experiencia inflacionaria? Y aquí tenemos necesariamente que recurrir a metodologías cualitativas que nos ofrecen la posibilidad de conocer cómo se las arreglan las familias en esas situaciones.

En síntesis, los análisis económicos macrosociales, ya sean longitudinales o transversales, de la inflación constituyen un insumo para el diseño de políticas económicas. Sin embargo, nos dicen poco acerca de cómo, las políticas anti-inflacionarias impactan en la gente cuando no los asumo como un conglomerado indiferenciado sino como familias con rasgos y situaciones variadas. Aquí la investigación cualitativa microsocial hace un aporte importante. La fusión de perspectivas y metodologías en investigaciones como la usada de ejemplo constituyen cada vez más la meta de programas e instituciones, en particular de aquellos principalmente orientados a estudiar políticas públicas.

Esas cuestiones en las cuales se entrecruza la economía con otras disciplinas ha dado lugar en el último medio siglo a un área disciplinaria que ha ganado en espacio académico y profundidad de sus investigaciones. Es la sociología económica (o socioeconomía) que trata los temas de la economía desde la perspectiva de la sociología: y los temas de la sociología desde la perspectiva de la economía. Cualquier compilación nos mostrará la variedad y profundidad con que son tratados temas claves como los mercados en la sociedad capitalista, las corporaciones, las preferencias en el consumo y los cambios en los estilos de vida, la cultura organizacional, la inserción y características del sector informal, el papel de las migraciones extranjeras, los grupos económicos, etc. (Smelser & Swedberg, 1994).

La socioeconomía como la sociolingüística y otras disciplinas constituyen una tendencia que forma parte de los procesos de articulación y fusión disciplinaria.

Multidisciplinas e interdisciplinas

Una cosa es decir y otra muy distinta llevar a cabo investigaciones multidisciplinarias o interdisciplinarias. Mientras la primera se refiere a la articulación teórico-metodológica de los enfoques de más de una disciplina, todos los cuales se utilizan para abordar un mismo objetivo de investigación; la segunda, toma en cuenta y fusiona las perspectivas teórico-metodológicas de dos o más disciplinas con el mismo propósito.

Un ejemplo de investigación multidisciplinaria lo ofrece Van Dijk (1998) en su estudio de las ideologías en el cual varias cuestiones, conceptos y disciplinas aparecen involucradas en su análisis. Su interés se centra en la teoría multidisciplinaria de la ideología y los modos en que la ideología se expresa y reproduce en el discurso. Tal enfoque implica estudiar desde la perspectiva de la cognición social la organización interna de las funciones mentales de las ideologías; teniendo en cuenta que no son solo cognitivas sino también sociales, políticas y culturales. Su posición es que las ideologías se forman, cambian y se reproducen en el discurso situado y en la comunicación.

Otro ejemplo de investigación multidisciplinaria es el de la inclusión educativa (Mittler, 2005) la cual es definida en términos de la adecuación de la escuela para responder a la incorporación de niños que viven en situaciones de pobreza o marginalidad. Esta concepción difiere de aquella que ve la inclusión como la apertura al ingreso en la escuela tradicional de niños que provienen de hogares pobres.

Si es la escuela la que debe adaptarse, manteniendo criterios de calidad y contenidos curriculares, la investigación debe nutrirse, entre otros temas, en los aportes de estudios propios de diversas corrientes disciplinarias, como son por ejemplo, las prácticas de enseñanza, la formación de maestros, la organización escolar, y relaciones entre padres y la escuela. Cada uno de estos temas ha acumulado experiencias en investigación y teorías y metodología propias. Cada parte de una investigación multidisciplinaria aporta datos acerca de un objetivo común, los cuales articulados entre sí nos dirán cómo obtener mejores resultados de aprendizaje e inclusión social. La investigación necesariamente debe enfocarse en la escuela haciendo pie en su organización e interacción entre sus diversos miembros, docentes, los niños y sus familias. Porque es la escuela la que debe constituirse en un ámbito acogedor y eficaz para la inclusión educativa.

Los estudios interdisciplinarios requieren de la construcción de nuevos paradigmas, formulación de teorías y estrategias metodológicas. Salter & Hearn (1994) sostienen que no es suficiente tener investigadores formados en diversas disciplinas trabajando en el mismo proyecto y en la misma institución. La investigación interdisciplinaria requiere buscar una síntesis a partir de una misma problemática; crear nuevas categorías y diseñar nuevas técnicas de medición. Cuando los estudios interdisciplinarios construyen una tradición en líneas de investigación fusionan disciplinas. Entre los ejemplos mencionados se encuentran áreas disciplinarias como por ejemplo es la sociolingüística, y la socioeconomía antes mencionada.

Los estudios sobre género podrían ser un caso de estudios interdisciplinarios. No es suficiente poner juntas la economía, la educación y el género para analizar las tasas de participación económica femenina, en parte explicadas por teorías de costos de oportunidad. Tampoco sería suficiente estudiar la expansión de la educación femenina, o los procesos migratorios, o los cambios en la conducta reproductiva. O la discriminación laboral en términos de oportunidades ocupacionales, niveles de retribución y ascenso. Y varios enfoques más. La economía, la demografía, la sociología, la educación y la psicología social aportan a la comprensión de la posición femenina en la economía y la sociedad. Pero es pertinente encontrar un enfoque que fusionen teóricamente todos esas perspectivas y metodologías, lo cual se encuentran en los denominados estudios de género (*women' studies*). Son los supuestos (lo que se da por verdadero) acerca del género lo que tiñe toda una investigación.

Género y etnicidad son categorías social y culturalmente construidas y sedimentadas históricamente. El mercado de trabajo es una red de relaciones sociales en las cuales se entrecruzan categorías de personas. Los estudios macrosociales nos dicen cómo esas categorías afectan las posibilidades de acceso, posiciones y performances. En el caso del trabajo femenino suele explicarse por su menor permanencia en el mercado de trabajo comparado con los hombres (a igualdad de otras condiciones). Las investigaciones dentro de las organizaciones económicas nos ofrecen la perspectiva de cómo las categorías sociales operan como criterios de atribución de potenciales comportamientos, lo cual es usado como justificación para la discriminación. ¿Por qué en corporaciones, sindicatos, oficinas públicas la presencia femenina es mayor en posiciones técnicas especializadas complejas e inferior a la masculina en los cargos ejecutivos de alto nivel?

Los temas interdisciplinarios como el citado tienen todavía que ganar mayor espacio propio en los organismos de promoción y financiamiento, principalmente si tenemos en cuenta que en el contexto actual ciencia, tecnología y desarrollo económico requieren, para su aplicabilidad, la integración de diversas perspectivas teórico-metodológicas.

Segundo desafío: la transferencia de conocimientos

Como parte de la Universidad de Buenos Aires, hace más de treinta años que oigo la misma canción pero con distintas melodías. ¿Cuánto de la investigación en ciencias sociales se transfiere a la sociedad en la forma de tecnologías?

La cuestión seguramente no era nueva; menos nueva es ahora en que volvió a reflotarse. Cada tanto sucede lo mismo.

Para comenzar, deseo señalar que pienso que la investigación científica produce conocimientos en laboratorios e institutos; y que su desarrollo para la transferencia debe realizarse en otras instituciones o en departamentos de la misma institución, los cuales pueden estar vinculados con la investigación denominada básica. Esto para mí vale para las ciencias físicas y naturales, las matemáticas, y las ciencias sociales.

Si una institución o un/a investigador/a desea cubrir ambas tareas, esto es una cuestión diferente. En el mundo de la innovación tecnológica y su incorporación a los procesos productivos está clara la diferencia entre ciencia y desarrollo. El dominio de la primera son las instituciones académicas públicas y privadas, y el de algunas corporaciones económicas; el desarrollo de tecnologías tiene lugar dentro de instituciones especializadas o principalmente dentro de las propias empresas económicas.

Creo que así debe ser también para las ciencias sociales. La inversión en transferencia y asesoramiento técnico es fundamental para el desarrollo de un país, pero debe ser realizada por instituciones especializadas, públicas o privadas, dependiendo de sus intereses y metas. Sin desmedro de la investigación básica que es donde se nutren los futuros desarrollos.

Los organismos del estado que son los responsables de diseñar e implementar políticas públicas y programas están en mejores condiciones que un instituto de investigación académica para desarrollar conocimientos transferibles.

Las empresas privadas tienen objetivos a veces incompatibles con los de los institutos de investigación académica. Por ejemplo, el tema de las clases sociales en nuestro país. En las investigaciones de opinión pública y marketing se utiliza una variable operacionalizada con letras y números para medir diferencias de rango económico o estatus social. Pocas cosas son más extrañas a la investigación científica que ese estilo de conceptualizar y medir las clases sociales o la desigualdad social; temas en los cuales la discusión teórica y el desarrollo de metodologías y modelos estadísticos han avanzado a pasos agigantados en el último medio siglo.

La transferencia y el asesoramiento técnico son especialidades que requieren *expertise*. No puede hacerlo cualquiera, ni todos estamos preparados para llevarlo a cabo. El proceso de transformar conocimiento científico, u otras experiencias, en programas aplicados, requiere del cumplimiento de cuatro grandes tareas; y saber hacerlo dentro de una institución con experiencia en esos proyectos (ver por ejemplo Sutton, 1994).

La primera es el diagnóstico continuado con pruebas de aplicabilidad (*assessment*). Esto significa: (1) delimitar el caso ubicándolo espacial y temporalmente, señalando sus conexiones con otras entidades similares o como parte de un conjunto que lo incluye; (2) quiénes son sus miembros, tipos de interacciones que los vinculan, organización interna y externa, división de funciones y posiciones; (3)

problemática que da lugar a la intervención; descripción de situaciones típicas e identificación de los actores y consecuencias; y (4) metas que se proponen y su diagramación en el tiempo.

Segundo, llevar a cabo un diagnóstico de situación con identificación de posibles causas y consecuencias. Revisión de experiencias y resultados alcanzados en situaciones similares. Propuesta de un plan de acción y su pretesteo de viabilidad y minimización de riesgos de conflictos. Negociar su aplicación y alcanzar consensos (a veces relativos).

Tercero, el diseño del plan de actividades y división del trabajo. Registro y monitoreo permanente. Ajuste de planes y programas.

Cuarto, evaluación de resultados en función de las metas que se hayan propuesto. Señalamiento de los ajustes que se realizaron durante la implementación; dificultades enfrentadas, solución en el terreno, etc.

El diagnóstico inicial y su extensión en el tiempo suele dar lugar a la realización de investigaciones especialmente diseñadas; algo similar sucede con el seguimiento y monitoreo de la implementación del programa. La investigación-acción ofrece instrumentos y orientaciones muy pertinentes a este tipo de proyecto.

¿Qué diferencia un estudio de caso de una investigación académica del diagnóstico continuado para la transferencia y resolución de problemas? En primer lugar, la elección del caso es intencional; es aquel para el cual se desea proponer un plan de acción; es una escuela determinada, una barriada, un club o asociación, o una categoría de personas caracterizadas específicamente (por ejemplo madres y lactantes de escasos recursos). Segundo, el punto de partida es buscar lo específico de ese caso, para lo cual el conocimiento anterior sirve de guía a la realización del diagnóstico continuado. Tercero, el proyecto abarca producción de conocimiento específico y el diseño de una propuesta de acción. Cuarto, el proyecto demanda un plazo mayor que el de un mero estudio, ya que incluye no solo la implementación sino también el monitoreo y evaluación.

La investigación científica provee el insumo inicial de conocimiento, el cual debe ser desarrollado. Por ejemplo, el estudio de Ballesteros (2015) sobre quiénes y cómo se utilizan algunos programas de salud pública; investigación en la cual analizó bases de datos de encuestas de salud pública. El insumo consiste en mostrar cuales son las pautas de comportamiento de diferentes segmentos de población y su ubicación geográfica. A partir de aquí los organismos públicos pueden desarrollar sus programas. Y también sus campañas de difusión pública habiendo ya identificado su *target group*.

Al igual que las empresas que desarrollan un producto, el desarrollo de un programa de transferencia cuenta con sus propias técnicas e instrumentos, y formación de recursos humanos. No todas las instituciones y equipos están en condiciones de llevarlo adelante; aunque necesariamente algunos tendrán que empezar a incluirlo entre sus actividades.

Tercer desafío: la formación de recursos humanos

Las críticas a nuestro sistema educativo por su endeble formación para el trabajo son permanentes, siempre orientadas al mismo propósito: que se prepare mejor a los recursos humanos para su desempeño en el sistema económico.

No comparto la mayoría de esos planteos, aunque sí reconozco la necesidad de reflexionar sobre el tema de la educación general y la formación profesional y técnica, incluyendo la capacitación artística.

La primera y fundamental meta de la educación es desarrollar nuestras capacidades, transferirnos el conocimiento acumulado, ubicarnos en el mundo que nos rodea, enseñarnos a pensar de manera independiente, y desarrollar nuestra capacidad de agencia. Esto no puede estar condicionado a ninguna demanda del mercado, ni de la política, ni de ningún sector en particular, aunque lamentablemente en muchos sentidos sí lo está. Son los educadores, en todas las ramas del saber, la gente especializada en los problemas de organización escolar, enseñanza-aprendizaje, etc., quienes organizan lo que podríamos denominar la educación básica en todos los ciclos (inicial, primario, secundario, terciario, etc.). Ellos incorporan (o deberían hacerlo) el amplio arco de la cultura de una nación y se espera que expresen esos matices, como asimismo que incorporen las experiencias internacionales.

En segundo lugar, dentro del propio sistema se plantean especialidades y metas específicas. Una parte del sistema educativo, en los ciclos secundario avanzado y terciario-universitario satisfacen las demandas sociales y satisfacen los requerimientos del sistema productivo. Las críticas se han centrado preferentemente en el ciclo medio de educación.

La investigación sobre recursos humanos responde a esas varias metas. Existe un área disciplinaria específica, de larga trayectoria que en nuestros países de América y en el mundo abordan estos temas. La formación para el trabajo es fundamental para nuestro desarrollo económico, social y político; tan fundamental como la formación de seres humanos con capacidad de autonomía y creatividad. Sin embargo, las demandas que parecen emerger en la sociedad actual se centran en la necesidad de que también el sistema científico incorpore esas demandas. Es decir, que además de formar sus propios recursos humanos, una de sus metas específicas sea formar investigadores y técnicos que se desempeñarán eventualmente en actividades económicas.

Siempre han existido trasvasamientos entre la investigación básica en ciencias físicas, naturales o sociales y las organizaciones de investigación y desarrollo y las consultoras e institutos de opinión pública o marketing, etc. Pero, otra cuestión es que se espere que el sistema científico básico entrene específicamente, además de los propios, investigadores y técnicos destinados a otras actividades.

La razón fundamental para mantener especializados los campos de la investigación científica de la profesional y técnica es que el proceso de formación de los recursos requiere estrategias en parte similares, pero diferentes en algunos contenidos técnicos básicos, y muy diferentes en lo que hace a la visión del mundo, la autoidentificación y orientaciones y metas de un/a investigador/a científico/a (más allá de cualquier ideología).

En el campo de la docencia e investigación en ciencias sociales el desafío presente es cómo formamos nuestros recursos humanos y con qué propósitos. Es importante formar recursos para la investigación básica, ya que el sistema científico se reproduce a sí mismo. Pero también es necesario formar recursos que se desempeñarán en una multiplicidad de actividades.

La formación de recursos humanos del sistema científico es una tarea de largo aliento en la cual transmitir cómo se hace investigación es crucial. Esto demanda en primer lugar el trabajo en equipo; la investigación científica no es tarea de pensadores solitarios, aunque ellos puedan aportarnos sus ideas. Este es un requisito que muchos organismos de promoción y financiamiento están imponiendo; y que comparto totalmente. En segundo lugar, enseñar metodología de la investigación asociado a la participación en investigación lleva tiempo y una posición crítica reflexiva. Tercero, simultáneamente en su formación los futuros investigadores deben recorrer los caminos de una carrera en la cual la obtención del doctorado es un punto de inflexión desde el cual seguir avanzando. Los titulares de equipos que solo tienen auxiliares o personal técnico de apoyo no cumplen con este requisito de formar recursos de alto nivel, lo cual los organismos de promoción también tienen en cuenta. Finalmente, los institutos y equipos de investigación deben necesariamente estar vinculados a las instituciones educativas. Los futuros investigadores/as se reclutan allí, y allí deben aportar sus conocimientos.

El espectro de temas, teorías y metodologías en la investigación básica es muy amplio y siempre tiene un nexo con lo que está sucediendo en los otros institutos internacionales. Renunciar a ese nexo o creer que se puede ser autóctono y creativo es una fantasía que conduce a la mediocridad. Las prioridades sobre las necesidades locales provienen de los organismos públicos de promoción y financiamiento, los cuales es deseable que tomen en cuenta las ideas e intereses de varios segmentos de la sociedad. Por sobre todo que no se crean infalibles porque en ciencia la crítica es la clave de su éxito.

El sistema educativo forma también profesionales y expertos que se desempeñarán en actividades no académicas; no es necesario que se le exija esta tarea también a los institutos de investigación básica.

Respondiendo a las demandas actuales, en el campo de la metodología se han desarrollado procedimientos cuya incorporación a la enseñanza especializada es muy importante. Dos casos. Las campañas publicitarias demandan investigaciones, por ejemplo, sobre las pautas de consumo, imagen de productos, etc. Los grupos focales y otros diseños cualitativos nos dicen cómo la gente elabora sociopsicológicamente pautas culturales; porque el consumo además de depender de los niveles de ingreso está conformado por un sistema de significados culturales que afectan la interpretación subjetiva de los mensajes publicitarios. El segundo caso es el manejo estadístico de bases de datos, tema que tratamos a continuación.

Cuarto desafío: las tecnologías de información, comunicación y procesamiento de grandes bases de datos

Hace un tiempo un historiador británico contaba que él tenía todos sus papeles, documentos, libros, y otras fuentes de datos a la vista y que excepto el procesador de palabras, la tecnología no entraba en su escritorio. ¿Hasta cuándo podrá y querrá seguir haciéndolo? Esperemos que por mucho tiempo, aunque es indudable que para las nuevas generaciones la disponibilidad de grandes series de datos históricos, económicos y políticos será, si ya no lo es, una gran tentación generalizada.

Ya no se trata solamente de la discusión epistemológica sobre las metodologías cuantitativas y cualitativas; la cuestión es sobre la dimensión de las bases de datos disponibles y su fuente de origen.

En la investigación científica la construcción y análisis de la evidencia empírica constituye la etapa final de un proceso de investigación que se inicia con el planteo del tema-problema que deriva en la construcción del marco teórico y la formulación de las preguntas y objetivos de investigación y de las hipótesis. Esto último es el andamiaje que sostiene la validez de los procedimientos para la construcción de las bases de datos. Esta etapa de construcción de los datos es en las ciencias sociales el equivalente en biología al diseño y realización de experimentos de laboratorio.

Dada la multiplicidad y variedad disciplinaria en ciencias sociales, no existe ni uno solo ni unos pocos procedimientos para la construcción de la evidencia empírica; recordemos que designamos así tanto las bases de datos estadísticos como las transcripciones de testimonios o textos producidos en las investigaciones cualitativas.

En las investigaciones que utilizan metodologías cuantitativas, como la encuesta y el análisis secundario de datos estadísticos, documentos o textos, las variables teóricas e indicadores empíricos contenidos en la base de datos provienen de las proposiciones teóricas que conforman su marco conceptual. Existe una interacción permanente entre la teoría y la operacionalización empírica, tanto en las encuestas (datos primarios) como en los análisis secundarios.

Justamente, los procedimientos que caracterizan el análisis de datos secundarios ilustran esa interacción entre teoría y medición. Por ejemplo, las bases de datos de los censos o de las estadísticas continuas contienen variables sociodemográficas que miden comportamientos o decisiones de acción u orientación. La definición y categorías de esas variables expresan sistemas de categorización socialmente compartidos; es decir, sus significados están incorporados a nuestro lenguaje y comúnmente no se prestan a confusión. La edad expresada en número de años, el género dicotomizado según figura en el acta de nacimiento, la condición de migración, la educación, el uso de un servicio, el voto político, etc. No necesariamente son características no-ambiguas, pero las tratamos como si lo fueran, de allí que cuando se analizan cruces de variables o calculan estadísticos, su significado siempre se toma como evidente (a veces se los discute).

La clave de la validez de un análisis secundario de datos reside en el razonamiento sobre el referente teórico de las variables; es decir, su definición conceptual en el marco de una teoría. Este es un razonamiento que abarca a todas las variables de la base de datos que serán utilizadas en el nuevo estudio, lo cual incluye también las relaciones teóricas que se postulan existen entre las variables. Esas relaciones teóricas juegan el papel de las proposiciones e hipótesis de la investigación; su construcción demanda un proceso interactivo de ida y vuelta entre el contenido empírico de las variables y su significado teórico. Es a partir de esta construcción, la cual juega el papel de marco teórico, que se inicia todo el procedimiento para llevar a cabo una investigación. La base de datos es una etapa en ese procedimiento.

El análisis de las bases de datos se lleva a cabo usando distintos softwares, dependiendo si se trata de datos cuantitativos o textuales. La elección de la técnica de análisis depende de los objetivos postulados en el marco teórico.

En Internet se ofrece una variedad de softwares para el análisis de grandes bases de datos, las cuales se encuentran también allí definidas al igual que sus usos y aplicaciones. Para mencionar algunas. *Tableau Business Intelligence Software* se utiliza para analizar grandes bases de datos financieros y de negocios, al igual que *IBM Cognos*; *SAP Agile Data Preparation* sirve para analizar bases de información sobre movimientos de ferrocarriles o subterráneos; y *Jvion's Cognitive Clinical Success Machine* para analizar datos clínicos. Se ofrecen también procesadores de textos como *NLKT* (para el análisis del lenguaje) y *SAS* con el cual se pueden procesar notas, registros, transcripciones, contratos.

No tengo experiencia en el uso de esas grandes bases de datos: imagino que en su análisis es posible aplicar la lógica del método científico descripta brevemente más arriba cuando nos referimos al análisis secundario de datos estadísticos. Imagino también que pueden ser usadas aplicando otro procedimiento, como dice la designación genérica: *data mining*, para hurgar en la búsqueda de patrones de relaciones, tendencias, regularidades empíricas que emergen de los propios datos. Por ejemplo, cuál ha sido el comportamiento de largo plazo de las cotizaciones de las acciones de una compañía; o qué clausulas han predominado o cambiado en los contratos internacionales sobre prestación de servicios. Si contáramos con una base de datos del voto político en los últimos cincuenta años, según circunscripciones, podríamos tal vez encontrar patrones de comportamiento político de largo plazo de áreas geográficas del país.

En el mundo de los negocios, conocer quiénes son los mejores clientes, los más fieles, y sus preferencias puede servir para plantear estrategias de marketing. Conocer cuáles son las áreas geográficas que han mostrado comportamientos colectivos más cambiantes, según los cambios en el contexto histórico económico y social, podría servirle a un partido político para armar su estrategia de captación de votos.

¿Cómo podría utilizar la investigación científica grandes bases de datos? Los análisis antes descriptos son puntuales, referidos a una empresa, u organización, o momento dado; es decir extrae conclusiones de casos y situaciones específicas. Se detiene en lo particular, mientras la investigación científica está interesada en la generalización, en clases de casos o situaciones. Puede hurgar, pero eventualmente tendrá que plantearse una perspectiva teórica y respetar los cánones metodológicos si desea que su investigación contribuya al conocimiento acumulado, que siempre adquiere la forma de teoría.

El *Social Media Mining* analiza el mundo virtual de Internet formado por personas, y entidades. Descubrir las normas y modelos de comportamiento que subyacen a las interacciones virtuales, su influencia (por ejemplo nuevas palabras) y difusión constituyen un campo fructífero de investigación científica. Otros ejemplos, en la misma línea serían el análisis de la construcción lingüística emergente de los intercambios por e-mail, o con esa misma base el estudio de la manifestación de relaciones de poder basados en los modos de transmitir información y modos de tratamiento lingüístico. Es posible también estudiar cómo y dónde originan ideas, consignas, interpretaciones de la realidad, etc., y como van cambiando. La búsqueda de regularidades estadísticas o textuales es solo una parte de la investigación científica.

La regularidad del comportamiento de compra de un producto, los itinerarios migratorios similares repetidos en el tiempo, el uso sistemático repetido de formas lingüísticas, el comportamiento de largo plazo del precio de una *commodity*, o de la Bolsa, son todas regularidades que permiten tomar decisiones. Para comprender por qué sucede así y no de otra manera, para adentrarnos en los procesos que subyacen a esas regularidades, y que son las que las explican, entonces debemos recurrir a teorías acerca de la clase de fenómeno o situación de que se trate. Estas por supuesto tienen carácter hipotético. Podemos testearlas para verificarlas, rechazarlas, o modificarlas; o tratar de comprender sus significados y buscar explicaciones, pero siempre debemos recurrir a una teoría.

La acumulación de videos en edificios y en las calles constituye otra fuente posible de estudio de movimientos corporales, de acercamientos y distancias interpersonales, del bagaje de gestos que caracterizan a las diversas culturas y a conjuntos de personas de diverso tipo (clases sociales, etnias, grupos de edad o género).

No se trata solo de buscar tendencias o regularidades en los datos, sino en plantear investigaciones que nos ayuden a describir e interpretar la sociedad en la cual vivimos. Conocer cómo se acerca y distancia la gente, su uso del lenguaje tiene además de un interés académico un uso práctico: llevarnos mejor en sociedad sabiendo de nuestras similitudes y también diferencias. Conocer el significado de expresiones o gestos, que sabemos están enraizados en nuestras culturas, puede contribuir a la mejor *performance* de maestros en el aula o de conductores de autobuses, o vendedores de una tienda.

Quinto desafío: ¿y los temas controversiales?

La publicación de una nota de Mark Regnerus (UT Austin) despertó un escándalo de críticas, que se difundieron también en Internet. Estudió niños en hogares heterosexuales y en hogares gais y llegó a la conclusión que estos últimos eran menos saludables, sufrían más de estados depresivos y eran objeto más frecuente de *bullying*. Más allá de las críticas metodológicas a que dio lugar ese estudio, ¿qué opinamos del tema en sí mismo?

La influencia de la familia y de las características de los hogares sobre el desarrollo cognitivo y emocional de los niños es un tema ampliamente desarrollado en ciencias sociales; principalmente en el campo del rendimiento y adaptación al entorno escolar. La existencia y legitimidad social y jurídica de familias gay es amplia en muchos de nuestros países. La adopción o procreación de niños dentro de esos hogares, es otro cantar. Se trata de una cuestión controversial sobre la cual considero que no sabemos demasiado.

Otro ejemplo que llama a controversia. Varias universidades, entre ellas la de Buenos Aires, han creado unidades académicas en las cárceles en las cuales no se discrimina a los alumnos cualquiera sea el crimen que hayan cometido. Cuando cumplen su condena pueden insertarse nuevamente en la sociedad. ¿Cómo los recibe esta? ¿Cómo los recibe la propia universidad que los formó si sus logros académicos así lo ameritan? Mientras algunos docentes y alumnos los consideran sus colegas y compañeros, otros pueden llegar a entrar en pánico. La investigación respetuosa de la legitimidad de ese pánico es un tema de investigación controversial.

Las leyes nos dicen que solo las cortes de justicia aplican las penas y que una vez cumplidas, las personas gozan de los mismos derechos que el resto de los seres humanos. Aun así, existe desconfianza y discriminación; estudiar esos sentimientos sin estigmatizar a sus portadores no es tarea sencilla. Nuestros propios valores pueden llegar a teñir nuestra investigación.

Un tercer ejemplo. Hace más de medio siglo, todos los científicos sociales estábamos seguros que la sociedad predominaba sobre lo biológico. La publicación de *Bell Curve* (Herrnstein & Murray, 1994) dio lugar a un mar de críticas y reacciones negativas. Hoy en día, en que la biología y las neurociencias son las reinas de los medios de comunicación, nos preguntamos ¿plantearemos estudios sobre la influencia de lo genético en nuestros comportamientos, sin que esto despierte una ola de reproches? ¿Y sin que esos estudios sean usados con fines discriminatorios?

A tono con esa preocupación, se han llevado a cabo investigaciones sobre comportamientos categorizados como criminales en los que se concluye que predisposiciones biológicas pueden llegar a jugar un papel más importante que el hasta ahora reconocido (Raine, 2002). Ha sido grande la reacción contra estos estudios que ignoran la contribución de la persona, su entorno y su cultura en dichas predisposiciones.

La lógica que subyace a esos estudios se entronca con los supuestos originarios de la sociobiología que se proponía investigar de manera sistemática las bases biológicas de la conducta humana: ejemplos al respecto son los comportamientos violentos como reacciones de defensa y la violación sexual como impulso instintivo para transmitir los propios genes. La justificación de algunos de estos estudios no difiere demasiado de la de Lombroso: individualizar personas genéticamente propensas a cometer actos violentos y crímenes con vistas a diseñar estrategias de identificación y control de esas conductas.

Menos truculentos son algunos estudios sobre formación de parejas. Mientras los hombres eligen mujeres que les aseguren hijos saludables, ellas tienen en cuenta la importancia de un proveedor y protector de su prole. El propósito que subyace a este tipo de estudios difiere del de la investigación demográfica y sociológica sobre la homogamia y heterogamia la cual nos muestra la fuerza de los lazos sociales, de la cultura y las autoidentificaciones en la elección de pareja. Formar familias con personas del propio círculo, barrio, comunidad lingüística explica las tasas de homogamia en las sociedades actuales.

El tema de las bases biológicas de las conductas y las relaciones sociales despierta desconfianza y es materia de grandes controversias porque sus argumentos pueden llegar a ser utilizados por personas de buena fe, caritativos y condescendientes, guiados por las mejores intenciones de solidaridad y comprensión humana. Por eso son más peligrosas.

Hace más de treinta años en Argentina, un equipo de médicos estudió el desarrollo cognitivo de niños mal alimentados, provenientes de familias muy pobres. Tuvo una gran difusión en los medios, e incluso políticos bienintencionados usaron ese estudio para sostener sus propuestas de erradicación de la pobreza.

En ese entonces, mi razonamiento de sentido común fue y es: si a los 3 o 4 años debido a la mala nutrición el daño en el desarrollo cognitivo es irreversible, ¿qué puede hacer la escuela para recuperarlos? Ya adultos con su escasa educación ¿qué trabajos pueden desempeñar? ¿Será que la Sociedad debe mantenerlos *in eternun* con planes sociales porque no existe esperanza para ellos? ¿No sería más realista y comprometido reforzar en la escuela el papel que debe cumplir? Compensar las carencias del hogar con las mejores escuelas y los docentes mejor formados y motivados.

Lo más sensato es tratar con pinzas esos temas controversiales, cuando los supuestos no explícitos que los sustentan son profundamente derogatorios de las personas.

En los ejemplos están presentes los valores de los investigadores y de todos los participantes de los estudios, de los cuales es difícil desprenderse; es necesario tomar recaudos y explicitarlos de entrada. También es importante reflexionar sobre los supuestos no explícitos de las investigaciones, aunque en apariencia sean simpáticos. Por ejemplo, cuando se explican algunos delitos como producto exclusivo del medioambiente, ¿no están concibiendo al que cometió un delito como un títere de su entorno, sin capacidad de pensarse a sí mismo y al mundo para decidir cursos de acción? El ambiente cuenta, también la capacidad de agencia de los seres humanos. Una estrategia metodológica bien diseñada ayuda a detectar la filtración de los valores, sean estos positivos o negativos.

Qué representan los desafíos para la metodología
de la investigación social

Los desafíos representan ejes para la reflexión sobre cómo armar la estrategia hacia el futuro: en primer lugar la necesidad de redefinir los temas prioritarios de investigación y en segundo lugar adecuar teorías y metodologías al estudio de esos temas-problema de la actualidad. Una selección arbitraria se encuentra en los ejemplos que hemos usado en esta exposición. Repasemos algunos de ellos.

Cuando todos somos felices, nos sobra el dinero, nuestras expectativas futuras son optimistas, una se preocupa menos, comparativamente de quien es el vecino. Sobre todo si los vecinos no tan queridos viven lejos de una.

En esos mundos idílicos, la política y los asuntos públicos parecen correr por carriles normales; y las mujeres que se incorporan al mercado de trabajo no parecen ser competencia por la cual los hombres deberían preocuparse.

Una estructura educativa razonablemente buena como era la de Argentina hasta los sesenta y setenta no despertaba preocupación entre quienes buscaban un lugar para educarse. En los años de mi juventud la escuela pública era considerada superior a la privada en términos generales. Pocas escuelas privadas eran consideradas tan buenas como los grandes colegios públicos ubicados a lo largo de la Argentina. No hablemos ya de los colegios universitarios.

Con una escuela deteriorada aquellos que no reciben siquiera una cuota razonable, aunque no muy grande, de conocimientos piden a los gritos que pensemos en la inclusión. Un interés altruista genuino pero también interesado. ¿Qué pasa? ¿Es que la escuela no está preparando los recursos humanos para la economía? ¿ni siquiera para la oferta de trabajos rutinizados?

Cuando el dinero abunda, no necesitamos preocuparnos. Después de todo es mejor que todos o la mayoría estemos contentos.

Pero, en la sociedad suma cero, cuando la torta no ha crecido mucho, los desafíos nos están pidiendo que reflexionemos en primer lugar a qué dedicaremos nuestros esfuerzos y con qué estrategia metodológica; y en segundo lugar, quienes manejan los fondos, y a continuación cómo se reparten. El objetivo de investigación que planteamos y la estrategia metodológica pueden aportar elementos cruciales para mejorar la posición de un grupo, institución o disciplina, en ese proceso distributivo que es altamente competitivo.

Una estrategia siempre comienza evaluando la situación y describiendo sus actores, esto significa evaluar a las agencias, públicas y privadas que proveen de fondos para la investigación, y sus programas y prioridades.

El segundo elemento a tener en cuenta es construir un inventario de potenciales competidores por los fondos disponibles.

La evaluación de la situación requiere tener en cuenta:

1. Los temas-problema que se abordarán; cuál es su importancia a nivel internacional y local, ¿y su aplicabilidad y transferencia?
2. A quiénes le interesan esos temas y qué intereses sirven. Cada grupo de investigación decidirá qué patrones o sponsors está dispuesto a aceptar. No se necesita mucha imaginación para decidir sobre este tema.
3. Quiénes evalúan los proyectos para la obtención de recursos; sus antecedentes y preferencias.
4. Qué perspectivas teórico-metodológicas son priorizadas.
5. Cómo se posicionan los institutos u organizaciones que constituyen la sede de los proyectos.
6. El grado de *seniority* y prestigio de los que encabezan los proyectos y la composición de sus equipos.

¿Cómo puede contribuir nuestra experiencia en metodología?

1. Relevando el estado del arte sobre los temas-problema; no solo los contenidos sino también quiénes son los que representan los temas.
2. Tomando en cuenta las preferencias de los potenciales evaluadores y de los que toman las decisiones. Aquí la diferencia entre metodologías cuantitativas y cualitativas es central.
3. A diferencia de otros países, sobre todo los anglosajones, en un país como Argentina los métodos cualitativos han recibido amplia aceptación ¿seguirá siendo así?
4. Armar equipos y trabajar en equipo. Vincular la investigación con la docencia y formación de recursos humanos.
5. Explorar las posibilidades de enfoque multidisciplinarios colaborativos dentro de la misma institución y entre instituciones.
6. Plantear las posibilidades de asistencia técnica y transferencia.

Y por sobre todas las cosas estudiar y diseñar nuestros proyectos prestando particular atención a nuestras estrategias teórico-metodológicas.

Todo no va con todo. Los procedimientos y técnicas desarrollados dentro del área disciplinaria denominada metodología de la investigación social se critican permanentemente. Son investigadores y metodólogos quienes señalan deficiencias y proponen cambios que potencien la validez de sus métodos y que se ajusten a las demandas de nuevos temas-problema y acceso a fuentes de datos.

Las prioridades temáticas y los métodos aceptables son fijados (o por lo menos orientados) por aquellos grupos o personas que deciden la política científica de los organismos de promoción y de las instituciones donde se realizan las investigaciones. Si bien los desafíos discutidos en este documento han surgido principalmente de los intereses y preocupaciones de la propia comunidad académica, los organismos de promoción públicos y privados, así como las universidades e institutos, los han incorporado a su agenda de trabajo.

Todo no va con todo, y no cualquier método es pertinente para la investigación de un tema- problema dado. La tradición en investigación y los cánones metodológicos construidos colectivamente en la comunidad académica son los que imponen los criterios de admisibilidad.

¿Quiénes deciden las prioridades y cómo? La actividad privada fija sus propias prioridades; el tema que da lugar a discrepancias de criterios es el del monto y asignación de fondos públicos.

La primera controversia es qué porcentaje de los recursos irán a las ciencias sociales, comparado con la investigación en ciencias físicas y naturales y las humanidades. Subsecuentemente el quid de la cuestión es distribuir los fondos dentro de las mismas ciencias sociales tomando en cuenta las diversas áreas disciplinarias que demandan fondos. Diseñar cuidadosamente las estrategias metodológicas, prestando atención a los temas prioritarios, puede ayudar a mejorar la posición competitiva de un instituto o grupo de investigación en ciencias sociales.

En esta etapa el canon metodológico es decisivo. Quienes lo deciden y quienes lo aplican hace toda la diferencia en el reparto de la torta. Qué es y qué no es investigación científica fijará la frontera de aceptabilidad.

Temas para ser pensados

Mi preocupación presente: ¿cuál es la mejor estrategia para potenciar la centralidad de la investigación científica en ciencias sociales en un proceso de desarrollo económico-tecnológico con equidad y democracia?

1. Cualquiera sea el modelo de desarrollo que nos depara el futuro, el contexto internacional es de globalización, transnacionalización, corporativización y financiarización.

2. En ese contexto: ¿qué nichos de actividades tecnológicamente avanzadas están disponibles? ¿Cómo se incorpora el conocimiento tecnológico? ¿Qué estrategias de formación de recursos humanos? ¿y políticas de ciencia y tecnología?

3. Un instrumento clave es la política tributaria: ¿cómo diseñar una estrategia tributaria? ¿Cómo diseñar una estrategia de control de costos que evite la evasión impositiva y el despilfarro de recursos?

4. ¿Cómo asignar los fondos públicos para maximizar su eficacia en términos de bienestar social? ¿Cómo organizar la salud y la educación para maximizar resultados y reducir despilfarros?

La metodología de la investigación puede aportar su experiencia teniendo en cuenta los desafíos de la multiplicidad disciplinaria y las necesidades de atender a la transferencia de sus conocimientos y asegurar la formación de sus recursos humanos.

Un comentario de cierre: más allá de las ciencias sociales y la metodología por la cual bregamos, somos conscientes que circunscribir el apoyo económico exclusivamente a la investigación científica es empobrecer a la sociedad. Cuanto más amplio es el espectro de actividades que una sociedad sostiene, cuantas más variadas son las formas de producir conocimiento, más rica es su cultura y más democrática e igualitaria son las relaciones sociales.

Referencias bibliográficas

Ballesteros, Matias S., *Heterogeneidad y segmentación del sistema sanitario argentino y desigualdad social en el acceso a los servicios de salud: un análisis a partir de la integración de fuentes estadísticas nacionales* (Tesis de Doctorado no publicada). Doctorado en Ciencias Sociales, Facultad de Ciencias Sociales, Universidad de Buenos Aires, 2016.

Bekkers, Victor, Geske Dijkstra, Arthur Edwards y Menno Fenger (eds.), *Governance and Democratic Deficit. Assessing the Democratic Legitimacy of Governance Practices*, Aldershot, Hampshire, Ashgate, 2007.

Bingham, Lisa Blogren, Tina Nabatchi y Rosemary O´Leary, *"The New Governance: Practices and Processes for Stakeholder and Citizen Participation in the Work of Government"*, en *Public Administration Review*, 65, 5, 2005, pp. 547-558.

Herrnstein, Richard J. y Charles Murray, *The Bell Curve. Intelligence and Class Structure in American Life*, Nueva York, The Free Press, 1994.

Mittler, Peter, *Working Towards Inclusive Education: Social Contexts*, Abingdon, Oxon, David Fulton Publishers, 2005.

Newman, Janet (ed.), *Remaking Governance: peoples, politics and public sphere*, Bristol, Polity Press, 2005.

Raine, Adrian, *"Biosocial Studies of Antisocial and Violent Behavior in Children and Adults: A Review"*, en *Journal of Abnormal Child Psychology*, 30, 2, 2002, pp. 311-326.

Salter, Liora & Allison Hearn, *Outside the Lines: Issues in Interdisciplinary Research*, Montreal, McGill-Queen's University Press, 1994.

Smelser, Neil y Richard Swedberg (ed.) *Handbook of Economic Sociology*, Pinceton y Nueva York, Princeton University Press & Russell Sage Foundation, 1994.

Sutton, Carole, *Social Work, Community Work and Psychology*, Leicester, The British Psychological Society, 1994.

Thurow, Lester C., *The Zero-Sum Society. Distribution and the Possibilities of Economic Change*, Nueva York, Basic Books, 1980.

Van Dijk, Teun, *Ideology. A Multidisciplinary Approach*, Londres, Sage Publications, 1998.

Sobre la producción actual de ciencias sociales en Latinoamérica

Hacia una metacrítica

ROBERTO FOLLARI

Nos proponemos una exposición sintética acerca de algunos de los puntos que creemos problemáticos en la actual producción de ciencias sociales, pensando singularmente en su versión latinoamericana.

En algunos casos referiremos a discursos que tienen amplio despliegue entre sectores críticos y anticapitalistas, en la medida en que creemos que a veces esa condición *ritualiza* inconscientemente el análisis, de modo que la crítica dentro del pensamiento crítico se vuelve poco activa. Entendemos necesario ser implacables con nuestros propios discursos, de modo de evitar que un nombre o una categoría se sacralicen y cristalicen, con lo cual se contribuye a la detención del pensamiento, en vez de a su profundización.

1. La necesidad del método en tiempos a-metódicos

Sabemos que estamos en tiempos de posmoral, de subjetividades lábiles, sobreestimulación del yo y atención dispersa[1].

Es eso que en otros tiempos se calificó de posmodernidad, ahora recargada (Jameson, 1999; Follari, 1990; Mellman, 2005).

Son tiempos de pérdida de la Ley del Padre, en términos de Lacan; de ausencia de constitución de valores e ideales, y de falta de centramiento de los sujetos, a la vez que de evanescencia de los grandes relatos (o, cuanto menos, de pérdida de intensidad de los mismos).

Dentro de esta condición, nada de raro tiene que se haya impuesto cierta moda de lo alivianado y a-metódico, una noción según la cual las exigencias tanto epistémica como metodológica serían excesivas y artificiosas, y se las debiera abandonar con un gesto de fastidio. A ello colabora la proclividad (fuerte en algunas comunidades científicas, como la de Cs. de la Educación) a acusar de "positivista" a cualquiera que plantee ese tipo de exigencias, como si el rigor fuese una marca solo del positivismo, y resultara impropio de las aproximaciones críticas. Positivismo o *cientificismo* es el rótulo que suele adscribirse a quienes sostienen el valor de la exigencia en la construcción de conocimiento, como si esta fuera una rémora del pasado que careciera de justificación.

Así se impusieron los "estudios culturales" en los años noventa como discurso dominante en ciencias sociales, llegándose allí a calificar de "policial" la noción *bachelard/bourdieana* de *vigilancia epistemológica,* y llamándose a una ingenua alegría de la vida que haría innecesaria la atinencia

---

[1] Al respecto, es paradigmático Lipovetsky, Gilles, *El crepúsculo del deber*, Barcelona, Anagrama, 1994. Se insiste allí en una nueva moralidad neonarcisista, basada en el placer, la autopromoción y el consumo. Una versión más paródica y desencantada en Baudrillard, Jean, *El otro por sí mismo*, Barcelona, Anagrama, 1988.

al pensamiento y al método[2]. El descriptivismo chirle a que se arrojaron los análisis, se combinó con criterios de humanidades superpuestos a los de ciencias sociales –lo que se asocia a las pretendidas virtudes intrínsecas que se hallarían en las mezclas–, y se asumió sin cortapisas la adhesión al reflujo ideológico del momento, dominado por la derecha neoliberal. Las críticas que algunos intentamos en aquel momento, no hallaron suelo cultural desde el cual alcanzar alguna vigencia de peso (Reynoso, 2000; Follari, 2002 y 2004; Grüner, 2003).

Por cierto que todos bien sabemos que lo cualitativo no es a-metódico sino que tiene sus específicas exigencias y criterios, pero no faltan quienes lo confunden con un alegre "vale todo", o apelan al consabido "me dedico a lo cualitativo porque no sé matemáticas". Sin dudas que lo cualitativo es acorde al fondo cultural de lo posmoderno[3], pero ello no debiera opacar las complejidades que se dan, por ejemplo, en la hermenéutica, a partir de un Gadamer o Ricoeur.

Tampoco cabría adherirse simplemente a ideas como la de Rorty, cuando calificó a la epistemología como un episodio clausurado del pensamiento europeo. La difuminación de los criterios de demarcación propios del neopositivismo o el popperianismo, no debiera asumirse como la inexistencia de todo criterio que pudiera diferenciar a la ciencia de lo no-científico. Aun cuando tal criterio fuera puramente pragmático, como se sigue de la tradición abierta por Kuhn, sin dudas que si desaparece por completo la función epistemológica de distinguir qué se toma por científico, discursos

---

2 Jesús Martín Barbero y Néstor García Canclini –en ambos casos principalmente por sus obras desde 1990 hasta aproximadamente 2005– son quienes más manifiestan esta versión *soft* sobre lo social. La insólita adscripción de "régimen policial" a la vigilancia bachelardiana, fue expresada por García Canclini en una entrevista a la revista argentina *Causas y azares*.
3 Vattimo ha planteado claramente a lo posmoderno como época de la hermenéutica generalizada, donde "todo es interpretación", en desconfianza hacia cualquier pretensión de objetividad.

de pseudocomocimiento como la Cienciología, las ciencias religiosas o la Parapsicología, rápidamente se impondrían sin recaudos ni límites.

2. La validez del conocimiento científico: de la sacralización a la descalificación

Ligado al punto anterior, surge el de la adscripción de validez que se haga del conocimiento científico. Esta es más importante que nunca, en tanto la *doxa* periodística se impone sobre temas socialmente decisivos a partir del peso de la televisión, y se reproduce –de manera aún más degradada– en la viralización confusa de las redes sociales. En esos discursos, el sentido común (es decir, la ideología dominante y sus representaciones asociadas) se impone de manera alarmante. Así, en los temas de Economía, se suele creer que la versión hegemónica expresada por los gurús al servicio de las empresas, es *la versión científica* de los hechos y procesos. Otros temas socialmente relevantes (la relación inflación/salarios, inseguridad ciudadana, narcotráfico) están abandonados a la senda del miedo, la espectacularización mediática, más la mala fe de periodistas unas veces pagados por el poder, otras veces ignorantes, y a menudo ambas cosas a la vez.

Para ser relevante en estos temas, la teoría social debe *hacerse cargo del presente*. Esta exigencia, quizá expuesta por Boaventura de Sousa Santos con más fuerza que por ningún otro autor, es absolutamente imperativa. De aprender a convertir los temas de sentido común en temas objeto de ciencia social con premura y sentido de la oportunidad, depende que se pueda salir de sempiternas situaciones como la que se vive en Argentina con la llamada *inseguridad*, donde a falta de un discurso complejizante y alternativo promovido desde las ciencias sociales, se impone permanentemente la recurrencia periodística y política a la

demagogia punitiva, exhibida como "mano dura" supuestamente necesaria para resolver –o al menos enfrentar– la
cuestión.

En los últimos lustros se ha avanzado enormemente
en el reconocimiento de los saberes "otros" respecto del
científico, e incluso respecto de los saberes occidentales en
general: la condición política de Sudamérica y Centroamérica de comienzos del siglo XXI colaboró a que la pluralidad de sistemas de cognición fuera reconocida, y que al
respeto creciente por otras culturas, se asociara también el
reconocimiento de sus sistemas de saber. Es destacable este
aparecer a la visibilidad mayoritaria de conocimientos indígenas y afros, especialmente de los primeros. D. Mato ha
estudiado las múltiples instituciones de educación superior
que han surgido en países como Brasil, Bolivia, Ecuador,
Colombia y Nicaragua. Esto es un enorme logro histórico
por completo impensable hace apenas 30 años atrás, y es
fruto de los nuevos gobiernos por un lado, y por cierto de
los movimientos sociales por el otro.

Pero ello no impide algunas perplejidades asociadas a la
situación. El cierre en Ecuador de la Universidad Intercultural Amawtay Wasy por el gobierno ecuatoriano (por decisión de la comisión evaluadora de universidades de ese país,
el CEAASES), no es de simple calificación. Podría argüir-
se que no debió pedirse a una universidad indígena –que
lo era en los hechos, más que propiamente intercultural–,
que hubiera de ceñirse a los criterios de las universidades
"comunes", propias del saber científico consagrado por la
sociedad occidental. Pero a ello cabe responder que la institución estaba propuesta y reconocida como universidad
por decisión de sus propios actores, y que por ello debía
adecuarse a los *standards* establecidos al respecto.

Para las etnias subalternizadas, la cuestión lleva a una
disyuntiva difícil: si se llama universidades a sus instituciones, se logra el reconocimiento buscado, pero a cambio

de integrarse a la modalidad dominante de institucionaliza-
ción del conocimiento. Si se elige otra modalidad, no puede
llegarse a obtener el reconocimiento social que se busca.

Para los gobiernos, tampoco el tema resulta de fácil
resolución. No suele hallarse problema en gobiernos con
mentalidad abierta o necesitados de legitimación adicional,
para que se abran universidades de las llamadas *multicultu-
rales*. Se admite sin objeción que se enseñe allí Pedagogía,
estudio de las costumbres, modalidades de la alimentación
y de la agricultura. ¿Pero qué ocurre, por ejemplo, con ingeniería o medicina? ¿Pueden emitirse títulos habilitantes en
estas profesiones a partir de saberes alternativos? Es notorio que se plantean conflictos de vida o muerte para la
población que no resultan fáciles de zanjar, entre la acu-
sación de *eurocentrismo* y las necesidades de garantías de
parte de la ciudadanía.

Agreguemos que, excepto en el caso de la universidad
situada en el Atlántico nicaragüense que trabaja saberes
negros e indígenas a la vez, la convergencia entre estos
dos sectores es habitualmente inexistente. Las universidades con saberes indios, no suelen incluir los saberes negros.
Y por más postergación extrema que los indígenas hayan
soportado en nuestro subcontinente, los negros están casi
siempre un escalón más bajo en la actual consideración
social, y sus saberes siguen sin ser reconocidos casi en ninguno de nuestros países.

De cualquier modo, otra faceta paradojal de la reivin-
dicación de los "saberes otros" es su retraducción a partir de
los saberes occidentales mismos, que pretenden hablar en
su nombre. Es el caso de los *decoloniales* latinoamericanos,
actualmente parte de una profusa moda, donde no siempre quienes hablan en su nombre pertenecen a posiciones
político-ideológicas críticas (ya que sus discursos son fácilmente absorbibles dentro de las modas autolegitimatorias
del mundo académico).

Es cierto que existe "colonialidad del saber", y es un logro la conceptualización de la "invención de Europa" por parte de los autores llamados *decoloniales*. Pero es absurdo pretender situarse fuera de la tradición occidental misma, cuando se escribe en idioma castellano o inglés (no en quechua o mapuche), en referencia a autores como Heidegger o Derrida, y desde instituciones universitarias tradicionales –a menudo desde las de Estados Unidos, que no representan precisamente los "saberes otros" de nuestra América[4]. Les cabe entonces a estos autores la fuerte frase de Foucault: "No hay peor vergüenza que la de hablar en nombre de otros".

La palabra del blanco soplando la de indios y negros, reemplazándola sibilinamente, constituye una fenomenal *parodia*; dicho esto sin connotaciones éticas, sino en atención a las epistemes en su objetividad categorial y discursiva. Al margen de la voluntad de quienes no pertenecen a sectores étnicos subalternos (y se asumen actores de "epistemologías otras" que son propias exclusivamente de esos grupos étnicos), ellos no son portadores del saber indígena o negro. Solo legitiman su propio discurso occidental/universitario con esa referencia.

También el discurso decolonial reemplaza a lo político por lo étnico/cultural, con lo cual es políticamente ambiguo, y a menudo simplemente ciego a la dimensión política propiamente dicha. Lo social también es reabsorbido en lo cultural, de modo que la cuestión ya no es explotadores/explotados sino blancos/subalternizados, lo cual plantea fuertes problemas en países como Argentina o Uruguay donde buena parte de los sectores sociales populares son descendientes de inmigrantes europeos pobres.

---

[4] Es sabido que muchos de estos autores (Mignolo, Moreiras, Beverley) viven y producen en los Estados Unidos, paradojal lugar de enunciación para quienes destacan la importancia fundante de dicho lugar en relación a los saberes "otros" de nuestra América.

3. Sobre articulaciones e integraciones prácticas y discursivas

Boaventura de Sousa Santos es un autor prolífico y –se diría– *necesario*, ya que es de los más fecundos para entender algunas de las aperturas epocales de los últimos tiempos. Ello ha llevado a que se apele a él masivamente, y –como inevitablemente sucede en esos casos– la recepción no siempre ha estado a la altura de su obra. A su vez, también en esta cabe advertir algún aspecto digno de metacrítica. Por ejemplo, en su *ecología de saberes*, se supone una posibilidad teórica de armónico diálogo entre las epistemes occidental, la masivo-popular, la indígena, la afro, la proveniente del feminismo, la del ambientalismo, y así siguiendo. Y correlativamente a ello, se señala que con la suficiente apertura, se daría lo mismo en el plano de la práctica sociopolítica: "los diferentes movimientos sociales tenderían a cierta convergencia de intereses, si es que fueran capaces de escucharse y comprenderse mutuamente, para acceder así cada uno a la comprensión del discurso del otro por vía de procesos de *traducción*" (De Sousa Santos, 2009, pp. 191 y ss.).

En cuanto al diálogo de los diversos universos cognitivos, este no debiera suponer ni la plena comprensión mutua, ni –menos aún– la obvia aceptación del discurso del otro. Ocurre que en muchos planos y temáticas, la cuestión se vuelve disyuntiva: hay que asumir la posición de la ciencia occidental o elegir la comprensión de alguna etnia indígena; hay que asumir la noción de desarrollo para tomar como buena la extracción de petróleo (por ejemplo), o repudiar el *extractivismo* sin más. Incluso, cada *episteme* se ocupa a veces de temáticas que otras no afrontan, con lo cual quedan espacios vacíos, donde lo que para algunos es importante, para otros es irrelevante, y viceversa. Aquí viene a cuento la noción de *inconmensurabilidad* de T. Kuhn, sobre todo en su segunda formulación[5]: si entre dos físicos o dos biólogos, que comparten la aceptación de las características generales del conocimiento científico a la vez que las de la formación disciplinar, hay fuerte imposibilidad de criterio reductible a la unidad, esto se multiplica drásticamente para discursos que no pertenecen a la misma raigambre de tradiciones y criterios de aceptación: no puede suponerse ninguna convergencia general (y ni siquiera una *convivencia pacífica*) entre los diferentes saberes.

Es análogo lo que puede apuntarse sobre la *armonía preestablecida* según la cual sujetos sociales diversos, interesados por especificidades diferenciadas entre sí, tenderían a sumarse en la lucha contra el poder estatal. No solo cabe la crítica a la idea de que siempre el Estado aparezca como opresor –en Latinoamérica recientemente hemos tenido variados ejemplos en contrario, o cuanto menos ambiguos al respecto–, sino que no todos los que se oponen al estado, se oponen por razones que puedan aceptar las de otros actores. Nuestra hipótesis es que la no convergencia de diferentes movimientos sociales en un sujeto político-social único (plural, pero aunado) no ocurre por razones de mutua *incomprensión,* sino porque los intereses que orientan la acción en cada caso son diferentes. Grupos de derechos humanos, feministas, ambientalistas, étnicos, de empresas recuperadas, etc., no convergen naturalmente, porque no hay nada que debiera hacerlos converger: la idea de que pueden unirse es inevitablemente deudora

---

5   La versión inicial sobre inconmensurabilidad, la expuso Kuhn, Thomas, "Capítulo 10", en *La estructura de las revoluciones científicas*, México, F.C.E., 1980; la versión más sofisticada y matizada –según la cual hay comunicabilidad entre discursos científicos diversos, pero no es transparente ni prístina– está en Kuhn, Thomas: "Conmensurabilidad, comparabilidad y comunicabilidad", en *¿Qué son las revoluciones científicas?, y otros ensayos*, Barcelona, Paidós/I:C:E, 1989.

de la modernidad y del legado marxista más tradicional, y responde poco a la búsqueda de De Sousa Santos por comprender y asumir lo posmoderno[6].

Otro tema, ya saliendo de De Sousa Santos aunque abarcándolo también a él, es el de la *interdisciplina*, entendida a menudo como rara especie de bálsamo universal, de bien sin mezcla de mal alguno. Hemos estudiado largamente el imaginario de completitud en el cual esta noción campea, y ya desde hace varias décadas, pues la supuesta novedad de esta *innovación* es por completo obsoleta: surgió en los tempranos años setenta del siglo XX[7]. Por supuesto, hay algunas propuestas científicas válidas al margen de su lejano tiempo de surgimiento. No es este el caso: lo que aquí no funciona bien es la fantasía acerca de un supersaber, la pretensión de que todo conocimiento se potencia si es interdisciplinar y, sobre todo, la de que la conjunción de saberes (incluso si nos limitamos exclusivamente a saberes científico-occidentales) resulta obvia y aproblemática.

La interdisciplina es posible, y para algunas temáticas, altamente necesaria. Pero es compleja en sus criterios epistémicos, en sus exigencias de trabajo grupal a largo plazo, en la producción de efectos de conocimiento y de orientaciones en la docencia. Tampoco es necesariamente crítica, ni siempre resulta ideológicamente progresista: asumida desde los estudios culturales a los decoloniales, desde el

---

6   Las referencias a lo posmoderno son frecuentes desde uno de los libros iniciales de De Sousa Santos, Boaventura, *Introducción a una ciencia posmoderna*, Venezuela, CIPOST de la Universidad Central de Venezuela, 1900. Ver también en De Sousa Santos, Boaventura, "De lo posmoderno a lo poscolonial, y más allá" en *Una epistemología del Sur*, p. 336. La noción de posmodernidad en De Sousa Santos asume la pluralidad y el final del occidentalismo, pero no da cuenta del talante *light*, la pérdida de la subjetividad centrada y la desmotivación para la acción transformadora.

7   La crítica la planteamos largamente en nuestro libro *Interdisciplinariedad: los avatares de la ideología*, México, UAM-Azcapotzalco, 1982. Hemos seguido desarrollándola, p. ej. en nuestro artículo "Acerca de la interdisciplinariedad: posibilidades y límites", *Revista Interdisciplina*, vol. 1, n.o 1, México, Centro de Investigación Interdisciplinarias en Ciencias y Humanidades, UNAM, 2013, pp. 7-17.

marxismo de Wallerstein al empresarialismo crudo de Gibbons, carece de orientación ideológica por sí misma, forma parte de plexos de comprensión de lo social y político que la exceden, y que la hacen jugar en posiciones mutuamente enfrentadas y diversas.

Peor aún es el basamento de las meditaciones –propiamente metafísicas, aunque se pretendan muy concretas– acerca de cómo la interdisciplina colaboraría a la democracia académica. Un problema epistémico no resuelve cuestiones de gestión de la investigación. Los departamentos disciplinares, no son más autoritarios o antidemocráticos que los definidos por problemáticas interdisciplinares. La asunción de modalidades de agrupamiento académico exige discusiones acerca de modelos de organización universitarios, y formas de trabajar en ellos: lo interdisciplinar nada establece acerca de la condición democrática de su propio ejercicio, de modo que, cuando desde allí se habla de cuestiones de pretendida democracia académica, se colabora solo a la confusión de planos en la discusión, y a la fácil autolegitimación demagógica de quienes la proponen.

4. Cuestiones sobre el sistema científico

Desde la producción del ruido periodístico y académico en torno del *affaire Sokal*, al fin de los años noventa, las ciencias sociales volvieron a ser puestas bajo sospecha en relación a la supuesta "suficiencia plena" adscripta a las físico-naturales. Sobrevino entonces la *guerra de las ciencias*[8], hoy en buena medida clausurada, pero que dejó las relaciones de fuerzas discursivas en un sitial más desfavorable a los estudios sociales, que el que existía antes de dicha *guerra*.

---

8   Variados desarrollos acerca de los avatares de esa "guerra de las ciencias", en la voluminosa a la vez que valiosa compilación de De Sousa Santos, Boaventura, *Conhecimento prudente para una vida decente*, Sao Paulo, Cortez ed., 2004.

Es por ello que vale la pena destacar que las cuestiones epistemológicas que allí se juegan son complejas, y para nada unilateralmente desfavorables a los estudios sobre lo social. Por tanto, y en el propósito de limitar la pretendida omnipotencia de las ciencias físico-naturales en relación con las sociales, van algunos señalamientos necesarios: a. Las ciencias físico-naturales son social e institucionalmente producidas, y es desde las ciencias sociales que puede explicarse esa condición social inevitable de cualquier ciencia, aunque esta no estudie a lo social como objeto; b. Los *patterns* perceptivos, con que se realiza la observación y se interpretan experimentos en ciencias físico-naturales, están socialmente producidos; y solo desde la psicología y las ciencias sociales puede darse razón de ellos; c. Si es cierto que las ciencias sociales producen múltiples versiones sobre lo cognoscitivamente aceptable, por su parte las físico-naturales no pueden proponer *teorías verdaderas*, como se sabe desde Popper (Magee, 1974); y, por cierto, no solo las teorías no proceden de la observación, sino que orientan a esta necesariamente. Siendo así, si bien en ciencias sociales hay múltiples teorías que compiten en un mismo momento por la presunción de verdad, en las físico-naturales puede haber "diversas teorías 'verdaderas' sobre los mismos hechos" (Quine, 1986); d. La medición nunca es exacta; lo único exacto de las ciencias mal llamadas "exactas", es el conocimiento del nivel de error que necesariamente acompaña a cualquier medición; e. Las disciplinas físico-naturales (y aún las formales como la matemática) forman su horizonte de inteligibilidad y de posibilidad de abstracción desde un *a priori* socialmente construido, como ha mostrado Sohn Rethel (Sohn Rethel, 1978). Por ello, son deudoras de lo social, tanto en la construcción de los hechos empíricos tal cual se los comprende, como en lo que debiera ser su autoentendimiento en tanto procesos de conocimiento.

Creo que lo dicho escuetamente en el párrafo anterior, deja claro que las ciencias sociales no están necesariamente en un plano de inferioridad respecto de las físico-naturales. Y ello sin apelar a la remanida pero importante cuestión del principio de incertidumbre o a la de la no causalidad propuesta por Prigogyne, que prefiero no esgrimir para no entrar en el espacio borroso en que Sokal logró sorprender la falta de rigor epistémico en el uso de esas nociones por parte de las ciencias sociales.

Una última cuestión: ante los planes neoliberales que se imponen ahora en diferentes países de la región (Perú, Colombia, México, Argentina, Chile, Brasil), es obvio que se realizaron y realizarán ajustes de inversión estatal en la investigación científica. Ante ello, urge la acción concertada y enérgica –que en la Argentina bien han mostrado becarios e investigadores del CONICET–, hacia finalidades como las siguientes: 1) Mantenimiento de la inversión estatal cuando la ha habido de manera creciente, e incremento cuando no ha sido así; 2) Sin afectar lo anterior, exigencia de inversión de empresarios privados en investigación, que es casi nula en los países del capitalismo periférico; 3) Exigir un espacio de peso para las ciencias sociales dentro del total de inversión en lo científico, y del número de becarios e investigadores financiados, contra la *doxa* según la cual el estudio de lo social no es suficientemente riguroso o suficientemente necesario; 4) Debatir con fuerza contra la pretensión de que solo lo inmediatamente útil es socialmente válido, lo cual lleva al automatizado privilegio de lo tecnológico por sobre la ciencia básica, y al del operativismo inmediatista por sobre cualquier posición crítica; 5) La verbalizada "relación ciencia-sociedad", debiera ser primariamente entre la ciencia y su absorción (directa o mediada) desde los sectores sociales subordinados, y no, en cambio, desde el espacio empresarial, al cual oblicuamente suele mentarse cuando se remite a esta relación[9].

Desde este punto de vista, una "ciencia para la sociedad", o "ciencia (tendencialmente) para todos", debiera conjugar los dos movimientos principales: el que va del sistema científico hacia la sociedad y sus sectores subalternizados –como difusión o extensión participativas–, y el que va desde estos últimos hacia aquellos: marcando desde lo social cuáles son los temas candentes y decisivos, problematizando los saberes constituidos sobre lo social y –por cierto– estableciendo el valor de sus propios saberes y puntos de vista, para ponerlos en el concierto (necesariamente conflictivo) de acervos de conocimiento diversos para pensar el presente y el futuro próximo en lo local, lo regional y lo planetario.

Referencias bibliográficas (no consignadas en las notas)

De Sousa Santos, Boaventura, *Una epistemología del Sur*, México, CLACSO-Siglo XXI, 2009.

Follari, Roberto, *Modernidad y posmodernidad: una óptica desde América Latina*, Buenos Aires, Aique/Rei/IDEAS, 1990.

Follari, Roberto, *Teorías débiles (para una crítica de la deconstrucción y de los estudios culturales)*, Rosario, Homo Sapiens, 2002.

---

[9] Durante todo el año 2016, numerosos becarios e investigadores del Consejo de Investigación Científicas y Técnicas de la Argentina (CONICET), principal órgano de formación y ejercicio de investigadores científicos en ese país, junto con académicos de las universidades, han dado permanente batalla al achicamiento en la planta de esa institución promovido por el gobierno neoliberal macrista, así como a la disminución del presupuesto global de ciencia y técnica.

Follari, Roberto (coord.), *La proliferación de los signos (la teoría social en tiempos de globalización)*, Rosario, Homo Sapiens, 2004.

Grüner, Eduardo, *El fin de las pequeñas historias: de los estudios culturales al retorno imposible de lo trágico*, Buenos Aires, Paidós, 2003.

Jameson, Fredric, *El giro cultural*, Buenos Aires, Manantial, 1999.

Magee, Bryan, *Popper*, Barcelona, Grijalbo, 1974.

Mellman, Charles, *El hombre sin gravedad: gozar a cualquier precio*, Rosario, Universidad Nacional de Rosario, 2005.

Quine, Willard, *Teorías y cosas*, México, UNAM, 1986.

Reynoso, César, *Apogeo y decadencia de los estudios culturales*, Barcelona, Gedisa, 2000.

Sohn Rethel, Alfred, *Trabajo manual y trabajo intelectual: para una crítica de la epistemología*, Bogotá, Ed. Del Viejo topo, 1978.

Módulo III.
Nuevas herramientas y perspectivas epistemológicas para el conocimiento de la realidad latinoamericana: traspasando la díada cuantitativo-cualitativo

Pensar las nuevas configuraciones más allá de la díada cualitativo-cuantitativo

Carlos Gallegos Elías

Vivimos un momento de enorme complejidad, donde las viejas formas de articulación económica, social y política están en crisis, una profunda y extensa crisis que ha sacudido a todos los países con una gran fuerza. Sin embargo los viejos poderes económicos aún pueden imponer condiciones que les sean beneficiosas. En rigor una suerte de respiración artificial para el sistema.

Respuestas de este orden se están dando institucionalmente, tanto en Estados Unidos como en la Unión Europea, en el marco de una ortodoxia tan estricta como la que imponen a países como los nuestros.

Pienso sobre todo en países como México, Argentina, Chile, Brasil, a los que aplican una y otra vez las mismas recetas que llevaron a la profundización de la crisis y que ya mostraron su inutilidad. Con el argumento de que se trata de *salvar* el sistema: en realidad, *salvar* a los grandes empresarios, *salvar* a quienes originaron la crisis. Son las exigencias del mercado, un eufemismo para no decir de manera explícita exigencias de los grandes bancos y empresarios, salvamento que se impone a costa de las mayorías, porque se contrae la inversión social, se reducen sueldos y se eliminan prestaciones para proteger las ganancias empresariales.

Para nosotros esto plantea toda una serie de interrogantes: debemos preguntarnos por qué la crisis que se origina en el ámbito financiero alcanza esas dimensiones: esa enorme extensión y esa profundidad más allá de todo lo que conocíamos al respecto.

A pesar de todos los esfuerzos que están haciendo con las recetas probadas en el pasado, estamos frente a un problema sin solución, los controles no funcionan y la economía financiera requiere respiración artificial. La insolvencia financiera en Estados Unidos, en Grecia, Italia, España y Portugal; el desplazamiento del eje del poder económico a Asia, la creciente erosión de la hegemonía norteamericana; la emergencia de nuevos interlocutores como Brasil, Rusia, India y China y, desde luego, también el traspaso de la capacidad soberana de los Estados nacionales a favor de la toma de decisiones de organismos supranacionales conforma un proceso nuevo que no acaba de emerger, un nuevo objeto del conocimiento todavía sin construir.

En el caso de México pensamos que lo que está ocurriendo en la economía no puede ser controlado a través de una *retórica optimista* y que se está prefigurando un entorno de crisis en la estructura productiva, agravada por lo que ocurre en la política, donde estamos en presencia de la irrupción, cada vez más violenta de una nueva forma de articulación del poder, de un nuevo sujeto, con una fuerza enorme en la escena: los narcotraficantes, quienes han constituido una fuerza política que define las conductas del Estado, y no solo eso, sino que, me parece, aunque va a ser muy difícil que lo admitan institucionalmente, ya estamos en presencia de formas de articulación, que empiezan a configurar una suerte de narcoestado.

Un Estado fallido o un gobierno fallido, como ustedes prefieran, pero de todas maneras, solo contamos con instituciones incapaces de responder a estos desafíos, que se han mostrado una y otra vez inútiles para enfrentar circunstancias nuevas. Las viejas instituciones no sirven para enfrentar la emergencia de estos nuevos retos y no hemos sido capaces como sociedad de generar las instituciones nuevas que sirvan para responder a esas necesidades.

Tenemos que preguntarnos qué tiene que ver esto con las ciencias sociales, qué tiene que ver con la reflexión política, qué tiene que ver con lo que con nosotros debemos hacer en la universidad. No hemos sido capaces de imaginar y de formar para entender ese mundo distinto.

El mundo que aprendimos a explicar ya no existe y esto nos plantea problemas muy serios. Asistimos a un proceso de profunda descomposición política que se está dando al mismo tiempo: una veloz modernización tecnológica, resultado del descubrimiento de nuevas posibilidades científicas, de nuevas posibilidades de aplicación y conocimiento científico que está yendo también por un camino no previsto ni deseable; esos recursos tecnológicos también sirven de una manera no esperada: al control autoritario de la población, al espionaje institucional y al lavado de dinero.

Son el sustento de todos los procesos de globalización, que al mismo tiempo generan la posibilidad de construir la sociedad del conocimiento y la globalización de la miseria y del crimen. Las mismas herramientas tecnológicas que usamos para producir el conocimiento científico las usa el crimen organizado internacional para alcanzar el crecimiento exponencial que hoy conocemos.

Bueno, todo esto configura una cuestión muy compleja y plantea un reto enorme para lo que nosotros hacemos en ciencias sociales. ¿Por qué? Porque lo que nos encontramos hoy, y vuelvo a insistir en esto, es que cada vez emergen nuevos objetos de investigación, mucho más complejos, a los cuales no podemos acercarnos desde las visiones tradicionales.

Así que tenemos ahí una formidable tarea por delante: aprender a desaprender lo aprendido, a desaprender lo que hemos supuesto como la base de todo lo que sabemos y empezar a aprender lo que no nos han enseñado, empezar a aprender por nosotros mismos en un entorno particularmente difícil en el cual este hecho, esta necesidad de desaprender para aprender lo que no nos han enseñado, plantea un desafío enorme para la formación y la investigación en ciencias sociales.

¿Cómo pensar esto nuevo si no estamos formados para enfrentar lo emergente? porque estamos acostumbrados, o por lo menos, así fui formado y me parece que así se formaron la mayor parte de los profesores en ejercicio, con patrones muy tradicionales que vienen de la sociología europea y norteamericana, donde hay una forma de hacer las cosas, hay un canon consagrado y esa es la forma válida... porque es la forma legítima y reconocida; pero resulta que la realidad nos sobrepasa porque nada puede ser explicado solo desde la antropología o solo desde la sociología o desde la política, es decir, nada puede ser comprendido desde una perspectiva disciplinaria, nomotética tradicional.

Creo que, tal como se discutió en el Coloquio sobre las Ciencias Sociales en la Fundación Gulbenkian, en Lisboa en junio de 1994, en la Maison de Sciences de I´Homme en París en enero de 1995, y en el Fernand Braudel Centrer en Binghamton en abril de 1995, sobre la urgencia de reestructurar y de abrir las ciencias sociales, hoy más que nunca es una necesidad absolutamente inaplazable, para preguntarnos cómo explicar lo que está ocurriendo hoy y para entender esta nueva forma de avance tecnológico que le da un valor distinto a lo que sabemos. Lo que está claro hoy es que las ciencias sociales y sus herramientas, las técnicas de investigación que nos ha legado la tradición teórica, no son capaces de explicar lo que ocurre y es necesario pensar desde lógicas multidisciplinarias y complejas.

Ese valor distinto está dado porque la globalización o mundialización es una forma de avance tecnológico que permite una enorme flexibilidad productiva y que le da un valor distinto al conocimiento, porque lo convierte en un factor estratégico.

Producir y comercializar ese conocimiento es lo que permite dar mayor valor agregado al capital, es decir, ya no solo es el capital que se reproduce a sí mismo, sino el capital que se reproduce gracias al conocimiento, a la explotación del conocimiento y ahí tenemos otra vez un problema nuevo: lo que los científicos y, entre ellos, los científicos sociales producimos ahora ya no solo es ciencia, no solo es conocimiento, sino que somos productores de un valor financiero de tal magnitud que incluso llega a ser hasta más de la mitad del PIB de los países más desarrollados, donde el valor de las transacciones por la comercialización del conocimiento genera nuevos modos de producción, que están marcados por ese valor agregado por los saberes nuevos.

Lo que venden las empresas más importantes del mundo por capital y volumen de ventas es conocimiento resultado de investigación científica de vanguardia. La investigación en genética o en informática o en economía financiera crea conocimiento y suma valor agregado al capital invertido (no es casualidad que los mejores análisis de coyuntura se hagan en las empresas financieras: de una decisión oportuna y atinada depende la ganancia), produce ganancias en una escala no conocida antes y permite la ultraconcentración del capital de tal manera que estos enormes avances de la ciencia, al mismo tiempo, dan lugar a nuevas articulaciones del poder financiero y, por tanto, del poder político y de la estructura social, y algo todavía más importante: la necesidad de nuevos procesos cognoscitivos, porque ya no podemos pensar de la misma manera y tenemos que imaginar nuevas posibilidades de producción y transmisión de ese conocimiento, una visión que hoy llamaríamos pensamiento complejo y transdisciplinario.

Regresemos a la escuela: tenemos que preguntarnos cómo pensar para que en las universidades seamos capaces producir y transmitir nuevos saberes, de darles ese contenido de complejidad que atraviesa todas las disciplinas, que pueda ser capaz de explicar esos fenómenos nuevos y cada vez más complejos. Cómo imaginar esas herramientas que nos permitan conocer fenómenos que todavía no aparecen, que todavía no se muestran pero que ya están aquí.

El desafío es muy grande porque coloca en el centro de la discusión una pregunta que es central: ¿cuál es la pertinencia y la validez de este complejo de ideas, de este entramado de métodos, de conocimientos? Acerca de lo que es la ciencia y de cómo se construye, porque el acervo que heredamos de la física empírica y del modelo mertoniano de ciencia social, nuestra tradición teórica, epistemológica y metodológica, difícilmente puede dar cuenta de lo que hoy requerimos explicar y saber.

¿Cómo hacemos? ¿Cómo evaluamos la capacidad explicativa que tienen esos saberes? Desde luego que esta forma de conocimiento es un acervo histórico, un punto de partida necesario, que todos reconocemos como un acervo legítimo, nuestro problema es que hasta ahora esta legitimidad es el parámetro que nos permite decidir cuáles son las respuestas significativas, cuáles *sí son* los significantes explicativos, cuáles *sí son* los significados que explican la realidad, o sea, cómo es que *sí* se produce ciencia, para que esta sea legítima y aceptable, porque está elaborada bajo un paradigma que una comunidad académica reconoce como científico.

Así que hoy más que nunca tenemos que preguntarnos si esta forma de producir conocimiento y esta forma de transmitirlo es más que una forma *dominante* de articulación social en la cual este modo de producción del conocimiento es el modo *dominante*, un modo de construir la dirección cultural de la sociedad y la hegemonía política, cuyo efecto real es excluir cualquier otro saber que se produzca por fuera de esos parámetros reconocidos y admitidos como válidos.

Una dirección cultural de la sociedad que no es otra cosa que imponernos un rumbo de pensamiento. Esto que llamamos sociedad del conocimiento es en realidad la forma nueva de dominación, es como denotamos hoy a la dominación.

Debemos saberlo, porque es necesario ser capaces de reconocer ese saber hegemónico, ser capaces de comprenderlo, de identificarlo, de explicarlo, para usarlo en sus propios términos o para usarlo contrahegemónicamente.

Desde mi perspectiva, pienso que la gran tarea es usarlo contrahegemónicamente y esa es una gran responsabilidad, porque solo así podemos entender lo que ocurre hoy, si nosotros asumimos que el papel que cumplimos también es de carácter político: explicamos la realidad para transformarla. Una tarea profundamente revolucionaria porque es necesario construir un pensamiento capaz de subvertir un orden de ideas que legitima la desigualdad y la exclusión.

Necesitamos recuperar la tradición del pensamiento crítico cuyos autores más relevantes nos han legado magníficos ejemplos de la capacidad explicativa de la epistemología crítica.

La crisis que hoy vivimos es una crisis sistémica, globalizada, de una profundidad que no tiene precedentes, es una crisis nueva. Y la economía política clásica no es capaz de explicarnos lo que ocurre hoy. La economía contemporánea aun de manera más marcada se mantiene en los límites de una sola perspectiva, una suerte de fundamentalismo que generó esta crisis y que solo propone como respuesta más de lo mismo: un camino sin futuro.

La crisis en el orden político nos muestra que los espacios de articulación política no se dan en los partidos…, si es que podemos llamar partidos a lo que tenemos en nuestros países… la articulación y la negociación entre las distintas fuerzas que operan en la escena política se dan por fuera de los llamados partidos políticos, circunstancias que no pueden ser explicadas desde Duverger o Bobbio, desde la sociología política clásica.

Uno tiene que preguntarse qué es lo que ocurre hoy, quiénes concurren en el campo político, cómo trabajan, a quién sirven y nuestras disciplinas, tal como hoy las conocemos, no pueden darnos respuesta para entender cómo operan estas elites facciosas que, como hemos visto una y otra vez, siempre tienen como recurso el fraude sistémico y el asesinato político. Eso no lo explican los clásicos, pero ahí está como un reto para nosotros.

Un ejemplo en el caso de México, que conozco más de cerca, sería preguntarnos cuál es la naturaleza de este Estado nacional que no tiene el pleno control del territorio, que le ha sido arrebatado por el crimen organizado. No lo tiene en la frontera norte del país, tampoco en muchas áreas de la costa del Pacífico y de una manera muy peculiar en nuestras fronteras norte y sur, donde conviven el poder de los traficantes de drogas, personas y armas y los gobiernos federales y locales. Si el Estado mexicano no tiene el control del territorio, que es uno de los elementos centrales del Estado nacional, entonces cabe preguntarnos: ¿cómo denominar y analizar esta amalgama entre el poder de la delincuencia organizada y las autoridades constituidas?, preguntarnos ¿cuál es la naturaleza de esta suerte de ausencia del Estado?

Si no se tiene el control del territorio, el Estado no puede cumplir una de sus funciones centrales que es velar por la seguridad de sus habitantes. Otra vez estamos frente a fenómenos nuevos radicalmente distintos a los que conocíamos, en donde tenemos que imaginar cómo pensar esos nuevos procesos y por lo tanto nuevos objetos de investigación política, social y económica.

Insisto en que es necesario desaprender lo aprendido para abrir el espacio a lo que todavía no sabemos, porque solo así, solo si abrimos este espacio en nuestra percepción, podemos empezar a conjeturar respuestas posibles.

La dificultad está en romper con los patrones tradicionales, donde el marco teórico, es decir, el conocimiento legitimado por las comunidades académicas no es capaz de ayudarnos a resolver ningún problema, porque ha sido rebasado por una realidad que fluye mucho más rápidamente que el pensamiento teórico.

Tenemos que encontrar cómo usar los saberes tradicionales de manera contrahegemónica, porque si bien podemos hacer preguntas, también es cierto que no nos planteamos por qué preguntamos lo que preguntamos y entonces lo que tenemos que hacer es empezar de otra manera.

Empezar desde la historia de aquello que queremos explicar es la tarea más compleja: construir un objeto en rigor significa responder la pregunta acerca de qué quiero saber.

Frente a un problema de investigación, una de las dificultades centrales que tenemos constantemente es que uno habitualmente tiene delante de sí un campo problemático a veces muy complejo. Hay que preguntarnos cómo desagregar un problema, para construir una pregunta que comprenda aquellas interrogantes que me interesa explicar, cuyas respuestas busco, donde yo pueda ser capaz de reconstruir en el pensamiento un problema como un campo de cuestionamientos, de preguntas, en el cual yo pueda reconocer *un problema*, *mi problema*, e ir más allá de un acercamiento superficial, meramente técnico: cualitativo o cuantitativo; es necesario ser capaz de una mirada comprehensiva de lo que se busca explicar.

¿Qué significa construir un objeto? Ser capaces de construir en el pensamiento lo que nos interesa saber, recuperarlo como una totalidad en la cual la noción de totalidad sea de una complejidad suficiente que no deje fuera ninguno de los elementos necesarios para explicarla y sí aquellos otros elementos que no son inmediatamente necesarios para entender nuestro objeto.

Debemos tener presente que hay muchos elementos tangenciales que si bien tienen relación con el objeto, no son necesarios para explicar cómo es que el objeto se mueve, cómo transita, cómo actúa en la realidad, *cómo es que es hoy* ese objeto y, enseguida, preguntarnos por el estado del conocimiento en ese campo, preguntarnos si lo que hay en el conocimiento teórico hasta ese momento, que tenga relación con mi objeto de investigación, es una herramienta conceptual que sirve para explicar mi objeto.

Una vez que se tenga el objeto de estudio, el paso siguiente es ir a la revisión del marco teórico, porque solo entonces adquiere sentido empezar la revisión del acervo significativo con el que contamos, *pero no para usarlo de la misma manera, sino para recuperarlo y resignificarlo en términos de lo que a nosotros nos interesa comprender, en términos del tiempo y el espacio del sujeto y el objeto.*

El gran reto que tenemos por delante es estar al corriente de la discusión teórica en un campo determinado, pero al mismo tiempo preguntarnos a quién sirve ese conocimiento, a qué sirve y cuál es el entorno político y social en que esa discusión se ha producido.

Desde luego, construir el objeto es la tarea más compleja, pero una vez realizado, el avance es posible. Ciertamente muy difícil, porque tenemos estructuras de pensamiento muy anquilosadas, donde siempre nos interrogamos qué enfoque usar: cuantitativo o cualitativo. A cada paso nos encontramos con colegas y nuestros alumnos que trabajan con autores incluso muy críticos, que sin embargo cuando regresan a su propio trabajo, *regresan* y reproducen los patrones tradicionales. *Regresan* a su propio trabajo y no se preguntan los fundamentos de lo que ellos se preguntan; *regresan* y formulan hipótesis y empiezan a seguir fórmulas prescritas para todo el proceso de investigación, donde lo que investigan va a ser inducido por ese punto de partida: la hipótesis que va a generarles muchos problemas y tendrán que construir explicaciones con una fuerte dosis de arbitrariedad. Con frecuencia regresan a preguntarse una y otra vez cuál es el marco teórico o qué autor ha explicado todo esto para usarlo de la misma manera.

Es más cómodo pensar qué hicieron y qué dijeron Marx, Lefebvre, Foucault, Arendt o Luxemburgo; qué hicieron Weber, Merton, Touraine, Sartori o Bobbio, que pensar por sí mismos y preguntarse *cómo* estos autores se plantearon sus problemas, *cuáles* fueron las interrogantes, qué articulaciones conceptuales produjeron, qué herramientas diseñaron. ¿Cómo transitar a través de esa delgada línea que va del saber de un autor a preguntarnos *cómo* ese autor produjo ese conocimiento y buscar andar ese mismo camino?

Creo que es el gran problema de no atreverse a pensar por sí mismos, a pesar de todo lo que han leído, siempre es más fácil recurrir a autores consagrados, aunque ese acervo consagrado no tenga nada que ver con la materia de la investigación.

La gran dificultad, ¡insisto y repito!, es atrevernos a pensar por nosotros mismos y atrevernos a responder de qué sirve todo lo que hemos aprendido si no lo podemos usar.

Se trata de pensar y de usar el conocimiento de una manera distinta, en la cual seas capaz de cuestionar y de replantearte todo eso que sabés y de atreverte a no formular hipótesis, porque esas se formulan, si se formulan, cuando va muy avanzada la investigación; de atreverte a imaginar preguntas de investigación, cuyas respuestas sean capaces de develar aquello que interesa explicar, y ahí es donde radica el problema central de la construcción del objeto y, por supuesto, de nuestra construcción como sujeto investigador. De ahí la importancia de la pedagogía de la pregunta, como atinadamente Paulo Freire ha titulado un libro indispensable.

Esto sería un primer momento: la reconstrucción histórica del objeto, el reconocimiento del sujeto en el objeto, porque solo así seremos capaces de hacer las preguntas pertinentes, y de interrogarnos sobre el fundamento de esas preguntas. Ciertamente no basta con hacer las preguntas, hay que preguntarnos por qué lo hacemos, por qué es necesario hacer la reconstrucción histórica, por qué tenemos que construir el objeto en el pensamiento.

Tenemos que recuperar en la literatura relativa al problema las herramientas que concibieron los clásicos para explicar lo que les interesaba y preguntarnos si esas herramientas, que son parte de nuestras tradiciones teóricas y metodológicas, pueden explicar lo que nosotros queremos saber y si no es así, atrevernos a pensar en construir los instrumentos que nos permitan entender lo que queremos saber.

Nuestra tarea fundamental es atrevernos a pensar por nosotros mismos, desde nosotros mismos, nuestros propios problemas.

Más acá del método

Del origen de las preguntas y el sentido de la investigación social y su diferencia con las ciencias naturales

MANUEL CANALES

Introducción

El siguiente ensayo trata del lenguaje de diseño de investigaciones sociales en el contexto de institucionalidad académica o científica actual.[1] Planteo que el formato en que viene concebido el plan del acto investigativo presenta problemas de coherencia y aplicabilidad por una asimilación no reflexionada con el lenguaje del diseño de las ciencias naturales. Así, por emulación, ni se alcanza lo que aquellas y se arriesga la consistencia y hasta productividad del intento.

En la base de este desajuste, como núcleo de una diferencia que queda mal resuelta –en rigor, disuelta–, en la imposición de un formato único de conocimiento validable como científico o académico, señalo la distinta naturaleza de las preguntas en un campo y otro y los también distintos modos de acceder a ellas.

---

[1] En su base está la presentación realizada en la Universidad de Cuyo, con ocasión del V Encuentro Latinoamericano de Metodología de las Ciencias Sociales (ELMECS) en noviembre de 2016. Parte del planteamiento lo desarrollé en: Canales, M., "El diseño en perspectiva ideográfica", *Lenguajes del diseño*, 2014.

Si el investigador social busca producir sus preguntas al modo del científico de la naturaleza, según expongo, se extravía inevitablemente y no puede ya retomar el control de su práctica.

Voy a detenerme en este punto centralmente, para luego, al final, señalar un posible regreso al buen camino, o canon, pero esta vez con preguntas producidas de otro modo, traídas de otra parte a lo que supone el formato aludido.

Soy consciente, por obviedad, de la larga data de este asunto[2], pero me atrevo a reponerlo pues parecería que de pronto aquel debate hubiera sido vencido, agotado. Intento volver a pensar la práctica y específicamente pregunto por el sentido de sus preguntas.

1. Las preguntas del naturalista

El investigador de naturaleza encuentra sus preguntas *dentro de la disciplina*, en la articulación de un eje espacial (la especialización técnica) y uno temporal (la acumulación o progreso del conocimiento). Ambos ejes dan forma a un orden o estructura:

---

[2] Hay dos versiones, la clásica, que distingue las ciencias de la acción o del espíritu –en la tradición que va desde Dilthey (1944) a Weber (1973) y la fenomenología– y la que opone la *forma compleja de lo histórico* al intento de su aproximación positivizada, por ejemplo en los planteos de Adorno y otros (1973) o, en otra vertiente, de Wright Mills (2003) contra lo que llamó, certero, *empirismo abstracto*. Mientras la primera disputa parece resuelta en favor de la diferencia –y de ahí la aceptación final de la metodología cualitativa, afin a esa sociología de la interpretación o la comprensión–, la segunda parece resuelta en favor de la no diferenciación –y de ahí lo que origina este texto: la pretendida homogenización del diseño en ciencias sociales a su forma naturalista–. Lo que se aceptó metodológicamente se censuró epistemológicamente –el sentido de las preguntas– (Ibáñez, 1991).

a. El progreso[3] es una coherencia conducente, hacia adelante, productiva en el tiempo[4]. Es decir, dinámica, que sigue su propia inercia y dirección. Es el avance –esa victoria– de la disciplina sobre el objeto que permanece –conquistado, retenido–.

Esto es esencial a mi juicio: sus objetos son sistemas, al menos para el registro del observador, estables. Solo sobre ello cabe imaginar la línea del tiempo progresivo en que cabalgan los naturalistas. Un sistema abierto observador (la ciencia) frente a un sistema observado cerrado a su cambio: así cabe la imaginación del progreso –del primero–.

b. La especialización temática, hija ella también de ese propio proceso, y hasta en progresión abierta, se soporta en relaciones de clasificación fuertes, lógicas, con teorías que pueden señalar cada vez la razón de esas categorías y su potencia o eficacia en el proyecto general de la disciplina. Esto es, como diferenciaciones internas, racionales a un sistema que avanza por diferenciación manteniendo y desarrollando su unidad. Especializado, pero unitario: tras lo simple (por ejemplo un *término* o definición, concepto, palabra clave, etc.), un texto (donde vienen entretejidos todos los como aquellos).

c. Entonces, cuando buscan preguntas, siguen a su disciplina dos veces: por los casilleros de la malla temática y por las fases de la línea del tiempo. Puestos en ese cruce, con esas coordenadas espacio-temporales, idean sus preguntas. Así, estas pueden ser vistas, todas, como "lanzamientos" de prueba, como hipótesis, de un mismo observador sistémico o colectivo que puede, como conjunto, volver sobre sus pasos, reunir lo

---

3 De *gres,* grado, gradería o escalón. El progreso siempre es *ascendente.* (Corominas, 1987).

4 Producción, de *ducce* –tirar, arrastrar– y *pro* –adelante–: tirar hacia adelante, arrastrar algo hacia delante. (Corominas, 1987).

que se separa en el detalle observacional de cada una de aquellas.

Ocurre, como gustan decir, que van tras el desplazamiento sucesivo de las fronteras del conocimiento, las mismas que han sido puestas en ese mismo camino; pueden, de hecho, logarlo de modo tan frecuente que hasta los legos nos enteramos cada tanto de los avances en ese camino organizado, colectivo.

d. Eso es lo que explica la relativa simpleza de su planteo y la coherencia en general de sus textos:

- Las *palabras claves*, o conceptos, funcionan efectivamente como inscripciones en un texto mayor, disciplinar, en relaciones claras y sabidas, y hasta estratégicas, de distinción y conexión con otros temas, con todos los otros temas, cabe decir. Y tras cada concepto detallado, existen otros de mayor profundidad o alcance.

- Los *estados del arte* tienen la lógica, y hasta la diacronía del caso, cuando se trata de participar de un camino unitario a lo universal[5]. Por lo mismo, en el puesto de lanzador de hipótesis, allá en las fronteras del conocimiento disciplinar, parte esencial es conocer efectivamente la secuencia andando de la disciplina.

En fin, el sistema llega donde dice que va, los textos tienen sentido.

No todo ello es de la misma intensidad o claridad en ciencias sociales. Y acaso tenga que ver, como aquí propongo, por la falla de hablar en lengua ajena y arriesgar la coherencia.

---

5   Según la máxima, *una ciencia para cada objeto, y para cada objeto, una ciencia.*

2.

a.

Si la investigación social hace así, y se guía a la letra por el esquema espacio-temporal aquí descrito, arriba a preguntas irremisiblemente abstractas y, en rigor, fuera de un tiempo y espacio ordenante como en las ciencias naturales.

Lo que se afecta, a mi juicio, es la cuestión del sentido de la pregunta de la investigación (qué, para qué) y de ahí en adelante se arriesga la dirección de su práctica.

b.

El planteo central es que los investigadores sociales encuentran sus preguntas no *dentro de la disciplina*, al menos no ordinariamente ni en forma absoluta, sino también, de modo determinante, *dentro de su objeto y su proceso.*

c.

Así es, al menos, porque a diferencia de las ciencias naturales, el objeto de las ciencias sociales es por definición *abierto*, en transformación, y no estable como es de suponer en las ciencias naturales, y porque además, en el caso de las sociedades, el conocimiento de sí mismas es parte –y muy controlada, internamente– del propio objeto.[6]

---

[6] Por ello la *arqueología* presenta, desde este ángulo, un caso opuesto a las ciencias sociales. Su objeto está detenido, como en las ciencias naturales, y puede, por tal motivo, hacer el mismo intento que aquellos. La sociología nace cuando esta *vivacidad* del objeto llega un máximo, cuando la sociedad no puede detenerse en su transformación. Por eso, si no hemos descubierto leyes universales, sí hemos podido asistir, entendiendo, conociendo, una sociedad que se desconoce a sí misma todos los días.

3. ¿Progreso? ¿Estado del arte?

a.

Por lo pronto no puede hablarse de una sucesión progresiva de conocimiento ni tampoco pueden mostrarse avances sustantivos del tipo que los naturalistas exhiben cada tanto –regularidades fuertes, leyes que parecen universales– o sostienen la plausibilidad del intento.

Por eso los estados del arte en ciencias sociales siempre corren el riesgo de poca estructura interna y tienden a degradar a listado de autores y experimentos, pero sin poder tejerse, o destejerse, lo que entre ellos se supone organiza como forma y proceso esa variedad. En vez, quedan como paralelismos, convergencias suaves, cercanas a veces pero no conducentes en una dirección orgánica, acaso más bien como complementaciones o de sumatoria simple[7].

b.

Y la historia efectiva de las disciplinas en ciencias sociales, cada vez, puede leerse mejor que como una historia interna de ellas, como *una historia de acople o intentos de ajuste con una sociedad determinada y sus transformaciones.*

Digo que la investigación social ha de seguir a la propia sociedad que observa, intentando situarse en sus fronteras y hasta en los intersticios de sus temáticas –sus cuestiones, las cuestiones de la sociedad–.

Y es así que los objetos se desplazan todo el tiempo y, por tal ley, vamos tras ellos más que tras nuestros propios pasos. La ciencia social actual, por ejemplo en México o Argentina, trata de temas y sabe sus cosas no por superación de las previas, sino por un intento de adecuación a los

---

7   Es el "compilado" o cualquier forma que tome la noción de *pila:* suma sin forma, adición de unidades, cantidad.

procesos históricos correspondientes a sus sociedades. Esta forma no es en nada compatible con el canon naturalista y revela la intraducibilidad de ambas búsquedas.

c.

Reflexionemos un signo inquietante, propio de las ciencias sociales y en nada conocido en las naturales, y que ya avisa de algo extraño a la cultura del laboratorio. Como se sabe, cualquier estudio, por trivial que sea, debe consignar los acontecimientos pertinentes y relevantes que hubieran ocurrido en la sociedad que está observando durante *el terreno*. Esto es, señalar *posibles contaminaciones* del dato por asuntos contingentes y contextuales. Como si existiera un dato puro[8] que la sociedad ensucia con sus procesos continuos, con sus intervenciones.

Digo que aquella seña del contexto debiera generalizarse o radicalizarse en su sentido: el objeto, en la investigación social, se está siempre reformando, y se está siempre interviniendo. Observar una sociedad entonces es observar una sociedad que está cambiando y que se está interviniendo para ese cambio.[9]

d.

Convendría girar, cuando se buscan preguntas, de la malla disciplinar y sus temas al contexto y sus cuestiones. De estas han de salir las preguntas y, a su vez, desde estas preguntas, extraídas en dialogo definitorio con lo equívocamente

---

8   Laboratorio: un espacio-máquina de la experiencia sin contexto o la percepción pura. Es el ideal por abstracción.
9   Al decir "la sociedad se interviene" señalo, siguiendo a Ibáñez, que la sociedad es a) la que interviene y b) la intervenida. Pero debe consignarse de renglón que esto viene partido: así, una parte de la sociedad observa e interviene a la otra parte: tal es *la madre del cordero* en ciencias sociales según el maestro español. Ese origen es el que se olvida en la naturalización de las ciencias sociales (Ibáñez, 1990).

referido como *contexto,* se podrá luego volver al canon –trabajarlas como variables, discursos o lo que el método quiera y permita con todos los rigores del caso–.

4. ¿Temas? ¿Palabras claves?

a.

Los manuales de investigación, y creo que se acepta en general, invitan al investigador social a iniciar sus diseños seleccionando un *tema* de su interés. Aquel puede seguir pistas "subjetivas" de cualquier tipo. Dicho tema puede ser cualquiera si es que aquel ya ha sido distinguido como tal por la ciencia respectiva. De ahí a las pablaras claves –categorías, conceptos– hay paso breve.

Planteo que ese modo es de alto riesgo para el sentido de la pregunta, de la investigación. Los temas no los pone la disciplina ante sí misma, sino cada vez, en su historia, la sociedad que estemos observando. Los temas se captan *de la calle*[10], y no de la propia academia. Es atender a la sociedad y tratar de posicionarse en el lugar donde puedan formularse, precipitar sus preguntas, captarlas y trabajarlas, luego, en el canon compartido.

b.

Por esos las palabras claves no terminan de funcionar como en las ciencias naturales. En ciencias sociales, aquellas no pocas veces son categorías propias de los actores sociales (educación, trabajo, seguridad pública, etc.) y por lo mismo

---

[10] Bellei (2014). La metonimia debe expandirse: la calle refiere aquí a "la sociedad"; y eso significa entonces un conocimiento previo, denso, de aquella; solo quien conoce mucho una sociedad puede escuchar preguntas desde o de *sus calles-ahora.* En seguida, luego de captar aquello, ha de iniciarse el trabajo de construcción de la perspectiva investigativa con todo lo arduo que el autor de aquel texto domina con maestría.

no tienen tras sí un entramado lógico o cognitivo como en el caso de las distinciones internas del observador de naturaleza. Si se juntan, es por estrategias de gobierno de la sociedad y no como dispositivos de observación académica. Otras veces son conceptos híbridos (*movimientos sociales, resiliencia, nuevas clases medias*, etc.) o bien nociones de alta abstracción y ancladas en teorías de escuela que tampoco regresan a una sociología general unitaria (*representaciones, territorios agrarios, discurso político, género, envejecimiento, discriminaciones*, etc.).

c.

Planteo que la palabra clave es habitualmente la omitida, y que en esa omisión se juega un olvido sustancial Aquella "llave" del estudio no puede ser sino la sociedad que se está observando, esto es lo que llaman como resto "el contexto" o, cuando más, "el caso".

No se trata de estudiar un mismo tema en múltiples casos –cualquieras, con la pretensión del laboratorio que homogeniza las contingencias para permitir observar las reglas puras de la cosa–, sino de estudiar cada vez los *temas de ese caso, en ese momento*. Esto es, los casos son los temas, y si cabe consignar una modulación temática de la observación, es indicando qué de aquella sociedad resulta pertinente de observarse.

d.

La idea misma de palabras claves, o de temas, pareciera indicar la existencia de *una ciencia social unitaria, universal*. Por lo mismo no aplica aquí la ley *una ciencia, una lengua*, ni tampoco hay trazas de una ciencia *general*, como una sociología general[11], por ejemplo, que organice de una vez toda la variedad de asuntos y perspectivas que habitualmente se engloban o hasta se apilan como la tal ciencia base.

Hay, por su razón, sociologías en distintos idiomas (lingüísticos) y con distintos discursos y preguntas (sociales), según las también distintas sociedades que se observan.

5. Dónde están las preguntas

a.

Ni espacial ni temporalmente tiene el investigador social las coordenadas para tomar posición de pregunta. Debe iniciar un trabajo más largo para llegar al punto aquel y resolver por esta vía la indeterminación disciplinar.

Siendo que las ciencias sociales no persiguen leyes universales, no pueden orientarse al modo del que sí las busca y ha diseñado un sistema para intentarlo (la ya dicha especialización temática y su proceso, el progreso).

b.

Se trata, en cambio, de formular –ajustar– cuestiones que apunten a caras o temas de sociedad en las que, así enfocada, *esta resulta revelada, analizada,* respecto a algún asunto gravitante en su estructura y/o en su proceso en curso.

---

[11] Los manuales que llevan tal nombre –*Sociología* o *Sociología general* o *Introducción a la sociología*– habitualmente son: a) un conjunto solo consonante de entradas posibles, o bien, b) propuestas "de autor" que despliegan cada vez un entendimiento propio y denso, y hasta personal o, cuando más, de escuela. En los segundos hay intención de orden pero ninguna pretensión de universalidad o generalidad; en los primeros se apunta a la generalidad disciplinar pero se queda en generalidades no acumulativas ni tejidas. Así, las sociologías llamadas *generales* debieran llamarse precisamente no-generales pues, al parecer, aquella aún no se realiza, al menos no en el modo que cabe decir por ejemplo *física* o *biología generales.*

La potencia científica de la pregunta radica precisamente en la intensidad en que revela la forma (estructura) y precipita los procesos (historia) de la sociedad que se está observando.

c.

La sociedad, cambiante, contrahecha, es siempre más que su positividad y actualidad. Está en el tiempo, *siendo y dejando de ser,* y en su estructura, *la que es y lo que niega.* La investigación social puede ser vista como un intento de analizar esa distancia, de interpretar ese desconocimiento de la propia sociedad sobre sí, de lo que bulle como cuestiones latentes que aparecen, patentes, una y otra vez. Son los temas, ahora sí, de la propia sociedad: esto es, lo que no puede, de un modo u otro, dejar de tramitar, reconocer/desconocer, intervenir.

d.

Las mejores preguntas en ese sentido son las que resultan de un entendimiento o sensibilidad tan afinada respecto de la sociedad observada ("el contexto") que permite, en vez de ir tras ella[12], saber dónde ha de aparecer e ir desplazando el observatorio- campamento con el proceso de su objeto; esto es, cuando el objeto es esencialmente la transformación del objeto y el investigador *va ligeramente anticipado.* En esos casos, seguir los acontecimientos sobre el objeto, durante la investigación, se transforma en parte esencial de la investigación. Como si el primer orden del objeto –la realidad social en estudio– estuviera siendo afectado por una transformación, con mayor o menor consistencia, en el segundo orden –los actores sociales, la construcción social de la realidad–.

---

12 Investigar: seguir los *vestigios,* huellas. *Huella*: hoya, hoyo que deja el pie, el paso de algo-alguien, en la superficie o campo respectivo.

e.

En vez de seguir al que se orienta hacia sus leyes universales, el investigador social puede intentar seguir a la sociedad que observa cada vez[13]. Es tras ellas que se van produciendo los cambios en la propia disciplina, y no tras sí misma y sus descubrimientos progresivos.

No es posible estudiar, académica o científicamente, cualquier tema sin tener una visión compleja de la formación, estructura, transformación y tendencias actuales de la sociedad respectiva. Es sobre ese conocimiento que cabe situarse, buscando preguntas, para indagar posibles haces sobre la oscuridad restante, siempre nueva por lo demás y, paradojalmente, haciendo resonar antiguas cuestiones que hablan, complican, a la sociedad aquella desde sus orígenes.

6.

a.

Lo que se ha intentando plantear hasta aquí no puede interpretarse como una crítica, o distancia, respecto de las metodologías de investigación y sus rigores. El método no está en cuestión y la cuestión no es por el método. La cuestión es *el sentido de la investigación* y este se juega en la razón de la pregunta y los modos de acceder a ella.

Tampoco es asunto de oponer *generalistas* a *especialistas*. La diferencia es más bien entre el conocimiento abstracto y el que intenta entender contextos que se producen a sí

---

[13] Y a los que vienen siguiendo antes o junto a él a sociedades como aquella. Así se va tramando otro *arte*, organizado esta vez por entradas convergentes sobre una misma o cercana sociedad: una ciencia social no "unitaria" y necesariamente plural en sus teorías y lenguajes.

mismos, esto es, formas concretas, totales, en desarrollo.[14] Pues acaso ese es el precio mayor que se ha terminado pagando por el reconocimiento institucional de la cientificidad para las ciencias sociales: dejar de observar las sociedades. Y el asunto es doble pérdida, pues la sociología no sabe ya qué está haciendo y la sociedad se queda sin el que, por oficio, había de mirarla.

b.

Termino sugiriendo un complemento a los sucesivos cursos de metodología de investigación: formar al investigador en un lenguaje básico que a) describa y problematice la sociedad que observa, desde su formación u origen, su etapa y su transformación en curso y b) permita un dominio de la tradición de la investigación social respectiva. Propongo que puestos en ese saber basal, cabe intentar formular las preguntas con potencia analizadora

En suma, compensar el tropismo universalista-unitario de concebir la disciplina como en los naturalistas, y aceptar la pluralidad y mutabilidad constitucional de las ciencias sociales, precisamente por llevar de tarea atender y conocer procesos sociales distintos y en marcha. Son esas conjunciones o totalidades –desde los Estado nación a cualquier comunidad u organización– las que portan cada vez su propia cuestión sociológica –aquella que los revela pues los muestra en sus pendientes–.

Practico una ciencia social que parte una y otra vez de su objeto, y solo entre idas y venidas de este, recorre su propio saber disciplinar.

Sin contexto no hay sentido: es el texto donde vienen, entre líneas, entre tiempos, las preguntas cargadas de sociología.

---

[14] Si no se es especialista en un tema de la ciencia universal, sí ha de disponerse un conocimiento total, exhaustivo, multidimensional, del estado del arte sobre la sociedad en observación.

Referencias bibliográficas

Adorno, Theodor W. y otros. *La disputa del positivismo en la sociología alemana.* Barcelona: Grijalbo, 1973.

Bellei, Cristian. "Diseño de investigación social en educación", en Canales M. (coord.), *Investigación social. Lenguajes del diseño.* Santiago: LOM Ediciones, 2014.

Canales, Manuel. "El diseño de investigación en perspectiva ideográfica", en *Investigación social. Lenguajes del diseño.* Santiago: LOM Ediciones, 2014.

Corominas, Joan. *Breve diccionario etimológico de la lengua castellana.* Madrid: Editorial Gredos, 1987.

Dilthey, Wilhelm. *El mundo histórico.* México: Fondo de Cultura Económica, 1944.

Gell-Man, Murray. *El quark y el Jaguar, aventura de lo simple y lo complejo.* Barcelona: Tusquets, 1994.

Ibáñez, Jesús. *El regreso del sujeto.* Santiago: Editorial Amerindia, 1991.

Ibáñez, Jesús J. *Nuevos avances en la investigación social: la investigación social de segundo orden.* Barcelona: Antrophos, 1990.

Weber, Max. *Ensayos sobre metodología sociológica.* Buenos Aires: Amorrortu, 1973.

Wrihgt Mills, Charles. La imaginación sociológica. México: Fondo de Cultura Económica, 2003.

Desafíos epistemológicos, metodológicos y pedagógicos en relación con la naturaleza de la investigación en ciencias sociales

La génesis de una investigación y su complejidad[1]

MARÍA TERESA SIRVENT

Preámbulo

Todos sabemos que no podemos debatir cuestiones de investigación científica y/o de la formación en investigación en un vacío histórico. Las preguntas claves de una política científica sobre qué se investiga, para qué/quién se investiga y cómo se investiga y los interrogantes que hacen a una pedagogía de la formación en investigación cobran sentido en un contexto sociohistórico que da cuenta de los factores sociopolíticos, institucionales y académicos que sirven de anclaje a las decisiones del investigador.

---

[1] Esta presentación ha sido basada en parte en trabajos previos de la autora, individuales y en colaboración, tales como: Sirvent, M. T. (2016). Enseñar a investigar en la universidad. Contextos, propósitos y desafíos en la formación metodológica de grado y de posgrado. En *Educacao superior e contextos emergentes*. Edipucrs: Porto Alegre. Sirvent, M. T. y Monteverde, A. C. (2015). Enseñar a investigar en la universidad. Propósitos, desafíos y tensiones en la formación metodológica de posgrado: la experiencia de la Maestría en Salud Mental de la Facultad de Trabajo Social de la UNER. En *Formación de posgrado en Salud Mental. Una experiencia de 20 años en la universidad pública argentina*. Universidad Nacional de Entre Ríos: Entre Ríos, Argentina. Rigal, L. y Sirvent, M. T. (2017). *Metodología de la investigación social y educativa: diferentes caminos de producción de conocimiento* (manuscrito en vías de revisión).

Desde nuestra perspectiva, el contexto sociohistórico de América Latina que estamos viviendo hace a una cultura popular y cotidiana atravesadas por contradicciones en las que se confrontan y se tensionan con agudeza, por un lado, las fuerzas de la ruptura con una historia de dominación a través del crecimiento de la población en la conciencia de sus derechos y en la defensa de los mismos y en el reconocimiento de la participación social como una necesidad humana. Y por el otro lado, las fuerzas de la continuidad de la aceptación y del sometimiento a través de la presencia de mecanismos de poder "macro" y "micro" que intentan "controlar, "neutralizar", "ahogar" este crecimiento, apelando a fantasmas históricos tales como el miedo a la "punición" por el disenso, la coaptación, el clientelismo y la fragmentación entre otros mecanismos antiparticipativos

Tanto en las instituciones científicas como en las instituciones educativas se observa con preocupación la presencia cotidiana de mecanismos de poder y de toma de decisiones institucionales que obstaculizan la generación de ámbitos de debates y discusión plenamente democráticos y que por tanto "hieren" la formación de una ciudadanía democrática.

Consideramos que más allá de las características específicas de nuestras disciplinas, varios de los parámetros y criterios de evaluación de nuestras políticas científicas son "anticientíficos" porque no facilitan la generación de las condiciones objetivas necesarias para la formación en el oficio de investigador y para el crecimiento de nuestros investigadores jóvenes en el alma y el corazón de la ciencia: *la creatividad, la libertad, la autonomía y el pensamiento reflexivo y crítico.*

En este sentido nuestra mayor preocupación es el impacto negativo de estas políticas científicas en la formación de las nuevas generaciones de jóvenes científicos.

Sostenemos también que estos rasgos de nuestras políticas científicas en América Latina tienen carácter mundial tal como lo muestra el "Manifiesto por una Ciencia Lenta" escrito por investigadores y profesores de la Sorbona y que nos abarca a todos.

Dicen los autores:

> Investigadores, profesores, [¡¡] apresurémonos a reducir la velocidad!! [...] Deberíamos no querer correr más rápido, deberíamos, cuando no caminar de vuelta. Sin embargo los proyectos se suceden a un ritmo cada vez más rápido. Cualquier colega que no está con surmenaje, estresado, sobrecargado pasa hoy por ser original, abúlico, apático o perezoso a costa de la ciencia, en detrimento de la ciencia. La ciencia rápida, como la comida rápida privilegia la cantidad a la calidad. Nuestros currículos vitae son cada vez más evaluados según el número de líneas, cuánto de publicaciones, cuánto de comunicaciones, cuánto de proyectos. Es un fenómeno que provoca una obsesión por los números. Se escriben miles de artículos publicados, como chorizos, apenas reformados [...]. Esta degradación de nuestro "métier" no es inevitable. Resistir a la ciencia rápida es posible. Nosotros podemos promover la ciencia lenta dando prioridad a la promoción de valores y principios; privilegiando la calidad [...]. (Autoría desconocida, 2012, p. 1, 2, 4)

Nos arriesgamos a decir, en términos generales que estamos enfrentando en América Latina, un contexto de lucha social y académica por una sociedad más justa e igualitaria y una ciencia emancipadora.

En otros encuentros y jornadas hemos escuchado hablar de un proceso de "derechización" de Amárica Latina. Si bien acordamos con este concepto, es imperioso preguntarse qué significa dicha "derechización" en el día a día de nuestro oficio de investigadores y de formación de investigafores jóvenes.

En este sentido considero especialmente claras las palabras del teólogo y escritor brasileño Leonardo Boff.

Dice Leonardo Boff:

Yo, como tantos otros estoy con una profunda tristeza. Pues este golpe nos está desmontando a nosotros. Y está penalizando especialmente a los pobres trabajadores. Porque, quién armó ese golpe fue la clase burguesa, aquellos 71.440 supermillonarios. Es decir fue un golpe de clase que usó el parlamento y la justicia para nuevamente culpar al Estado y beneficiarse de los grandes proyectos de Estado, difamar a los líderes, vulnerar, fragilizar a todos los movimientos sociales y ellos volver al poder. [...]

Entonces nosotros tenemos que resistir a ellos y el lugar de la resistencia es la plaza, la calle. Y al mismo tiempo aprovechar la ocasión para nuevamente politizar todas nuestras relaciones de trabajo y de cultura. (Boff, disertación realizada en Brasil, 2017. La traducción es nuestra)

Desafíos epistemológicos y pedagógicos

A la luz de estas pinceladas sobre el contexto actual de América Latina, es mi propósito presentar algunos de los desafíos de índole epistemológica, metodológica y pedagógica que debemos enfrentar en relación con la naturaleza de la investigación de lo social.

Me refiero a tres desafíos vertebrales:

1. La génesis de una investigación en cuanto a la función del contexto sociohistórico de anclaje.
2. La génesis de una investigación en cuanto a la problematización de dicho contexto sociohistórico y el dilema complejidad versus focalización, aparentemente contradictorio.
3. La complejidad de la naturaleza de la investigación de lo social en cuanto a la superación de la díada cuantitativa-cualitativa.

¿Cómo intentamos responder a estos tres desafíos? A través de la propuesta de introducir conceptos vertebrales que devienen en procedimientos metodológicos y estrategias pedagógicas, y que desde nuestra perspectiva pueden facilitar la "resolución" de estos desafíos tanto en el proceso de investigación como de formación de los jóvenes investigadores. Esta "traducción" o "conversión" de conceptos claves en procedimientos e instrumentos de "la cocina de la investigación"[2] es una noción vertebral de nuestro posicionamiento tanto científico como pedagógico.

Los dos primeros desafíos buscan responder a la pregunta que muchas veces recibimos hasta con angustia en los espacios de formación en investigación: "¿Cómo comienza una investigación?", "¿De dónde surge o se vislumbra el foco de la investigación?". En este sentido, concordamos en considerar este momento de génesis de la investigación como uno de los más desafiantes para el investigador en formación en la medida que es el menos estructurado y el menos trabajado desde una perspectiva epistemológica, metodológica y pedagógica.

Primer desafío

El primer desafío hace referencia a la función del contexto sociohistórico en la génesis de una investigación.

Desde nuestra perspectiva, todo proceso de investigación tiene su génesis en la problematización de una realidad concreta y compleja. La función epistemológica del contexto sociohistórico comienza a jugar en la investigación desde su inicio, como nutriente esencial del fenómeno social a estudiar.

Expresa Mardones (1991):

---

2   Cuando hablamos de la "cocina de la investigación" nos referimos al conjunto de procedimientos metodológicos concretos, de caminos elegidos para poner en acto en el día a día de nuestro quehacer investigativo los conceptos claves propios del hacer ciencia de lo social. En otras palabras, nos estamos refiriendo a nuestro *oficio cotidiano de investigador* (Rigal y Sirvent, 2017).

… no se puede atender a la lógica de la ciencia, al funcionamiento conceptual y prescindir del contexto sociopolítico-económico donde se asienta tal ciencia. Los factores existenciales y sociales, como sabe la sociología del conocimiento y la historia de la ciencia, penetran hasta la estructura misma del conocimiento. No es, pues, baladí para el contenido mismo de la ciencia el atender al entorno que lo rodea y lo posibilita. (Mardones, 1991: 39)

Actualmente pareciera existir un cierto consenso en colocar "la problematización" como origen de una investigación científica. Pero el debate se refiere a la pregunta ¿problematizar qué?

En respuesta a esta pregunta y parafraseando a Mardones (1991) señalamos que también se juegan las perspectivas epistemológicas, como en todas las decisiones de la investigación social.

Al respecto, dice Mardones (1991):

También aquí se juegan los problemas epistemológicos. Quien olvida este entorno, que Adorno y Horkheimer denominan totalidad social, desconoce, además de las funciones sociales que ejercita su teorización, la verdadera objetividad de los fenómenos que analiza. El racionalismo crítico reduce en exceso toda la problemática de la ciencia a cuestiones lógico-epistemológicas. Frente a esta tendencia, la postura de la teoría crítica será, no negar, sino ir más allá de las afirmaciones de K. Popper. […] Los correctivos de Adorno respecto al origen del conocimiento serían: acepta la tensión entre saber y no saber popperianos. Sitúa el problema en el comienzo de la ciencia. Pero no acepta la reducción de Popper a problemas intelectuales, epistemológicos, mentales, sino a problemas prácticos, reales. Dicho de otra forma y para evitar confusiones: *al principio de la ciencia no está el problema mental, sino el problema real,* es decir, la contradicción. Por consiguiente, al comienzo de las ciencias *sociales* están las contradicciones sociales. (Mardones, 1991: 40. El subrayado es nuestro)

Adorno (1978) en su trabajo sobre la lógica de las ciencias sociales expresa:

Frente al punto de vista generalizado a partir de Comte, Popper concede la preeminencia a los problemas y, con ello a la tensión entre el conocimiento y la ignorancia. [...] En mi adhesión a la tesis popperiana del primado del problema he de ir quizá más lejos de lo que él autorizaría. No sería difícil reprocharme una equivocación: en Popper el problema es algo de naturaleza exclusivamente epistemológico en tanto que en mí es a un tiempo algo práctico, *en último término una circunstancia problemática del mundo.* (Adorno, 1978: 33. El subrayado es nuestro)

¿Cómo enfrentar este primer desafío en la formación de los jóvenes investigadores?

Consideramos pertinente y vertebral introducir el concepto de *contexto de descubrimiento* (Reinchenbauch, 1938: 6-7), entendido como el conjunto de factores sociales, políticos, económicos, psicológicos, institucionales, académicos, entre otros, que caracterizan al escenario sociohistórico, donde surge y tiene anclaje una investigación (Sirvent, 2003: 11). Es preciso trabajar con los jóvenes, su historia, los debates epistemológicos en la década del 70, su status epistemológico y metodológico, su función en la génesis de una investigación.[3]

Las preguntas claves de una investigación sobre *qué* se investiga, *para qué/quién* se investiga y *cómo* se investiga solo cobran sentido en este contexto de descubrimiento cuyos factores condicionan el proceso de investigación, actuando como facilitadores o inhibidores del mismo.

Nos preguntamos nuevamente: ¿cuál es la función científica y pedagógica del concepto de contexto de descubrimiento en la génesis de una investigación? ¿Cómo se

---

[3] Actualmente, nadie parece poner en duda que la investigación está anclada en un contexto que da cuenta de las decisiones del investigador. Sin embargo, esto no fue siempre así, este tema formó parte de muchos debates en la historia, la filosofía y la epistemología de la ciencia (Rigal y Sirvent, 2017).

convierte este concepto de contexto de descubrimiento en un instrumento de trabajo del investigador en la génesis de su investigación? ¿Para qué sirve?

La descripción detallada de este contexto se torna procedimiento metodológico de la investigación y estrategia didáctica en la medida que permite un primer anclaje de realidad del resto de las decisiones de una investigación.

En nuestra experiencia, estos análisis *han identificado las contradicciones del momento histórico, social e institucional en que se desenvuelve la investigación y su acción como limitante o motor de la implementación de la misma*. Asimismo han facilitado la construcción de una perspectiva clara de la investigación científica como una práctica social, anclada en un contexto sociohistórico determinado, *superando una mirada contemplativa o meramente técnica y concibiendo la investigación como herramienta de transformación social*.

A continuación veremos cómo se enlaza, cual hebras de un denso tejido, el primer y el segundo desafío a través de la problematización del contexto de descubrimiento en la génesis de una investigación.

Toda investigación científica tiene su génesis en la problematización de la realidad, en la problematización de un contexto de descubrimiento a partir de la cual el investigador va perfilando una *situación problemática*.

La descripción del contexto de descubrimiento facilita y estimula la identificación de una situación problemática en tanto génesis de la investigación.

Segundo desafío

El segundo desafío hace referencia a la función de la problematización en la génesis de una investigación.

La capacidad de problematización implica una postura vertebral del investigador que se resume en la frase "Investigar es interrogar, interpelar la realidad". Implica asumir un posicionamiento crítico frente a la realidad cotidiana.

Dice Mariano Levin (1998), hablando del científico:

... el oficio de investigador lo lleva a desarrollar una actitud crítica permanente hacia el trabajo propio y hacia el de sus pares. El científico es un cuestionador nato. [...] Tiene un deseo insaciable de saber. Y tiene un profundo compromiso con la libertad, porque más allá de una curiosidad natural, ambiciona ser libre, como el pintor, el músico o el escritor. (Levin, 1998: 12)

Esta actitud y posicionamiento crítico *es* una condición del espíritu científico. Acá también se juegan las posiciones epistemológicas en el sentido o significado que se le atribuye al "posicionamiento crítico".

Adorno entiende por crítica algo distinto de Popper. Para Adorno sin anticipar un modelo de sociedad, que exprese el ansia emancipadora, no hay posibilidad de escapar del "anillo mágico" de la repetición de lo dado, ni dar cuenta del todo social que enmarca y da sentido a los hechos sociales concretos. Para Horkheimer, si la crítica no se convierte en crítica de la sociedad, sus conceptos no son verdaderos.

¿Cómo enfrentar este desafío en la formación de los jóvenes investigadores? Introduciendo como vertebral el concepto de situación problemática

El segundo desafío requiere profundizar en los investigadores jóvenes en formación la mirada problematizadora de la realidad, el componente crítico que cuestione sus certezas. En esta problematización de la realidad está la *génesis* de la investigación científica al identificar la situación problemática.

Nos preguntamos nuevamente: ¿cuál es la función científica y pedagógica del concepto de situación problemática en la génesis de una investigación? ¿Cómo se convierte este concepto de situación problemática en un instrumento de trabajo del investigador en la génesis de su investigación? ¿Para qué sirve?

La situación problemática emerge de la problematización de la realidad descripta en el contexto de descubrimiento. La situación problemática es el conjunto de cuestiones que a un investigador lo preocupa, lo fascina, lo asombra, lo desconcierta, lo angustia, lo enfrenta con su ignorancia, lo deja perplejo y lo empuja, lo motiva para investigar. Es una suerte de espacio de interrogantes sin respuestas inmediatas que demandan un proceso de investigación: es lo que no se sabe. Es una narrativa experiencial y concreta.

Problematizar el contexto de descubrimiento implica identificar las situaciones de la realidad que preocupan al investigador, y que las "hace" problemáticas al desafiar sus conocimientos.

Dewey (1950) presenta la situación problemática como el origen y base de una investigación, entendiendo a la misma como una situación de incertidumbre, indeterminada de la que arranca la investigación. Para Dewey, la situación se hace problemática en el momento de ser sometida a la investigación.

Problematizar la realidad es mirarla críticamente para "desnaturalizar lo que aparece como "natural"; es traspasar con una pregunta la apariencia de los fenómenos para descubrir la trama de los factores que dan cuenta de por qué las cosas son como son y no de otra manera, y por tanto pueden ser de otra manera.

La investigación científica se apoya en la relevante función de la ignorancia. La incertidumbre deviene en el motor privilegiado de la motivación del investigador.

A este respecto, Bachelard (1976) afirma que lo primero y fundamental es que se conoce contra un conocimiento anterior; destruyendo o superando conocimientos adquiridos. La ciencia es contradicción del pasado. Es la situación la que *desafía* los conocimientos previos del investigador; es la tensión constante entre lo que se sabe y lo que no se sabe. *El conocimiento existente se transforma en obstáculo epistemológico y debe ser cuestionado y superado.* Aparece aquí, entonces, el papel cuestionador de la razón y el valor de la ignorancia en la formulación de una investigación. Sin la ignorancia no existe la investigación.

La situación problemática es un conglomerado, una configuración de aspectos del contexto que se interrelacionan y que se empieza a delinear cuando el investigador es atraído, captado por esa situación. Esta configuración conjuga las historias personales, la formación, los intereses, las historias de vida, las perspectivas teóricas e ideológicas de los investigadores.

La situación problemática se torna también procedimiento metodológico y estrategia didáctica. La descripción detallada y problematización de la situación problemática facilita la elección del foco de la investigación en términos del objeto y del problema a investigar, el ¿qué se va a investigar?

En otras palabras, la descripción de la situación problemática, es lo "que me preocupa y porqué me preocupa". Su función sirve para orientar al investigador en sus decisiones sobre "el que desea investigar" de lo que le preocupa. El proceso a través del cual el investigador selecciona una investigación de todas las que le ofrece la situación problemática es el proceso de focalización.

En síntesis: los conceptos de contexto de descubrimiento y de situación problemática que se han presentado en relación a la génesis de una investigación orientan al joven investigador en formación hacia la identificación del foco de su investigación con anclaje de realidad, pudiendo distinguir dos tramos en ese camino:

1. Descripción y problematización del contexto de descubrimiento conducente a la identificación de una situación problemática.
2. Descripción y problematización de la situación problemática identificada a fin de facilitar la determinación del foco de la investigación.

Tercer desafío

El tercer desafío referido a la complejidad de la naturaleza de la investigación social se ilustra con claridad en palabras de Mardones (1991):

> Asistimos en las dos últimas décadas al énfasis en la complejidad. La complejidad sería un rasgo general que recorre toda la realidad, desde lo inanimado a lo viviente, desde lo humano a lo social. Y como repetirá insistentemente N. Luhmann, el conocimiento, la ciencia, no es más que una estrategia de reducción de la complejidad. (Mardones, 1991: 54)

Nos enfrentamos entonces con dos términos aparentemente en conflicto: *focalización y complejidad*. Este dilema ubica al joven investigador en formación en un debate muy movilizador ante la incertidumbre en la búsqueda de una "receta" inexistente acerca de cómo focalizar preservando esa complejidad a lo largo de la configuración del diseño.

Detengámonos a pensar *por qué* este rasgo general de la investigación científica, que recorre toda la realidad, se hace más preocupante cuando se considera esta complejidad en el estudio científico de lo social y *cuáles* son los desafíos que plantea esta complejidad en la enseñanza para la investigación de lo social y en cuanto a la *superación de la díada cuantitativa y cualitativa*.

La naturaleza de lo social puede ser analizada desde la complejidad que asumen en las ciencias sociales los aspectos siguientes, entre otros:

1. El "amasado" teoría/empiria.
2. La relación entre el sujeto que investiga y objeto investigado.
3. La presencia del terreno en el proceso de investigación de lo social.
4. El compromiso social del investigador y las acciones de extensión o de transferencia considerando su estatus epistemológico en la construcción del conocimiento.

5. La validación de los resultados.

Veamos un desarrollo sintético de estos aspectos en su desafío metodológico y didáctico.

1. La complejidad que asume en las ciencias sociales el "amasado".
Teoría/empiria

Teoría y empiria son el alma de la investigación. El investigador va articulando su materia prima para dar forma, cual artista, a su "escultura" final: los resultados de su investigación. La complejidad radica en que no hay una única manera de trabajar con la teoría y la empiria.

La noción convencional de percibir el proceso de investigación en términos de una teoría que sustenta una hipótesis y una empiria como experimentación que posibilita su verificación es una de las maneras de trabajar este "amasado" de teoría/empiria.

En las concepciones que se orientan a interpretar y comprender el hecho social, la función de la teoría radica en orientar el trabajo con la empiria, considerada el principal nutriente para la generación de categorías que hagan comprensible dichos datos.

Por otra parte, cuando se introduce el objeto investigado en la toma de decisiones de la investigación, la teoría adquiere la particularidad de entramar conocimiento científico y conocimiento cotidiano.

Estas funciones de la teoría y la empiria en la investigación social varían según la lógica y la estrategia metodológica elegida.

2. La complejidad que asume en las ciencias sociales la relación
sujeto que investiga y objeto investigado

La objetividad o neutralidad científica no es la única intencionalidad que se asume como posible en la relación sujeto-objeto. No hay motivo para suponer que los datos sociales, las relaciones interpersonales, sean menos asimilables al conocimiento científico que los fenómenos naturales no humanos.

Pero, evidentemente, hay una *peculiar relación sujeto-objeto:* los objetos son, al mismo tiempo, sujetos.

La tensión objetividad-subjetividad es parte de un largo debate histórico en ciencias sociales que nos muestra el devenir desde las concepciones que asumen que el sujeto que conoce debe "pararse fuera" de lo que va a ser conocido (externalidad), considerando que la verdad objetiva es posible, hasta postulados que sostienen la interdependencia entre el sujeto que conoce y la realidad a conocer (internalidad). En este debate histórico aún vigente, se introduce además, a mediados de los 70, la perspectiva de la investigación acción participativa, que plantea la posibilidad del devenir del tradicional objeto estudiado en sujeto investigador de su propia realidad cotidiana (participación).

En estas diferentes perspectivas se juegan concepciones epistemológicas sobre la implicación tanto del investigador como del investigado en la construcción del conocimiento.

La subjetividad deja de ser lo rechazado, lo negado, y se convierte en lo aceptado, lo reconocido, abriéndose así la posibilidad de trabajar con la subjetividad tanto del investigador como del investigado en la construcción de la evidencia empírica propia de cada investigación. La subjetividad del investigador también deviene componente de la construcción del dato científico.

3. La complejidad que asume la presencia del terreno en el proceso de investigación de lo social

Este rasgo que hace a la complejidad del hacer ciencia de lo social y de la formación del investigador refiere a lo más desafiante y emocionante de la práctica de investigación social: la creatividad científica que se desarrolla en ese "ir amasando el barro de la realidad".

Lambros Comitas (2002) lo expresa desde la antropología con frases que pueden extenderse a todas las ciencias sociales, a la totalidad de la investigación de lo social:

> Como los antropólogos (léase científicos sociales) saben, aunque sea solo de manera intuitiva, el campo no es místico ni metafísico, sino algo metodológico en su concepto. Es una amalgama del problema científico que se busca analizar, de los grupos humanos que se consideren imprescindibles en la resolución del problema, y del escenario esencial que los une a los dos. […]. Entrar al campo, entonces, es embarcarse en un viaje de descubrimiento el cual, en serie, confirma o ajusta los parámetros del estudio, identifica el conocimiento específico necesario para entender estos parámetros e indica las técnicas requeridas para generar tal conocimiento. En síntesis, el campo es un proceso que revela el contexto preciso en el cual está arraigado el problema específico para investigar. (Comitas, 2002: 67)[4]

Se plantea un desafío epistemológico, teórico y metodológico muy serio cuando hablamos del trabajo en terreno en la trama teoría/empiria y en la relación sujeto/objeto. No hacemos trabajos de laboratorio, por lo tanto, es importante darse tiempo para asombrarse hasta "vislumbrar algo", para preguntarse ¿qué es esto?, para gozar, para poner el cuerpo y la libido en ese contacto con la realidad. Muchos jóvenes van construyendo una visión sesgada hacia las "tapas de libro" y la erudición sin ver el amasado con la empiria y sin ver el terreno como nutriente vertebral del conocimiento científico. Junto con el descubrimiento de la importancia fundamental del terreno, el joven en formación también descubre que el acceso real y profundo al terreno demanda formación y tiempo.

---

4 Conferencia Inaugural de Lambros Comitas en la entrega de la Distinción Gardner Cowles Professor of Anthropology and Education (8/3/1989), New York. Conferencia dictada en la Facultad de Filosofía y letras de la UBA el 30 de julio de 1996, en ocasión del I Congreso Internacional de Educación.

El joven investigador va reconociendo, por momentos con angustia, desilusiones y sentimientos de frustración, que la investigación no es un proceso lineal, sino, por el contrario, es un proceso dialéctico en espiral de idas y vueltas constantes que va del campo al escritorio y del escritorio al campo para volver al punto de partida, pero enriquecido. No siempre este tránsito es placentero, hasta que se aprende a "amarlo" y a gozarlo. Muchas veces se debaten frente a la necesidad de reajustar su diseño por la sorpresa del descubrimiento de lo desconocido al sumergirse en el "barro de la realidad"; al darle voz a esa realidad.

4. La complejidad que asume el compromiso social del investigador y las acciones de extensión o de transferencia considerando su estatus epistemológico en la construcción del conocimiento científico

Con respecto a este rasgo de complejidad, afirma Boaventura de Sousa Santos (2006):

> Debemos superar la epistemología positivista que afirma que la ciencia es independiente de la cultura. Debemos ser objetivos, pero no neutros. La objetividad supone que tenemos metodologías propias de las Ciencias Sociales para tener un conocimiento riguroso y que nos defienda de dogmatismos; y, al mismo tiempo, vivimos en sociedades muy injustas en relación a las cuales no podemos ser neutrales. (De Sousa Santos, 2006)

Este posicionamiento implica una profunda intencionalidad política –no partidaria– y una clara elección en la tensión planteada brillantemente por el sociólogo Norbert Elias (1990) en su libro *Compromiso y distanciamiento.*

> Los científicos sociales no pueden dejar de tomar parte en los asuntos políticos y sociales de su grupo y su época, ni pueden evitar que estos les afecten. Además, su participación personal, su compromiso, constituyen una de las condiciones previas para comprender el problema que han de resolver

como científicos. [...] Así, pues, este es el problema con el
que se topan todos los que estudian este o aquel aspecto de
los grupos humanos: ¿Cómo es posible mantener inequívoca
y consecuentemente separadas ambas funciones, la de participante y la de observador? ¿Cómo pueden los científicos
sociales, en tanto que conjunto profesional, establecer en su
trabajo científico el predominio indiscutido de las funciones
del observador? (Elias, 1998: 28)

Su perspectiva reafirma que la participación social, el
compromiso del investigador, constituyen una de las condiciones previas para abordar y comprender el problema
que han de resolver como científicos; más aún, les permite
formular preguntas relevantes.

No existe investigador en abstracto ni investigación en
abstracto: es una *práctica situada* en un contexto histórico,
socioestructural e institucional concreto. Su intencionalidad esencial es la construcción de conocimiento científico
sobre la realidad social en respuesta a problematizaciones
sobre los hechos sociales que la componen.

En este sentido, la transferencia puede constituirse
en un componente en la construcción del conocimiento
científico. Puede ser nutriente de iniciación de un proceso
investigativo al estimular la emergencia de nuevas preguntas y supuestos, o bien devenir en un valioso espacio de
validación. De esta forma, las actividades de investigación
y transferencia, no pueden ser consideradas como etapas
lineales, aisladas, sino en diálogo y siempre tejiendo un
vínculo orgánico entre ambas. En otras palabras, las actividades de transferencia asumen un estatus epistemológico
de relevancia en el proceso de construcción del conocimiento científico.

5. La complejidad que asume la validación de los resultados

Los aspectos que hacen a la complejidad de la naturaleza de
hacer ciencia de lo social expresados más arriba demanda
formas y procedimientos de evaluación del proceso y de los

resultados de una investigación no convencionales que tras-
cienden, por tanto, los recursos estadísticos de todo "test"
de confiabilidad y validez.

Por ejemplo, en las perspectivas de investigación social
cuya intencionalidad ha sido y es interpretar y comprender el fenómeno en estudio a través de la elaboración de
nuevos esquemas conceptuales, su validación reside, fundamentalmente, en la seriedad y rigurosidad del proceso de
construcción de dichos esquemas conceptuales y en la fertilidad teórica de los mismos. Para esta validación, se trabaja
con nuevos procedimientos y espacios de validación tales
como la saturación, la historia natural de la investigación,
los espacios de intervención y de transferencia.

Asimismo, cuando se introduce el objeto investigado en
la toma de decisiones de la investigación acción participativa, se elaboran procedimientos de validación no convencionales orientados hacia el análisis de la objetivación y de
la apropiación por parte del grupo, del proceso y producto
de la investigación, así como de su crecimiento en la capacidad y creatividad de participación y organización social.
Estos procedimientos abarcan la historia natural y colectiva
de la investigación, las evaluaciones grupales, las instancias participativas de retroalimentación, como situaciones
de "triangulación *in situ*", los espacios de intervención y de
transferencia, entre otros.[5]

---

[5] Las instancias de retroalimentación son instancias de trabajo colectivo de
todos los participantes de la investigación, que tal como su nombre lo indica
implica analizar el proceso y producto de la investigación realizada o reali-
zándose con una visión crítica que enriquezca tanto el proceso de investigación como sus resultados. Son espacios de convergencia de diferentes fuentes de información que posibilitan la construcción y validación del
conocimiento. Pueden ser consideradas como situaciones de "triangulación
metodológica *in situ*" en la medida en que estamos combinando diferentes
nutrientes de información y conocimiento en el estudio del mismo fenómeno en un espacio de diálogo "vivido". La posibilidad de construir el objeto
de estudio, de lograr una nueva objetivación colectiva de la realidad, está
dada en la articulación de dos modos diferentes de conocer –el conocimien-

¿Cómo enfrentar este desafío de la complejidad de la naturaleza de la investigación de lo social en cuanto, especialmente, a traspasar la díada cuantitativa-cualitativa? A través de la introducción del concepto vertebral de *modos de hacer ciencia de lo social.*

Estos aspectos que hemos considerado para perfilar lo que hace a la complejidad del hacer ciencia de lo social y de la formación en investigación se traducen en diferentes perspectivas de la investigación social que se denomina "pluralismo metodológico".

Varias son las denominaciones que buscan distinguir en ciencias sociales las diferentes perspectivas de este pluralismo cuyo debate no es pertinente a este artículo. Sí es importante mencionar qué conceptos introducimos y cómo respondemos al desafío científico y pedagógico que este pluralismo nos plantea.

Hace ya tiempo que estamos trabajando con nuestros equipos de docencia e investigación el concepto de modos de hacer ciencia de lo social para nominar a las diversas resoluciones de la práctica investigativa en el ejercicio cotidiano del oficio del investigador social, en la cocina de la investigación; *buscando la superación de la poca fértil teórica y empíricamente de la díada cuantitativa-cualitativa.*

Cuando hablamos de diferentes modos de hacer ciencia de lo social, nos referimos no solo al uso de diferentes técnicas de obtención y análisis de información empírica o a una mera distinción entre utilizar números o cualidades para representar los fenómenos sociales, sino a *diferentes maneras de pensar o concebir el "hacer" ciencia de lo social, la práctica de la investigación social en el ejercicio cotidiano del oficio del investigador, superando la poca fertilidad teórica y empírica de la denominación investigación cuantitativa o investigación cualitativa.* La cuestión no es tan simple ni tan dicotómica,

---

to cotidiano (la experiencia vivida y procesada de los participantes) y el conocimiento científico– en ese espacio de "triangulación *in situ*" que se logra en las sesiones de retroalimentación.

encierra una mayor complejidad: se trata de perfiles de lógica de investigación diferentes que se apoyan en concepciones epistemológicas diferentes y que se traducen en diferentes cocinas de investigación.

Trabajar desde esta perspectiva implica, entre otros aspectos:

a. Diferentes maneras de *amasar* nuestras *materias primas* de un *corpus teórico* y de un *corpus empírico*

b. Diferentes maneras de relacionar un sujeto que investiga con un objeto social investigado.

c. Diferentes intencionalidades en la construcción del objeto científico.

d. Diferentes estrategias metodológicas, es decir, diferentes conjuntos de procedimientos para determinar los caminos conducentes a la construcción del objeto científico.

e. Diferentes maneras de concebir el lugar de las acciones de transferencia y de extensión, tanto en el diseño como en el desarrollo de la investigación misma.

f. Diferentes procedimientos de validación de los procesos y resultados de la investigación social.

Por tanto, nuestra concepción de la metodología de investigación social coincide con lo enunciado por Bourdieu, Chamboredon y Passeron (1980):

> Al llamar metodología, como a menudo se hace, a lo que no es sino un decálogo de preceptos tecnológicos, se escamotea la cuestión metodológica propiamente dicha, la de la opción entre las técnicas (métricas o no) referentes a la significación epistemológica del tratamiento que las técnicas escogidas hacen experimentar al objeto y a la significación teórica de los problemas que se quieren plantear al objeto al cual se las aplica. (Bourdieu, Chamboredon y Passeron, 1980: 60)

Esta cita nos conduce a la formulación de uno de los enunciados claves de nuestras decisiones científicas y didácticas: la *importancia de la fundamentación epistemológica, teórica, lógica y metodológica de los diferentes modos de hacer ciencia de lo social y, por ende, de su puesta en acto en la cocina de la investigación.* Los autores mencionados lo señalan claramente en sus referencias a las técnicas de obtención y de análisis de información empírica como teorías en acto; tanto teorías del conocimiento sobre el objeto como teorías sobre la naturaleza del objeto.

Siguiendo la conceptualización de Kuhn (1988) respecto del concepto de paradigma en tanto conjunto básico de presupuestos asumidos por una disciplina científica en un particular momento histórico, reconocemos que para *comparar* paradigmas se requiere un detallado estudio de sus componentes vertebrales (Rigal y Sirvent, 2017)[6]. A la luz de nuestras experiencias en el oficio de investigador, distinguimos para ello las dimensiones epistemológica, teórica, lógica y metodológica de los paradigmas a efectos de comprender y sustentar los diferentes modos de hacer ciencia de lo social. A continuación presentaremos brevemente las nociones de dimensión epistemológica, teórica, lógica y metodológica.

La dimensión epistemológica

Se refiere a las condiciones generales de producción de conocimiento científico, en cuanto actividad humana que pretende relacionar un cognoscente con un cognoscible. Enuncia, por lo tanto, los supuestos básicos acerca de la

---

6   En trabajos anteriores de los autores fue señalado que la comparación entre paradigmas requiere el estudio de sus principales componentes, tales como: la problemática principal o preguntas esenciales formuladas por cada paradigma, sus presupuestos teóricos, sus conceptos claves, el camino utilizado para seleccionar evidencias y para su validación, así como sus consecuencias para la acción social. La identificación de dichos componentes ha sido parte de las nutrientes para construir las dimensiones epistemológica, teórica, lógica y metodológica de los paradigmas.

naturaleza del objeto de la ciencia, de la producción de conocimiento científico sobre dicho objeto, de los propósitos del conocimiento y de la relación sujeto-objeto en el proceso de producción de conocimiento.

La dimensión teórica

Propone una perspectiva de análisis de la realidad. En el proceso de investigación, la dimensión teórica remite al marco de referencia teórico que habitualmente incluye conceptualizaciones de diferente nivel de complejidad y perfila la naturaleza teórica atribuida al objeto en estudio.

La dimensión lógica

Trata de los postulados claves, vertebrales, que orientan la *producción de la investigación científica.* Se refiere fundamentalmente a las concepciones básicas que se manifiestan en el proceso de confrontación de un corpus teórico con un corpus empírico y en el modo como se resuelve en la práctica la relación entre un sujeto que investiga con un objeto investigado y la intencionalidad atribuida a la intencionalidad en la producción del conocimiento científico.

Los supuestos o postulados que conforman la dimensión lógica de cada paradigma son conceptualizados acá en términos de dualidades que denominamos *pares lógicos* (Samaja, 1992). Se refieren a los siguientes ejes dilemáticos: deducción-inducción, verificación-generación de teoría, explicación-comprensión, generalización-fertilidad teórica, objetividad-subjetividad, contemplación-emancipación.

La denominación pares lógicos pone su acento en las dicotomías o dualidades antes mencionadas, no en términos de un "versus" o confrontación excluyente sino en el sentido de un énfasis puesto en uno de los términos de cada dualidad que va marcando las decisiones del investigador en lo que hace a la *lógica de investigación* predominante su "cocina de la investigación".

El acento puesto en uno de los términos de una dualidad no impide la posibilidad de una articulación dialéctica con el término opuesto en determinado momento de la investigación. Como señalan Strauss y Corbin, por ejemplo, el pensamiento inductivo y el deductivo pueden ser ambos parte de un proceso analítico (Strauss y Corbin, 2002).

La dimensión metodológica

Trata de la organización lógica de una secuencia de pasos y recaudos que constituyen garantías para la producción científica de conocimiento. Su finalidad es la *traducción* de los postulados claves de cada lógica de investigación en un conjunto de procedimientos que hacen a la obtención y análisis de la información empírica en la producción del conocimiento científico.

Cada decisión metodológica, cada elección que el investigador realiza en la cotidianeidad de su práctica investigativa, supone un énfasis y una dialéctica entre los términos de cada uno de los ejes que conforman los pares lógicos presentados más arriba como parte de la dimensión lógica del paradigma correspondiente.[7]

La tradición positivista, la hermenéutica y la teoría social crítica en su concepción sobre el hecho social y sobre el proceso de construcción del conocimiento científico van dando cuenta de un perfil diferenciado de cada uno de los modos de hacer ciencia de lo social que hemos denominado: modo verificativo, modo de generación conceptual y modo de praxis participativo.

El *modo verificativo* se asienta en la dimensión epistemológica del paradigma positivista en las ciencias sociales, que sostiene la preeminencia del modelo científico de las ciencias físico-naturales como único camino válido para la construcción del conocimiento científico. La denominación

---

7 Usamos la palabra "énfasis" para remarcar la relación dialéctica entre los términos de cada eje a lo largo de los momentos de una investigación.

de modo verificativo expresa la centralidad de la noción y de los procesos de raciocinio deductivo orientados hacia la verificación de hipótesis previas sobre relaciones causales específicas entre variables, conducentes a explicaciones de causa y efecto de validez universal, generalizables estadísticamente a partir de una muestra estadística representativa de un universo mayor. La función de la teoría es proveer el andamiaje conceptual que sirva de base para la construcción de un sistema proposicional conducente a la determinación de variables medibles y de hipótesis de relación también medibles que –teniendo en cuenta la importancia atribuida a la medición– fundamenta como primer postulado de su lógica de investigación al llamado *modelo de variables*. La función de la empiria es ofrecer el terreno necesario para la aplicación de instrumentos de medición y de experimentación científica. Este modelo –que tiene relación directa con la lógica experimental propia de la metodología positivista– es usado también para hacer entendible la relación entre dos variables (independiente y dependiente) a través de la introducción de variables adicionales (intervinientes). En cuanto a la relación sujeto-objeto de investigación, se plantea como parámetro deseable una relación de *externalidad* del sujeto que investiga en relación con el objeto investigado, a fin de evitar *el sesgo* de la implicación subjetiva y/o del vínculo cercano con el objeto estudiado.

El *modo de generación conceptual* se inscribe en la dimensión epistemológica del paradigma hermenéutico. La tradición hermenéutica en ciencias sociales sostiene, en oposición al positivismo, la especificidad del mundo de lo social. Asume su naturaleza como propia y distinta a la de los objetos físicos y naturales. El hecho social es concebido como una estructura de significados que se construye en las situaciones de interacción social productoras de sentido. Se opone al monismo metodológico y defiende la necesidad de una metodología propia para estudiar los fenómenos sociales. Busca una aproximación comprensiva de los hechos singulares en su peculiaridad e inserción sociohistórica y no leyes de validez universal de carácter causal. Se adjudica, entonces, la importancia de la subjetividad en la construcción social de la realidad y niega la neutralidad científica. Supone el reconocimiento de la implicación, a partir del cual el sujeto investigador reconoce su involucramiento en la vida del investigado. En inglés se designa a esta postura del investigador con la palabra *indewelling*[8]. La función de la teoría previa es orientadora en la búsqueda en terreno de la evidencia empírica que apoye la emergencia de nuevas preguntas y de nuevos conceptos que den cuenta de los significados que los actores atribuyen a los hechos de su entorno cotidiano a lo largo del proceso inductivo. La función del trabajo en terreno es constituir la nutriente de la base empírica para la emergencia de conceptos. La denominación de modo de generación conceptual expresa la centralidad de los procedimientos de construcción de categorías que dan cuenta de la descripción y comprensión del hecho social investigado, en términos de los significados atribuidos por los actores a los fenómenos de su entorno cotidiano. Los resultados buscados son esquemas conceptuales con pretensión teórica que den cuenta de fenómenos complejos; esquemas de categorías conceptuales que no pretenden ser generalizables estadísticamente, sino fértiles teóricamente para describir e interpretar el caso en estudio y ser transferibles a otros casos. Su validación reside en la seriedad y rigurosidad del proceso de construcción de dichos esquemas conceptuales y en la fertilidad teórica de los mismos.

---

[8] En inglés se designa a esta postura del investigador con la palabra *indewelling* que significa, literalmente, "vivir adentro de", para hacer referencia al necesario posicionamiento de "meterse dentro" del objeto investigado para una comprensión profunda de la trama de significados con que estructura y otorga sentido a su realidad. Este "meterse dentro" supone un acto reflexivo por parte del investigador; un meterse y salir para la toma de distancia del pensar reflexivo y científico. Supone el reconocimiento de la implicación, a partir del cual el sujeto investigador reconoce su involucramiento en la vida del investigado. Ver Maykut, Pamela; Morehouse, Richard (1994). *Beginning Qualitative Research A Philosophic and Practical Guide.* London: The Falmer Press.

Finalmente, el *modo de praxis participativo,* basado epistemológicamente en el paradigma de la teoría social crítica, tiene su anclaje en la centralidad de los procesos de participación real[9] del objeto de estudio en las decisiones de la investigación y en la construcción colectiva del conocimiento científico que apunta a la transformación de la realidad. La denominación de modo participativo expresa la centralidad del desarrollo de instancias, mecanismos y formas de trabajo que les permitan a todas las personas comprometidas –investigadores, líderes de las organizaciones comunitarias, población de la comunidad– ser parte en las decisiones de los diversos momentos de la investigación. La noción de praxis, en tanto concepto vertebral de la dimensión epistemológica del pensamiento crítico, asume que el ser humano solo conoce en cuanto crea y transforma la realidad. Este enunciado conlleva en sí mismo la ruptura de un posicionamiento contemplativo tanto por parte del sujeto como del objeto de conocimiento. Concibe entonces la relación sujeto-objeto en el proceso de producción del conocimiento científico como una relación dialéctica de activa transformación mutua que presupone un compromiso activo del objeto de conocimiento en la construcción colectiva de conocimiento científico. La función de la teoría supone una construcción dialéctica del saber a partir de la complementariedad en tensión permanente de diversos saberes (el saber científico, el saber cotidiano) pero *procesada en clave crítica* como instancia superadora de conocimientos preexistentes. Coherente con la concepción epistemológica del proceso científico centrado fundamentalmente en la noción de ciencia emancipadora y del conocimiento científico como instrumento para una praxis social de transformación hacia una sociedad más justa, el modo participativo

---

[9]   La participación real ocurre cuando los miembros de una institución o grupo, a través de sus acciones, inciden efectivamente en todos los procesos de la vida institucional y en la naturaleza de las decisiones. Sirvent, María Teresa (2008). *Educación de adultos: investigación y participación. Desafíos y contradicciones.* Segunda edición ampliada. Buenos Aires: Editorial Miño y Dávila.

se caracteriza por una lógica de investigación cuyos postulados vertebrales suponen rupturas epistemológicas importantes en relación con los modos de hacer ciencia de lo social presentados anteriormente.

El trabajo con los jóvenes investigadores en formación, en torno a los modos de hacer ciencia de lo social, busca que estos perciban con claridad que cada decisión en el oficio del investigador se fundamenta en diferentes concepciones epistemológicas de la sociedad, del hecho social, de la manera de concebir el hacer ciencia de ese hecho social y en diferentes postulados de una lógica de investigación que orientan la producción de la investigación científica y, por tanto, diferentes parámetros y procedimientos de evaluación.

Estas especificidades se traducen en resoluciones metodológicas diferentes que implican diversas maneras de resolver las decisiones claves en el proceso de investigación desde la construcción de sus diseños, a saber:

- La formulación del problema o de la pregunta o las preguntas al objeto de investigación.
- Los caminos previstos de acceso al conocimiento remarcando "el amasado" teoría-empiria.
- El tipo o naturaleza de los resultados que se buscan obtener.
- El rol del investigador, fundamentalmente en lo que hace a su implicación en el contexto/objeto de investigación.
- Los procesos de validación, de la verdad científica de los resultados obtenidos.

Reflexiones finales

Por último, deseamos expresar y compartir con los jóvenes investigadores nuestra convicción de que el arte y la ciencia se mancomunan desde diferentes perspectivas. Mediante metáforas, el arte puede ilustrar el camino y la producción de la ciencia. Asimismo, arte y ciencia se articulan por el carácter epistémico de las expresiones artísticas. Este es el sentido del arte que nos trasmiten los artistas cuando expresan que "el teatro piensa" (Dubat, 2005). O bien que "el poder de la danza, el poder de todo lenguaje artístico, no consiste en dominar mentes o en imponer criterios, sino precisamente en todo lo contrario, en abrir la inteligencia hacia nuevos modos de comprender la realidad con los permisos de la libertad" (Hera, 2007).

La práctica de investigación tiene un importante *componente artesanal* y la estrategia para enseñar los oficios artesanales siempre ha sido *aprender haciendo*.

¿De qué otra manera puede el investigador comunicar la emoción de la entrada al campo, la emoción de aprender de esa nutriente privilegiada que es "la voz de la realidad", la pasión por embarcarse en un viaje de descubrimiento, las decisiones de cambios de rumbos no esperados y finalmente la alegría de comprender un fenómeno y lograr una respuesta que con seguridad está colmada de nuevas preguntas? La ruta de la investigación científica demanda recorrerla con la vibración que nuestro espíritu y nuestro cuerpo experimentan al sentir la fuerza creadora y el impulso fundamental de nuestra libido puesta al servicio del acto productor de conocimiento.

Mariano Levin (1998) nos dice:

> Frecuentemente se olvida al científico cuando se habla de creadores. Sin embargo, en la antigüedad y hasta el siglo xviii, artista y científico podían coincidir en la misma persona. [...] Nadie pone en duda que la creación artística pertenece al campo de la cultura. Pero existe cierta dificultad en considerar a la ciencia como una actividad creadora, incluida en la esfera de lo cultural. Es extraño porque lo artístico y lo científico comparten un elemento fundamental: la libertad y el placer de ejercerla. (Levin, 1998: 12)

Referencias bibliográficas

Adorno, Theodor W. Sobre la lógica de las ciencias sociales. En: Popper, Karl R., et al. *La lógica de las ciencias sociales.* México: Editorial Grijalbo S.A, 1978. Pp. 29-46.

Autores desconocidos. Declaración. Pour un mouvement Slow Science 2012.

Bachelard, Gastón. *La formación del espíritu científico.* Buenos Aires: Siglo XXI, 1976.

Bourdieu Pierre; Chamboredon Jean-Claude; Passeron Jean-Claude. *El oficio de sociólogo. Presupuestos epistemológicos.* México Siglo veintiuno editores. 1980.

Comitas, Lambros. Con Itaca en mi pensamiento. La odisea de un antropólogo. *Revista del Instituto de Investigaciones en Ciencias de la Educación.* Buenos Aires, Año X, n 19, pp.66-74, marzo 2002.

Dewey, John. *Lógica Teoría de la Investigación.* México: Fondo de Cultura Económica, 1950.

De Sousa Santos, Boaventura. *Renovar la teoría crítica y reinventar la emancipación social.* Buenos Aires: CLACSO, 2006.

Dubatti, Jorge. *El teatro sabe. La relación escena/conocimientos en once ensayos de Teatro Comparado.* Buenos Aires, Ed. Atuel, 2005.

Elias, Norbert. *Compromiso y distanciamiento.* Madrid, Editorial Península. 1990.

Heras, Guillermo El poder oculto de la danza (un pequeño panfleto). En *Revista Danza, Cuerpo y Obsesión.* México: n.o 7, pp. 4-5 feb-abr 2007.

Levin, Mariano, El científico como un artista. *Diario Perfil,* Buenos Aires, p. 12 9 Mayo 1998

Mardones, José María. *Filosofía de las ciencias humanas y sociales. Materiales para una fundamentación científica.* Barcelona: Anthropos, 1991.

Maykut, Pamela; Morehouse, Richard. *Beginning Qualitative Research A Philosophic and Practical Guide.* London: The Falmer Press 1994.

Monteverde, Ana Clara. Enseñar a investigar en la universidad. Propósitos, Desafíos y Tensiones en la formación metodológica de posgrado: la experiencia de la Maestría en Salud Mental de la Facultad de Trabajo Social de la UNER. En *Formación de posgrado en Salud Mental. Una experiencia de 20 años en la universidad pública argentina.* Entre Ríos, Argentina: Universidad Nacional de Entre Ríos Argentina, 2015.

Reinchenbauch, Hans. *Experience and prediction.* Chicago: Chicago University Press, 1938. Pp. 6-7.

Rigal, Luis; Sirvent, María Teresa. *Metodología de la Investigación Social y Educativa: Diferentes caminos de producción de conocimiento.* Buenos Aires, Argentina, 2017. Manuscrito en vías de revisión.

Sirvent, María Teresa *Universidad, Ciencia e Investigación: contradicciones y desafíos del presente momento historico en Argentina.* Pensar la Ciencia – I Boletín de la Bublioteca del Congreso de la Nación, Buenos Aires, n.o 121, p. 9-27, sep 2003.

_____, *Educación de adultos: Investigación y Participación. Desafíos y Contradicciones.* Segunda edición ampliada. Buenos Aires: Editorial Miño y Dávila, 2008.

_____, *La naturaleza de las ciencias sociales y las humanidades y el desafío de las políticas científicas* En: Ciclos de Conferencias organizado por la Escuela de Posgrado de la Facultad de Filosofía y Letras de la Universidad de Buenos Aires. Oct 2012. Disponible en: https://bit.ly/2KAb5nn

Módulo IV.
La enseñanza de la metodología en ciencias sociales

Cinco desafíos contemporáneos sobre la enseñanza de la metodología en las ciencias sociales en Venezuela y en Latinoamérica

MAURICIO PHÉLAN C.

En primer lugar, un agradecimiento y reconocimiento a la *Red Latinoamericana de Metodología de las Ciencias Sociales* (REDMET) y a los organizadores del *V Encuentro Latinoamericano de Metodología de las Ciencias Sociales* (ELMeCS) por todo el apoyo recibido y por hacer posible el quinto evento. La experiencia de los ELMeCS ha sido enriquecedora para nuestra región al presentar la posibilidad de encontrarnos en términos personales cada dos años y en términos virtuales cada vez que lo consideramos útil y necesario. Es un recurso invalorable para el ejercicio de una ciencia social responsable y comprometida con la región latinoamericana.

En segundo lugar, con relación al conversatorio, su sugestivo título lleva, de manera inicial, a plantearse dos preguntas orientadoras: ¿qué significa enseñar métodos en ciencias sociales en Latinoamérica y en el presente contexto?, y ¿qué ha significado la REDMET en la enseñanza de los métodos en CCSS?; ¿cuál ha sido el aporte de la REDMET a modo personal y colectivo? Las respuestas que aquí se presentan y por consiguiente sus líneas son el producto de la experiencia docente en temas metodológicos, especialmente en aquellos con enfoque cuantitativo, tanto en el pregrado como en el posgrado. La orientación y seguramente el sesgo de lo expresado a continuación estará, en consecuencia, marcado por ese camino.

La respuesta para las dos preguntas orientadoras se estructura y expone en cinco desafíos contemporáneos.

El *primer desafío* consiste en enseñar tanto métodos como cualquier otra materia en un marco de libertades restringidas, es decir, en un contexto donde esté limitado el acceso a recursos, a medios de información, que obstaculicen la puesta en marcha de proyectos de investigación; en un contexto que imposibilite la simple elección del tema y el problema construido, con los enfoques y procesos que cada quien se sienta en condiciones de elegir. Enseñar métodos pasa por enseñar con libertad de elección y de oportunidades. En caso contrario, la enseñanza de los métodos se convierte en un reto y, a la vez, en un acto de resistencia contra la adversidad, cuando, por ejemplo, es difícil financiar salidas al campo, adquirir libros, asistir a eventos nacionales e internacionales, e incluso acceder al Internet.

Un aspecto clave en la dificultad impuesta por la falta de libertades y por la vulneración de derechos fundamentales es la elección por la creatividad, porque de eso se trata: de enseñar con pocos recursos pero con mucha imaginación. No obstante, si bien es un desafío local, debemos prestarle atención como región latinoamericana. Esto cobra especial importancia cuando toman posturas pluralistas frente a la existencia de la diversidad de métodos ante el monismo metodológico. La enseñanza pasa de la reproducción de normas y reglas de un método hegemónico, en algunos intuido como único, hacia un enfoque de pluralidad de métodos con diferentes posibilidades de integración.

Siguiendo a Wright Mills, lo que se trata de comunicar es impulsar la posibilidad de una artesanía intelectual sincera, original y sin pretensiones, en la que cada persona sea su propio metodólogo (Mills, 1974). En otras palabras, transmitir que la investigación en sociología, en ciencias sociales, es en líneas generales un ejercicio creativo, a la vez que dinámico, plural y, por ende, libre. Libertad de acción, libertad de pensamiento, de elección y de expresión, todo en un marco de responsabilidades sociales. La comunicación de la investigación como un ejercicio creativo resultado de la interacción entre valores e interés particulares con los valores y las necesidades de los otros, entendido como la sociedad a la cual nos debemos, constituye un desafío cuando las libertades y derechos fundamentales han sido o están amenazadas. La enseñanza de esta manera se concentra hacia la formación de un buen investigador pero a la vez de un buen ciudadano, un agente activo que interprete y comunique con responsabilidad y con ética, más que respondiendo a intereses de grupos o dogmas. En definitiva se trata del reto de reflexionar cuando existen amenazas o restricciones bien por parte del Estado o del Mercado, que vulneran el derecho a elegir, comunicar y transmitir.

¿Cómo avanzar en situaciones donde una política pública o una política de Estado condicionan la libertad de cátedra a los intereses de determinadas ideologías o de orden económico? El autoritarismo que se presenta con caras y códigos nuevos a los cuales debemos prestar atención, en especial en un proceso de formación que debe ser para fines humanos, me lleva a citar *in extenso* siete aptitudes que propone Martha Nussbaum para una educación humanista que promueva las libertades y el desarrollo humano para todas las personas con fines no mercantiles sino humanistas. Las siete aptitudes vienen al caso a propósito de la enseñanza de la metodología y sus métodos:

- La aptitud para reflexionar sobre cuestiones políticas que afectan a la nación, analizarlas, examinarlas, argumentarlas y debatirlas sin deferencia alguna ante la autoridad o la tradición.
- La aptitud para reconocer a los otros ciudadanos como personas con los mismos derechos que uno, aunque sean de distinta raza, religión, género u orientación sexual, y de contemplarlos con respeto, con fines en sí mismos y no como medios para obtener beneficios propios mediante su manipulación.

- La aptitud para interesarse por la vida de los otros, de entender las consecuencias que cada política implica para las oportunidades y las experiencias de los demás ciudadanos y de las personas que viven en otras naciones.

- La aptitud para imaginar una variedad de cuestiones complejas que afectan la trama de una vida humana en su desarrollo y de reflexionar sobre la infancia, la adolescencia, las relaciones familiares, la enfermedad, la muerte y muchos otros temas, fundamentándose en el conocimiento de todo un abanico de historias concebidas como más que un simple conjunto de datos.

- La aptitud para emitir un juicio crítico sobre los dirigentes políticos, pero con una idea realista y fundada de las posibilidades concretas que estos tienen a su alcance.

- La aptitud para pensar en el bien común de la nación como un todo, no como un grupo reducido a los propios vínculos locales.

- La aptitud para concebir a la propia nación como parte de un orden mundial complejo en el que distintos tipos de cuestiones requieren de una deliberación transnacional para su solución. (Nussbaum, 2012, 48-49)

El *segundo desafío*, de carácter sociodemográfico, está referido a la superación de la brecha generacional expresada, fundamentalmente, en el uso y manejo de las tecnologías. Brecha que está presente especialmente entre docentes que superamos la mediana edad, con vivencias y experiencias acumuladas, frente a estudiantes que posiblemente no completan dos décadas. En este caso el concepto de generación se hace, desde el sentido más sociológico del término, como el conjunto de personas que comparten las mismas experiencias sociales, los mismos acontecimientos y la construcción de las mismas subjetividades; sujetos que han compartido las mismas experiencias históricas. Experiencias o sucesos que pueden ser de diverso carácter como económico, político, tecnológico, así como también cultural. Las generaciones están definidas, además, no por un solo suceso, sino por un conjunto de sucesos o de acontecimientos, así como por un proyecto o destino común. Uno de los sucesos que más definen a las generaciones es el uso y manejo de las tecnologías. El presente es un momento signado por la imagen que busca desplazar a las palabras; la velocidad, al placer de la lentitud y la pausa; el *multitasking*, al ocio y la contemplación. Las nuevas generaciones conviven en diferentes contextos donde comparten o compiten en un mundo tecnológico en constante avance.

Enseñar los métodos de una generación a otra significa impartir y compartir más que conocimientos, saberes, herramientas, formas de pensar y reflexionar con creatividad y apertura. La manera de compartir como docente ha cambiado de manera radical desde hace 30 años cuando comencé con un par de tizas y un borrador a presentar los textos de Bourdieu, Passeron o Chamboredon, *El oficio del sociólogo*; o de Wright Mills, *La imaginación sociológica*, a las clases de hoy día. En el presente, en cada clase se debe lidiar o convivir con la presencia de las redes sociales, porque la forma de comunicación y de información de las generaciones más jóvenes ha variado de manera sustantiva en relación con generaciones más añejas. En temas más asociados a la práctica de la investigación, además de las redes, los procesos, las tareas y las actividades, se complejizan y, a la vez, se enriquecen con imágenes, grandes volúmenes de datos, el *big data* y *open data*: todo a tiempo real. El estudiante tiene una perspectiva diferente del mundo que la que tenemos algunos docentes de generaciones anteriores, y en buena medida fundamentada en un manejo complejo y multidimensional de la realidad.

Recientemente algunas universidades se plantearon cambios importantes en su manera de formar a las nuevas generaciones. Son universidades nuevas y abiertas a nuevos métodos de enseñanza que se adecúan a las nuevas tecnologías y formas de gerenciar el conocimiento. Ejemplo de ello es la escuela al revés de Salman Khan, Singularity University, o Coursera, entre varias iniciativas. Incluso herramientas de uso cotidiano, como YouTube, constituyen recursos ingeniosos para transmitir y compartir conocimiento. Dos casos concretos que sirven como ejemplos: enseñar el uso de una aplicación o programa de computación de estadística hace un par de décadas implicaba contar con algunos recursos como una buen sala de computadores, bases de datos y un buen proyector, además del programa con sus respectivos manuales. Muchos libros se escribieron para apoyar esta actividad docente. Hoy día, de manera gratuita, YouTube ofrece una diversidad de opciones para aprender algunos paquetes de estadística más conocidos, utilizando desde videos caseros hasta cursos de prestigiosas universidades. Una rápida búsqueda en YouTube arrojó que la oferta de cursos de Statistical Package for the Social Sciences (SPSS) para sus diferentes versiones es de 29 800 resultados, todos en castellano, y van desde cursos completos hasta videos con recomendaciones sobre alguna rutina del programa. Igualmente se presenta la búsqueda sobre Excel avanzado, la cual arroja 31 000 cursos en castellano. La búsqueda sobre cursos en métodos de investigación social arrojó 11 000 resultados. En el caso del Atlas.ti, un paquete para análisis de grandes volumen de datos textuales, se encontraron 3710 resultados de búsqueda. Si bien algunos de estos cursos son impartidos de manera individual, otros son difundidos por centros de estudio e incluso por algunas universidades.

Otro caso es el de Coursera, plataforma virtual desarrollada desde 2011 por la Universidad de Stanford, cuyo objetivo es brindar educación masiva a través del mundo, teniendo para ello una diversa oferta de cursos de una gama de universidades también conocidas y prestigiosas.[1] En la actualidad sobrepasa los 15 millones de usuarios. En el área de métodos la oferta está orientada principalmente

---

[1] Para mayor información ver y buscar en https://es.coursera.org/

a investigación cualitativa y cuantitativa, y estadística para ciencias sociales. Específicamente, en métodos y estadísticas para las ciencias sociales la oferta actual alcanza los 134 cursos. Hay cursos sobre la construcción de cuestionarios, cursos sobre procesamiento estadístico de grandes bases de datos, estadística con Excel, estadística con R, entre otros. La oferta asociada a los métodos cualitativos es aún mayor, y alcanza 801 asociaciones. La mayoría de la oferta está en inglés, los cursos en castellano son casi inexistentes, se encontró tan solo un curso de la UNAM sobre programación en R. La oferta que es identificada de manera genérica con la palabra clave "métodos", está orientada a los estudios de mercado.

En ambos casos los estudiantes pueden elegir dónde y cuándo tomar un curso específico. En el caso de Coursera está la opción de cancelar una módica suma a fin de obtener un certificado de la universidad que dictó el curso. Con la revisión de esta oferta de educación virtual, no se trata de hacer un fetiche sobre estos recursos tecnológicos, al contrario, la idea es reflexionar acerca de la manera de aprovechar las bondades de estos para poner énfasis en otros aspectos, como son la reflexión crítica, la interpretación y la adecuación de los medios a los fines. Si bien la mayoría de los videos son sobre técnicas y herramientas específicas, estos pueden constituir un complemento a lo dictado presencialmente en clase.

En cuanto a la captura de datos tanto numéricos, textuales, como de imágenes, se han experimentado también cambios significativos. Recursos gratuitos que facilitan la recolección de datos a través de la red han abierto posibilidades de estudios que rompen con las fronteras nacionales, al tiempo de abrir nuevas formas de acercamiento a la realidad social. Las posibilidades para hacer sondeo de opinión o estudios por encuesta a través del Internet son cada vez más comunes por su rapidez, costo y accesibilidad.

En este contexto de información y comunicación, surgen necesariamente algunos interrogantes. ¿Cómo actualizar la forma de comunicarse con unos estudiantes que poseen la envidiable capacidad de estar conectados en tiempo real a su *smartphone* mientras el docente expone algún aspecto epistemológico o algún enfoque metodológico?; ¿cómo aprovechar los recursos de información y enseñanza para reforzar otras áreas de conocimiento, para potenciar la interacción presencial con el estudiante?; ¿cómo actualizar los procesos de intercambio para que respondan a los retos de la sociedad actual?; ¿cómo complementar y utilizar de manera eficiente estos recursos tecnológicos para mejorar los procesos de captura de datos?; ¿cómo complementar la lectura de textos y documentos con los videos?; ¿cómo conservar el trabajo de campo –en la calle, en la comunidad, como escenario de la interacción– ante el mundo virtual?; ¿cómo enfrentar o hacer compatibles los procesos individuales tanto de formación como de investigación con procesos colectivos o de grupo?

No pocas veces me he preguntado si acaso estamos siendo testigos de la transición de la escuela presencial hacia la escuela al revés (*flipped school*) en la cual somos más orientadores o promotores de pensamiento, de reflexión, que transmisores de conocimientos. La enseñanza de la metodología debe atender esta realidad y ajustarnos a ella para aprovechar sus fortalezas, pero a la vez estar atentos a la fetichización de lo instrumental. Atentos también a los efectos de la saturación de datos y de la información; del desplazamiento de la realidad física por la realidad virtual; de la velocidad del tiempo real por la lentitud de la contemplación y la reflexión. La comunicación tiene más canales pero a la vez hay más competencia. Todo ello significa una vigilancia epistemológica sobre el surgimiento de nuevos obstáculos para la producción de conocimientos, pero también de oportunidades para el avance de la ciencia.

El *tercer desafío* es nuestra deuda pendiente en la región: la desigualdad socioeconómica. Desigualdad que tiene su expresión también en brechas educativas y tecnológicas, en el acceso a la información, en condiciones socio ambientales adecuadas, entre otras. En este caso me referiré en especial al hábitat como el espacio donde se desarrollan la mayor parte de las actividades fundamentales de la vida cotidiana, donde transcurre buena parte del tiempo vital de una persona.

Una condición típica en muchas ciudades latinoamericanas, sobre todo de las grandes ciudades, es la desigualdad y la informalidad expresada en fenómenos tales como los procesos urbanos no controlados o mejor conocidos como asentamientos precarios urbanos (favelas, barrios jóvenes, asentamientos populares, zonas precarias, entre otros epítetos), en la flexibilización del trabajo, en el mercado negro. En América Latina más del 80% de su población habita en ciudades. Una pequeña parte de la población, en zonas consideradas como rurales. De los que viven en las ciudades, un porcentaje importante habita en tugurios. De acuerdo con ONU-Hábitat, una de cada cuatro personas de Latinoamérica y el Caribe viven en tugurios o en asentamientos precarios. Los hogares en tugurios o asentamientos precarios se definen porque carecen de una o más de las siguientes condiciones: vivienda durable y segura; espacio vital suficiente, lo que se traduce en que no más de tres personas compartan un dormitorio; acceso agua potable y saneamiento adecuado; y tenencia segura para evitar desalojos forzados (ONU-Hábitat, 2012).

Dos imágenes nos sirven para entender mejor la realidad de la desigualdad urbana. Unos jóvenes conectados *on line* con universidades ubicadas a cientos de kilómetros, por una parte, y por la otra, un asentamiento precario de 500 mil habitantes sin servicio regular de energía eléctrica y con insuficiente servicio de agua. Dos caras de nuestra realidad: la de las tecnologías y la de los espacios conformados sobre una lógica difícil de abordar desde patrones y modelos convencionales. En la misma aula de clases, estudiantes con una formación y con capacidades similares a las de sus pares europeos o norteamericanos y otros jóvenes con apenas dinero para hacer fotocopias de libros y de artículos. Una brecha de recursos y de medios que limita la generación de capacidades de manera equitativa. ¿Cómo cerrar la brecha en términos de justicia, igualdad y equidad en la enseñanza de métodos y técnicas de investigación? ¿Cómo estrechar las diferencias entre las capacidades y oportunidades de estudiantes en condiciones sociales y económicas desiguales? Al mismo tiempo, ¿cómo no ser parte de la solución del problema y cómo afrontar el estudio de una realidad partida entre la formalidad capaz de reproducir las condiciones sociales, económicas, culturales y tecnológicas similares a los países más desarrollados, y la informalidad en condiciones precariedad, pobreza, inseguridad, pero también solidaridad, convivencia?

La enseñanza de la metodología consiste en orientar al estudiante a investigar, a trabajar en procesos tales como asumir una determinada postura epistemológica, elegir el marco teórico referencial más adecuado al problema seleccionado, hacer el diseño metodológico que mejor se adapte al tema y al problema de estudio y su contexto, apoyar la captura y procesamiento de datos o de información, el análisis, la interpretación y finalmente la presentación y difusión de los resultados; proceso de enseñanza que puede tomar diversas modalidades, pero de todas la que se hace sobre la práctica, basada en un ejercicio práctico, parece ser la que produce mejores resultados y mayores satisfacciones. Más aún si este ejercicio está asociado a un interés determinado de carácter laboral o académico. La estrategia de aprender haciendo es una buena elección tanto para el docente como para el grupo de estudiantes, pues se realiza con una dinámica participativa que suele ser enriquecedora. El ejercicio de aprender haciendo, si además se realiza incorporando saberes y experiencias de personas o comunidades parte del estudio, tiene un añadido importante; tomado de Adrián Scribano: "… anudando conocimiento y participación" (en Cohen, 2008: 88).

Este ejercicio de investigación con la incorporación de las personas y sus comunidades conocida como investigación participativa es común y de larga trayectoria en la tradición investigativa latinoamericana, y tiene como objetivo esencial la transformación de la realidad o la mejoría de las condiciones de vida de las personas o de las comunidades involucradas (Gabarrón *et al.*, 1994). La participación plena y activa de las personas es una condición y a la vez una oportunidad para complementar objetivos de formación, de investigación y de trabajo comunitario. Citando nuevamente a Scribano, encontramos que en la búsqueda de nuevas vías de hacer indagación, propone generar conocimiento *con-los-otros*, como un aporte de la universidad y, dentro de esta, de las materias de metodología de la investigación a los procesos de participación y construcción de acción colectiva (en Cohen, 2008).

Un país marcado por las desigualdades reclama, a veces con urgencia, una manera de aproximarnos con un enfoque que genere resultados efectivos para mejorar las condiciones de vida de las personas, en especial de las más vulnerables. Ese desafío, muchas veces enfrentado en el aula de clases, condujo a buscar respuestas en trabajos de campo desde perspectivas participativas y pluralistas. La respuesta fue el trabajo con estudiantes provenientes de ambas realidades en comunidades y en asentamientos precarios o tugurios. Concretamente, se optó por el trabajo como *censos comunitarios,* lo cual implicaba sus diferentes etapas, como son: el diseño, la administración, el procesamiento, hasta el análisis y difusión de los datos (Paredes, 2010; Phélan C., 2006). La experiencia de los censos comunitarios se lleva a cabo por la coincidencia de dos condiciones: una nacional y otra académica. En el contexto nacional se está viviendo la ebullición de un conjunto de políticas públicas llamadas por el gobierno venezolano *Misiones Sociales*. Estas misiones tienen como objetivo atender la población de menos recursos en materia de salud, vivienda, educación, tenencia de la tierra urbana. Por su parte, en el contexto académico, en la universidad, el ejercicio se da en el marco de la *Ley del Servicio Comunitario*, la cual consiste en la realización de un trabajo de 120 horas de carácter solidario y recíproco, en una comunidad seleccionada, como requisito para la obtención del título universitario; entendiendo que la comunidad es el ámbito social, de alcance nacional, estatal o municipal, donde se realiza la actividad de la universidad (Ley de Servicio Comunitario del Estudiante Universitario, 2004).

Estas dos condiciones, las políticas públicas y la ley de servicio comunitario, prestaron la base para la conformación de un proceso de enseñar haciendo y de investigación participativa. La principal finalidad del proceso de enseñanza consistió en producir información sociodemográfica sobre tugurios sobre los cuales se dirigían las acciones y los recursos públicos, pero de las que se desconocía el tamaño y las características de sus respectivas poblaciones, a la postre, los beneficiarios.

Durante cerca de seis años varias cohortes de estudiantes aprendieron con la integración de métodos cuantitativos y cualitativos lo que es la operacionalización del concepto, la conformación de variables, la confección de boletas censales, el procesamiento y el análisis de los datos, todo ello sobre la práctica. Vieron los resultados de su aprendizaje trabajando con vecinos. También procesaron e interpretaron información en reuniones vecinales. El proceso de aprendizaje incorporó las tecnologías, los mapas, los procesadores de datos para apoyar en la solución de problemas concretos de la vida real. Dice José Antonio Marina: "No hay inteligencia humana fuera de la sociedad" (Marina José, 2010: 28), y esto es perfectamente aplicable a esta experiencia de investigación y a los métodos seleccionados. Sumado a ello el trabajo en equipo, el trabajo en grupos, construyendo en conjunto en un proceso soportado sobre la idea de compartir más que de competir, generó un sentido positivo para la producción de soluciones y para el proceso de aprendizaje. La experiencia fue transformadora para los estudiantes en sus respectivas condiciones de clase. Para muchos trabajar en Tugurios fue su primera experiencia de carácter popular, permitió ver y sentir una realidad social que se veía en la distancia a pesar de ser parte de la misma ciudad. La enseñanza de la metodología adquirió otro sentido: para unos, más político y militante; para otros, más práctico; cada uno lo procesó desde sus propios valores e intereses. Para los vecinos, significó tener, al alcance de sus capacidades, información necesaria para el desarrollo de sus planes y mejoras. Tenían, más que diagnósticos comunitarios, saberes y capacidades construidas de manera colectiva que les permitió leer y comprender tanto los indicadores sociales como los mapas, con una visión de agencia, vale decir, de ciudadanía.

La enseñanza de la metodología en la región debe continuar en la búsqueda de caminos propios, más por la necesidad de responder a realidades y condiciones particulares que por la vanidad de hacer cosas diferentes. El caso puntual de los tugurios existentes con sus cientos de miles de habitantes en las principales ciudades y sus condiciones y características tanto físicas como culturales exige caminos creativos de hacer investigación, en especial, investigación comprometida con la construcción de un "nosotros" que rompa la perspectiva de "los otros". La enseñanza de la metodología, de los métodos y de las técnicas debe responder a las demandas de nuestra realidad compleja y dinámica para intentar dar respuestas interrogantes desde la desigualdad, la inequidad, la vulneración de libertades y derechos civiles y políticos, el extractivismo, entre otros problemas semipermanentes y emergentes.

El *cuarto desafío* se plantea en la enseñanza de la metodología en niveles y en contextos educativos distintos: en pregrado y en posgrado. En cada nivel las demandas e intereses son diferentes y, por ende, sus respuestas. Los requerimientos metodológicos difieren en función de las especialidades de cada posgrado, así como para el tipo de trabajo final de grado exigido por la institución; por ejemplo, las tesis, las tesinas, los informes de pasantía, los artículos indizados, entre otros. Cada trabajo presenta demandas distintas con procesos diferentes y con unas exigencias institucionales que no siempre coinciden con posiciones epistemológicas y metodológicas de los docentes y de los estudiantes. Coincidiendo con Barriga (2000), hay diferencias entre enseñar metodología en pregrado y enseñarla en posgrado. Acota el autor que la formación de pregrado está orientada principalmente hacia la capacitación en la lectura analítica y de ser posible crítica, hacia la elaboración de trabajos científicos y para el trabajo en equipo. También hay que agregar, para mostrar al estudiante los diferentes paradigmas existentes, como complemento a la formación teórica de base, en especial con relación a los clásicos de la sociología: Weber, Marx y Durkheim. Enseñar cómo investigar, agrega Barriga, puede ser prematuro en pregrado porque son pocos los programas que logran incorporar algún tipo de experiencia en la cual el estudiante desarrolle o participe en una investigación.

La formación de una metodología que responda a las preguntas cómo y por qué investigar está orientada para el posgrado (magíster y doctorado). La formación de investigadores debe concebirse como la formación de equipos de trabajo, repensándolo en términos de actores sociales colectivos (ibíd.). Esto último se traduce en la creación y fortalecimiento de líneas de investigación, las cuales deben estar asociadas o complementadas con programas de formación. Entendiendo que la formación de investigadores es una tarea de equipos y no una actividad aislada e individual, se trata de formar grupos de trabajo y de saber trabajar en estos grupos, muchos de los cuales estarán integrados por profesionales de diferentes disciplinas. Las líneas de investigación o los grupos de investigación son o deberían constituirse en el núcleo sobre el cual han de girar los programas de formación de cuarto nivel. En los cursos de doctorado el cursante tiene que insertarse en una línea de investigación. En otras palabras, incorporarse a un grupo de investigadores que por su práctica deben poseer enfoques, lenguaje y procesos construidos desde su práctica y que conforman un capital intelectual y tecnológico común.

Sin embargo en muchos cursos de ciencias sociales en la región –en especial de magíster– tanto en la malla curricular como en los requisitos para la elaboración de proyectos y de los trabajos finales de grado, aún está signado el positivismo metodológico. Se mantiene la idea de un diseño de investigación estándar, con independencia del objeto de estudio; postura que es defendida por árbitros y jurados en ocasiones de manera dogmática. El modelo de investigación hipotético-deductivo es el modelo exigido en la mayoría de los casos de manera explícita o no. Es común que la metodología de las ciencias sociales se asocie y se confunda con la metodología empírico analítica de investigación, asumida por muchos posgrados e institutos de educación como la concepción oficial del método, de la producción científica y su difusión. Por eso, siguiendo a Bourdieu: "A la tentación que siempre surge de transformar los preceptos del método en recetas de cocina científica o en objetos de laboratorio, solo puede oponérsele un ejercicio constante de la vigilancia epistemológica..." (1979: 16).

La vigilancia frente a la concepción oficial se traduce en muchos casos en dos acciones: rechazar tal posición y entrar en conflicto con la posición hegemónica del monismo metodológico con todas las implicaciones y consecuencias que ello trae; o aceptar la imposición oficial y tener que impartir el método exigido por la institución. Es el monismo metodológico institucional frente al pluralismo metodológico de la libertad de cátedra.

En ciencias sociales hay acuerdos, más o menos generales, de que el método, más que un solo y único camino, es un itinerario o un recorrido con diversos medios, con cambios y con ajustes. Esto es cada vez más aceptado en grupos multidisciplinarios o líneas de investigación integrado por investigadores de las ciencias sociales e investigadores de otras áreas del conocimiento como puede ser el caso de la biología, medicina, ingeniería, entre otros. Significa que la enseñanza de los métodos, desde una posición pluralista, debe hacerse partiendo de que no se están transmitiendo procesos cerrados y estandarizados, sino procesos creativos y flexibles, incluso cuando se trata de enseñar un paradigma tan rígido como el cuantitativo. Se trata de una formación en la cual la matriz epistémica oriente el método o los métodos, las técnicas y las herramientas que se van a utilizar. La matriz epistémica como es definida por Alejandro Moreno (1995) es la clave para comprender el modo de conocer en una comunidad científica determinada. La matriz epistémica es un sistema de condiciones del pensar, prelógico o preconceptual, generalmente inconsciente, que construiría la misma vida o el modo de ser (Martínez Miguélez, 2008). El método responde al objeto, al sujeto en su contexto cultural, geográfico y al enfoque teórico, porque cada estudio tiene o debe tener su método particular como diseño único, particular.

Sin embargo, aun cuando entre investigadores prevalece la idea de la pluralidad metodológica y de procesos de investigación creativos, resulta que para algunos programas de posgrado en ciencias sociales esto resulta difícil de digerir y, por supuesto, de adoptar. La malla curricular puede incorporar las diferentes opciones metodológicas, pero en las pautas para el proyecto y el trabajo final de grado se sigue reproduciendo el modelo metodológico cerrado y único; método que se asume como el paradigma normativo de hacer ciencia y, de manera particular, de presentar el trabajo final de grado. En una investigación sobre programas doctorales en Argentina, Piovani *et al.* (2012) encuentran que si bien se evidencia en la conformación de la oferta de formación metodológica un cierto escenario de pluralismo pragmático, esto no puede entenderse como la superación del debate cuantitativo-cualitativo o "guerra de los paradigmas" metodológicos. Además, acotan los

autores que se registran pocas referencias, en los programas
de las materias del área metodológica, a contenidos relativos a la articulación, combinación y/o complementariedad
metodológica. Citado en el mismo trabajo de Piovani *et al.*,
Gugliano y Roberts (2010) acotan que para el caso de la
formación de grado en Brasil, los enfoques pluralistas no
parecen estar bien posicionados por parte de los docentes, sino por tradiciones de organización curricular muy
arraigadas, estrategias didácticas y requerimientos de orden
formativo y pedagógico.

Aún es frecuente ver proyectos que son rechazados por
no tener hipótesis y un plan para su corroboración empírica. La superación de la dicotomía paradigmática entre lo
cuantitativo y lo cualitativo, o el pluralismo metodológico, parece no haber permeado entre las instituciones y sus
procesos. De alguna manera, la perspectiva monista sigue
manteniéndose como hegemónica en las prácticas pedagógicas de posgrado y en las normas y reglamentos de algunas
instituciones. Se mantiene la idea de que no hay ciencia o
en todo caso sus resultados son dudosos si no están respal-
dados por un modelo estadístico de docimasia de hipótesis.
La difusión de perspectivas metodológicas plurales y crea-
tivas es una tarea aún pendiente en determinados ámbitos
académicos de la región. Dice Martínez Miguélez:

> Es muy grande el daño que podemos hacer a nuestros estu-
> diantes por falta de actualización epistemológica y basándo-
> nos en una "racionalidad" endiosada (la diosa razón del siglo
> de las luces que, más que una auténtica razón, está constituida
> por hábitos y rutinas mentales. (2008: 24)

El *quinto y último desafío*, más que retos son recomendaciones, a propósito de lo expuesto en los párrafos anteriores, de complejidad, avances tecnológicos, de cambios
políticos y de desigualdades. El reto es la integración, el
intercambio y la producción de alcance regional. Si bien
compartimos momentos y espacios, intereses y gustos, la

comunicación y el intercambio se presentan aún como un desafío. Se trata de buscar mecanismos y recursos para avanzar un poco más lejos del intercambio frecuente por vía electrónica, a la posibilidad de proyectos de investigación en temas de interés común, diseñar y compartir cursos, elaborar productos y resultados también comunes.

A pesar de todas las críticas que se hacen a los *rankings* mundiales de universidades de manera general, nuestras universidades están muy lejos de alcanzar los estándares de innovación y producción de las universidades de Europa, Asia y Norteamérica. De manera similar, en mediciones sobre innovación, C&T, la mayoría de los países de la región ocupan posiciones relativamente bajas a nivel mundial.

El progreso o el bienestar de los países es el resultado de combinar muchos factores o dimensiones que van mucho más allá del crecimiento económico, de la productividad. El bienestar resulta de la combinación armoniosa, también, del incremento de oportunidades y derechos sociales y culturales, de la ampliación y mantenimiento de libertades y derechos civiles y políticos, de relaciones de respeto con el ambiente y de un impulso a la ciencia y tecnología. Los países de la región por razones históricas estamos imbricados y la garantía para alcanzar logros que beneficien a la mayoría de su población está sujeta, de alguna manera, a la cooperación entre sus instituciones. La formación y la investigación son dos elementos fundamentales en la lucha contra la desigualdad, contra el autoritarismo, contra las injusticias, contra la corrupción, entre otros rasgos del Maldesarrollo (Tortosa 2012), y estos dos elementos son en buena medida los que convoca la REDMET. Los convoca en tanto científicos sociales enfocados en los temas metodológicos en el sentido más amplio del término. Como afirma Martínez Miguélez (2008: 310):

> El problema radical que nos ocupa aquí reside en el hecho de que nuestro aparato conceptual clásico –que creemos riguroso, por su objetividad, determinismo, lógica formal y

verificación– resulta corto, insuficiente e inadecuado para simbolizar o modelar realidades que se nos han ido imponiendo, sobre todo a lo largo del siglo xx...

Para la REDMET los problemas y desafíos comunes se pueden resolver con la inteligencia compartida en comunicación. Es, de alguna forma, la función de una red construir una especie de capital comunitario, en este caso, de estudiosos de los procesos y diseños metodológicos. En palabras de Pierre Bourdieu es "... acumulación de recursos potenciales ligados a la posesión de una red duradera de relaciones". Y esta parece ser la clave para el futuro: la red duradera de relaciones. Hay necesidades comunes para las cuales se deben alcanzar respuestas también comunes. Se pueden mencionar tres temas en los que se merece explorar y reforzar acciones mancomunadas: investigación, formación y producción de documentos.

La investigación es una actividad consustancial con la docencia, ambas se complementan y se refuerzan, más aún cuando el objeto de estudio es el propio método, como es el caso de la red en la cual están convocados profesionales, docentes, investigadores de diferentes disciplinas y áreas de conocimiento. La investigación entre universidades o centros de investigación de diferentes países tiene un potencial y un impacto importante, en especial para enfrentar los retos de la región; por ejemplo, para la innovación, para dar respuestas al llamado a la integración de programas y cursos basados en el intercambio, tanto de docentes como de estudiantes en diferentes niveles y en áreas de formación y de investigación. La universidad latinoamericana debe buscar mecanismos de intercambio mediante acuerdos de cooperación y, en eso, la REDMET y cada uno de sus integrantes puede jugar un papel importante.

Como se mencionara arriba, las modalidades de formación se han abierto hacia plataformas y recursos virtuales de bajo costo o de libre acceso. Dentro de estas los temas metodológicos tienen una oferta considerable, la mayoría de la cual está en inglés (lo que no debería ser una limitante para tomarlo). La oferta en cursos y seminarios presenciales en la región en metodología no es amplia; de hecho hay pocos cursos de cuarto nivel sobre temas metodológicos. La formación y capacitación es una constante a la vez que una necesidad. Una recomendación y una oportunidad a considerar es la confección desde la REDMET de cursos, por ejemplo para la plataforma Coursera, con respaldo, además, de la red de las universidades que la conforman.

Si bien la producción de documentos se comparte ahora en mayor medida que antes, en parte gracias a su producción digital, aún tenemos temas pendientes. La REDMET ha sido una excelente plataforma con la que cuenta la región para producir y difundir publicaciones sobre diversos temas metodológicos sin ningún costo. Sin embargo, la revisión de muchos programas de métodos tanto de pregrado como de posgrado muestra que la mayoría de los textos de métodos utilizados son elaborados por autores de Estados Unidos y de Europa. La utilización de autores latinoamericanos, con producciones que en buena medida responden a nuestras realidades, sigue siendo limitada. Muchos de estos textos son editados localmente por las propias universidades y su distribución queda para el público local. Una recomendación a efectos de alcanzar una difusión masiva consiste en construir una suerte de repositorio de documentos y textos de metodología en formato digital que esté al alcance de quien lo requiera.

La REDMET debe ser, en resumen, un conjunto de soluciones –expuestas en documentos, encuentros e intercambios– que sus integrantes ofrecen para resolver y despejar problemas de la región y, en ocasiones, fuera de ella. Volviendo a J. A. Marina, cito, y con esto concluyo: "Los sociólogos actuales [...] consideran que el concepto de red es básico para comprender la realidad social, y que el análisis de las redes sociales es una herramienta fundamental para conseguirlo" (2010: 88).

Referencias bibliográficas

Barriga, O. A. (2000). El actor social que hace investigación. Reflexiones en torno a la enseñanza de la metodología. *Revista Venezolana de Economía y Ciencias Sociales*, vol. 6, n.o 2, pp. 27-35.

Bourdieu, P., Chamboredon, J. C. y Passeron, J. C. (1979). *El oficio de sociólogo. Presupuestos epistemológicos.* México: Editorial Siglo XXI.

Cohen, N. y Piovani, J. I. (Comps.) (2008). *La metodología de la investigación en debate.* La Plata: Editorial de la Universidad de La Plata.

Gabarrón Rodríguez, L. y Hernández Landa, L. (1994). *Cuadernos Metodológicos n.o 10. Investigación participativa.* Madrid: Centro de Investigaciones Sociológicas.

Ley de Servicio Comunitario del Estudiante Universitario (2004). Caracas: Comisión de Participación Ciudadana, Descentralización y Desarrollo Regional. https://bit.ly/2KW06YR.

Marina, J. A. (2010). *Las culturas fracasadas. El talento y la estupidez de las sociedades.* Barcelona: Editorial Anagrama.

Martínez Miguélez, M. (2008). *Epistemología y metodología cualitativa en las ciencias sociales.* México: Trillas.

Mills, W. (1974). *La imaginación sociológica.* México: Editorial Fondo de Cultura Económica.

Moreno, A. (1995). *El aro y la trama: episteme, modernidad y pueblo.* Caracas: Centro de Investigaciones Populares.

Nussbaum, M. C. (2012). *Sin fines de lucro. Por qué la democracia necesita de las humanidades.* Madrid: Katz Editores.

ONU-Habitat (2012). *Estado de las Ciudades de América Latina y el Caribe 2012. Rumbo a una nueva transición urbana.* Brasil: ONU.

Paredes, A. y Phélan C., M. (2010). Los censos comunitarios herramientas para develar las desigualdades. Experiencia de Nuevo Horizonte, parroquia Sucre, Caracas. *Revista Latinoamericana de Población RELAP*, año 2, n.o 3, p. 19.

Phélan C., M. (2006). Los Censos comunitarios. Un ejercicio inconcluso lleno de oportunidades. *Revista Venezolana de Análisis de Coyuntura*, vol. xii, n.o 2, pp. 149-174.

Piovani, J. I.; Rausky, M. E. y Santos, J. A. (2012). La enseñanza de la metodología en los posgrados universitarios de Ciencias Sociales de Argentina. *Memoria Académica de las Jornadas de Sociología de la UNLP*. La Plata, pp. 27.

Tortosa, J. M. (2012). *Desigualdad, conflicto, violencia. Cinco ensayos sobre la realidad mundial*. Ecuador: PYDLOS, Universidad de Cuenca.

La formación en investigación

Enseñanza y más

GLORIA CLEMENCIA VALENCIA GONZÁLEZ

En la contemporaneidad es reconocido y validado por las comunidades científicas y académicas que el trabajo con el conocimiento mediante la investigación, sea con fines de validación, revisión o generación de nuevo conocimiento, obedece a dinámicas de articulación entre teorías y conceptos, métodos/metódicas/metodologías, técnicas y herramientas desdobladas en modos, estrategias y lógicas donde confluyen tanto la naturaleza de tales conocimientos como el talante y el talento del investigador. En consecuencia, es un trabajo que exige formación y experticia en consolidación constante mediante la experiencia de los sujetos investigadores y, en ciencias sociales, de la relación con sujetos y fenómenos sociales en sus múltiples formas de expresión e interrogación.

En este amplio marco, la pregunta por cuáles son las implicaciones de la enseñanza de la investigación se expande al ámbito de la formación, en la medida que la formación investigativa de un sujeto implica la configuración intersubjetiva de visiones de mundo como referentes de problematización en espacio/tiempos específicos, desde los cuales organizar la enseñanza y el aprendizaje de la investigación. Desde esta perspectiva, la formación investigativa incluye la enseñanza de la investigación sin agotarse en ella.

Para desarrollar tal planteamiento, este texto se estructura alrededor de tres señales que, en su conjunto, plantean desafíos de humanidad, apertura e inteligencia viva derivados de adentrarse en las señales:

- Señal 1: La investigación es un ejercicio de y para la mente bien ordenada.
- Señal 2: La enseñanza y el aprendizaje de la investigación configuran una interrelación compleja.
- Señal 3: La enseñanza de la investigación exige un movimiento en clave de humanidad-sociedad-cultura.

Señal 1

La investigación es un ejercicio de y para la mente bien ordenada.
Investigar exige una mente bien ordenada, con aptitud para plantear problemas y para identificar los principios organizativos pertinentes a fin de tratarlos en el marco del caos y el orden característicos de la vida social, orientados a no investigar lo investigado o a investigar falsos problemas. Es este uno de los desafíos que ha planteado Morin (2000), como parte de la necesaria y urgente reforma del pensamiento para la pervivencia y transformación de la humanidad.

Desarrollar y potenciar estas aptitudes *exige* inteligencia general para configurar problemas particulares y aptitud integradora orientadora que facilite y guíe el establecimiento de relaciones, contradicciones, antagonismos y complementariedades sustentadas, argumentadas, tanto de los problemas de indagación como de los procesos formativos en los cuales se encuentran inmersos los sujetos que indagan.

En suma, un pensamiento capaz de tejer relaciones desde la localidad con sentido de humanidad, que se *desafía* por situar el conocimiento en contexto mediante una lectura inteligente de este, en la cual se establezcan relaciones entre:

datos, hechos, fenómenos e información, como sustrato de un trabajo con el conocimiento en pertinencia histórica, social y académica.

El dominio de estas aptitudes *facilita* encuentros y des-encuentros como parte de un espíritu científico que vincule cultura científica y cultura de las humanidades. De modo tal que la educación institucionalizada, del nivel superior/tercer ciclo, donde se realiza la formación investigativa ini-cial actual de la mayoría de investigadores permanentes (de oficio) u ocasionales, se despliegue acorde con los intereses y propósitos de la especie humana ecologizada, enlazada en tierra, en el universo y con otros seres.

En perspectiva de reforma del pensamiento, estas apti-tudes para plantear los problemas y para derivar los prin-cipios organizativos de su solución, permite proteger las interpretaciones del mundo cotidiano y los repertorios sim-bólicos que genera como orientadores de la acción indi-vidual y colectiva congruentes consigo mismos y con los colectivos de pertenencia y referencia en la cotidianidad, a fin de crear y salvaguardar identidades móviles y modos específicos de generar tecnologías y técnicas materiales y simbólicas orientadas a satisfacer aquello que considere sus necesidades.

En términos de la formación investigativa, dichas apti-tudes configuran un círculo virtuoso de trabajo con el conocimiento en tanto parte de ellas y apuntan a ellas en la introducción y consolidación de dominios expertos dis-ciplinares y transdisciplinares. Si, como plantean Muñoz y Riverola (1997), "el conocimiento solo puede residir dentro de un conocedor, una persona determinada que lo interiori-zará racional o irracionalmente" (p. 52), la formación inves-tigativa provee condiciones de acceso al conocimiento cien-tífico y su relación con otras formas de conocimiento, en tanto genera ambientes y dispositivos de enseñanza para el desarrollo de habilidades, hábitos, actitudes y valores pro-pios de la práctica llamada investigación, indican Moreno, Sánchez, Arredondo, Pérez y Klingler (2003).

En consecuencia, la formación investigativa en la contemporaneidad se mueve tanto en los dominios expertos del conocimiento científico estatuido como en las incertidumbres y cegueras propias de la ortodoxia de los métodos, de la radical separación entre ciencias y humanidades y de la subvaloración de formas de conocimiento consideradas no científicas. Dado que el conocimiento vincula al sujeto y la objeto de indagación, el sujeto aprehende del objeto y de sí mismo, con apertura de ciencias y disciplinas a otras ciencias y disciplinas, a la filosofía y a otros modos de conocimiento como reconocimiento de la multicausalidad de los fenómenos y de las múltiples opciones de abordaje o solución de los problemas.

Una mente bien ordenada plantea retos para la enseñanza de la investigación como punto de articulación y despliegue de la formación investigativa, en la medida que exige del enseñante dominio experto, amplitud de visiones de mundo, capacidad pedagógica y didáctica tanto como disposición para el aprendizaje. Desde esta perspectiva, la enseñanza de la investigación como práctica sistemática aborda el método como camino dado/dándose en la configuración de los objetos de indagación y sus reconstrucciones espacio/temporales en las cuales las aptitudes mencionadas se forman y, al mismo tiempo, se desdoblan en un pensamiento en redes (en relación) donde el método es justamente el camino, la estrategia y la lógica para el aprendizaje de tal pensamiento relacional. De modo tal que deviene en actitud hacia el conocimiento, la vida y la naturaleza misma.

En suma, se trata de la formación de un nuevo espíritu científico en la cual se apuesta por:

Favorecer la inteligencia general, la aptitud para problematizar, la puesta en relación de los conocimientos. Al nuevo espíritu científico habrá que añadir el espíritu renovado de la cultura de las humanidades [...] que favorece la aptitud de abrirse a todos los grandes problemas, la aptitud de reflexionar, captar las complejidades humanas, meditar sobre el saber e integrarlo en la propia vida para iluminar mejor correlativamente la conducta y el conocimiento de uno mismo. (Morin, 2001: 40)

Dada la magnitud y densidad del desafío, la formación del nuevo espíritu científico demanda revisar y renovar la mirada a la enseñanza y al aprendizaje de la investigación, sus implicaciones y sus demandas.

Señal 2

La enseñanza y el aprendizaje de la investigación configuran una interrelación compleja en términos de sus múltiples vinculaciones internas y de las ligazones que tienen en una actualidad saturada por modos industriales de agenciamiento educativo.

Al hilo de lo expuesto, la enseñanza y el aprendizaje de la investigación en el sentido de una mente ordenada deriva al menos en tres órdenes de asuntos: a) interrogar y revisar el planteamiento actual de algunos autores (Díaz Barriga, 2016, 2006) sobre trasladar la mirada al aprendizaje dado que el énfasis puesto históricamente en la enseñanza parece haber sido insuficiente; b) adentrarse en los estilos de enseñanza y de aprendizaje como una red de relaciones que demanda interpretación y comprensión, y c) examinar, refinar y orientar los dispositivos de enseñanza y aprendizaje explícitos e implícitos en coherencia con los análisis realizados.

Sobre el primer asunto –énfasis en el aprendizaje– parece plantearse una falsa disyuntiva: no se trata de la enseñanza o el aprendizaje, sino de la relación existente entre ellos como procesos que tejen múltiples hilos sobre escenarios, contenidos y establecimiento de posturas y nexos con el conocimiento y los vínculos entre sujetos, para generar ambientes de aprendizaje específicos y pertinentes según los objetivos propuestos y la pertinencia para los sujetos involucrados con el conocimiento, las formas y los métodos a tratar. En esa medida, el nudo del asunto se encuentra en que somos enseñantes y aprendientes mutuos. La direccionalidad de la relación es múltiple y no exclusiva y permanente en una única orientación: enseñante o aprendiente.

La enseñanza, de acuerdo con Pérez Gómez (1992: 81) se concibe como el proceso que

> ... facilita la transformación permanente del pensamiento, las actitudes y los comportamientos de los alumnos, provocando el contraste de sus adquisiciones más o menos espontáneas en su vida cotidiana con las proposiciones de las distintas disciplinas científicas, artísticas y expectativas y también estimando su experimentación en la realidad.

Por supuesto, existen diversas perspectivas sobre la enseñanza según los énfasis en que se orientan. Gimeno y Pérez (1998) indican que los enfoques instruccionales orientados a que el estudiante aprenda trabajan sobre la relación proceso-producto, sobre las mediaciones o en perspectiva relacional –ecológica–. Mientras que otros se concentran en la enseñanza como proceso y, en consecuencia, se orientan a su dinámica interna: proceso –dimensiones heurística y ética– y producto –dimensiones instrumental y técnica–.

Sea cual fuera el enfoque, de lo que se trata es de comprender la complejidad de la enseñanza y sus factores intervinientes y determinantes para la formación investigativa atendiendo tanto a su dinámica interna como a sus consecuencias para el aprendizaje. La ya clásica concepción de Gagné (1987) sobre el aprendizaje indica que este evidencia modificaciones en las disposiciones y capacidades humanas con cierta permanencia y como consecuencia atribuible a experiencias específicas más que al desarrollo propiamente humano general. Por lo tanto, se trataría de interrogar sistemáticamente cuáles son las condiciones, procesos y dispositivos que facilitan el aprendizaje de la investigación. En orden a los fines de este texto, nos centramos en su enseñanza, con la claridad con que estudios posteriores requieren centrarse en el aprendizaje.

Desde el ángulo de la enseñanza en tanto proceso institucional y sistemático, el reconocimiento de las diferencias personales de los docentes, de la diversidad de modos y factores asociados a la toma de decisiones y de la diversidad de sus actitudes específicas ha permitido la emergencia de los denominados estilos de enseñanza concebidos como el acervo de preferencias del docente asociadas a su éxito o su fracaso y que se explican fuera de sus aptitudes específicas (Hervas Aviles, 2005).[1]

Los mencionados estilos permiten identificar unas formas estandarizadas que ofrecen elementos de conocimiento sobre nosotros mismos como enseñantes y sobre los modos en que ello condiciona nuestra labor con los estudiantes y desafía a pensar cómo aprenden ellos en orden a establecer puentes como práctica de valor para incrementar la pertinencia y relevancia de nuestros modos de enseñanza de la investigación. De modo tal que la supuesta disyuntiva entre enseñanza y aprendizaje es más bien una relación interdependiente.

En el amplio marco de la enseñanza de la investigación, desarrollamos dispositivos didácticos asociados a nuestros estilos de enseñanza y aprendizaje y no exclusivamente a la naturaleza de los saberes disciplinares y científicos de interés particular y de la ciencia en general. Es el adentrarse en el nudo de la relación entre la enseñanza y el aprendizaje de la investigación y en cómo esos intercambios entre el enseñante y el aprendiente dinamizan formación investigativa lo que determina su orientación y su

---

[1] Claramente muchos de los investigadores y maestros de investigación más reconocidos en América Latina y el mundo no se han detenido a pensar en sus estilos de aprendizaje y enseñanza. Sin embargo, sí podrían estudiarse las relaciones entre sus estilos de enseñanza y los modos en que sus estudiantes aprenden, como un valor para la formación de nuevas generaciones de estudiantes.

despliegue para comprender, desde tales lógicas, las subjetivaciones de conocimientos en articulaciones móviles que realizamos los sujetos.

Es decir, subjetivaciones de conocimientos en territorios para caminarlos, sentirlos e incorporarse en ellos. Así lo plantean Ríos, Vesga y Zabala (2009), al desplegar lo que denominan investigación creativa, donde plantean como punto de partida caminar física y sensiblemente el territorio (en términos de lo que vemos, sentimos, olemos, tocamos, oímos) y ver en él al propio investigador; qué lee y qué omite en su lectura, en su sentimiento, como una manera de entrar y salir de los problemas de conocimiento para identificar y seleccionar las preguntas que le resuenan.

Carlos Gallegos[2], maestro de maestros en la formación de investigadores, insiste siempre en la pregunta qué resuena en mi vida para que sea un problema de conocimiento, para que no quedarse, en exclusiva, con lo que los antecedentes formales reportan en los estados del arte.[3] Se trata, por tanto, de darle sentido a ese conocimiento desde la propia biografía del investigador así como desde los lugares donde tal conocimiento adquiere valor, tanto para el propio investigador como para los sujetos de investigación.

Desde la perspectiva que lo estamos planteando, la enseñanza de la investigación, en una mente bien ordenada, tiene tanto que ver con la naturaleza de los conocimientos propios de las profesiones y las disciplinas, como con las biografías, los cuerpos, las intuiciones y los errores de los sujetos investigadores e investigados. Mucho más cuando

---

[2] Carlos Gallegos, profesor de carrera de la UNAM de México, espíritu, creador y cabeza intelectual de la Red Latinoamericana de Metodologías de la Investigación en Ciencias Sociales, ha trabajado con numerosas generaciones la formación del espíritu científico y la enseñanza de la investigación.

[3] Recuérdese además, que, las bases de datos internacionales son propiedades empresariales orientadas por lógicas académicas tanto como por lógicas de poder y dominio. en términos de los contenidos, los territorios y los sujetos institucionales y colectivos que aparecen o no en ellas, lo cual perpetúa relaciones centro periferia y modos de colonialidad del conocimiento, cuyo análisis bien sería objeto de otro texto.

los problemas sociales del tiempo histórico presente son de orden interdisciplinar y transdisciplinar, lo cual muestra el mérito y, al mismo tiempo, la insuficiencia de focalizarse, exclusivamente, en la naturaleza y el dominio experto de los conocimientos científicos y disciplinares. En suma, la enseñanza de la investigación y de la metodología requiere enfrentar la pregunta por los vínculos socio-histórico-políticos del conocimiento.

Señal 3

La enseñanza de la investigación exige un movimiento en clave de humanidad-sociedad-cultura. En esa medida se enfrenta a Desafíos de humanidad, Desafíos de apertura, y Desafíos de inteligencia viva.

Claramente la enseñanza de la investigación ha estado también asociada a niveles de formación, a los propósitos y a las expectativas formativas diferentes en cada nivel de estudios: pregrado (licenciatura en algunos países), maestría y doctorado. Aun cuando esas demarcaciones son aparentemente claras en términos del pregrado como el que consolida actitud investigativa, la maestría como la encargada de combinar las actitudes y aptitudes para la investigación en un campo específico y el doctorado como el que provee condiciones para el desarrollo del pensamiento investigativo autónomo; no siempre se mantienen tan diáfanas. En ocasiones los alcances y resultados de los ejercicios investigativos de un nivel tienen más que ver con los del siguiente que con él mismo. Además, factores asociados a las lógicas y dinámicas institucionales, a las políticas estatales y gubernamentales, tienen implicaciones sobre los modos de agenciamiento y los contenidos de las agendas investigativas.

La enseñanza de la investigación mueve intereses y propuestas curriculares, por ello tienen concepciones, modos organizativos, de desarrollo y de gestión diferentes en las instituciones. El asunto es cómo y desde dónde compartir el valor de esas diferencias en la enseñanza y, sobre todo, hacerse cargo de las implicaciones que tienen para pensar la formación investigativa. Evidentemente, hay prácticas de investigación y de docencia en este campo, el interés de entrar en ellas es desentrañar modos y estilos que nos faciliten articulaciones.

Desde este ángulo, Rojas y Aguirre (2015: 214), al realizar un estado del arte sobre la formación investigativa, indican que:

> Cabe señalar dos aspectos frente al análisis planteado por los investigadores con relación a los paradigmas que sustentan la enseñanza en la investigación de los profesores. El primero, la perspectiva dicotómica (moderna/posmoderna y tradicional/ moderna) desde la cual conciben la formación investigativa desconociendo que, en la práctica, los contextos históricos y sociales en los que se ha configurado la universidad y la formación docente se desenvuelven en una constante tensión entre lo tradicional, lo moderno y lo postmoderno de manera simultánea. El segundo, referente al carácter instrumental que se le asigna a la pedagogía entendida como acción mecánica para alcanzar un fin.

Interrogar a qué asociamos la enseñanza de la investigación y cuáles son los referentes orientadores de las decisiones sobre los modos de enseñanza actualiza la pregunta por qué vínculos sociohistóricos y políticos del conocimiento tiene esa manera como nosotros estamos enseñando investigación. Sobre todo porque, en la mayoría de los países de América Latina y del mundo, los Sistemas Nacionales de Educación establecen parámetros que logran un estatuto de inserción social y naturalización del campo semántico correspondiente. De modo tal que deviene natural hablar de planes decenales de educación, de diagnósticos de formación para el empleo o de mercados ocupacionales, es natural hablar de misión y visión de facultades, proponer carreras profesionales que vinculen investigación y que vinculen diversas disciplinas y áreas académicas, con miras a responder a las demandas del mercado.

Asimismo, es natural el sistema de ciencia y tecnología con sus prescripciones y proscripciones implícitas y explícitas, tanto en las prioridades temáticas y campos problémicos a indagar como en los parámetros de valoración administrativa de las propuestas y desarrollos investigativos.[4] La pregunta es: ¿qué implicaciones tiene esa naturalización? Porque ello determina modos de ir por el mundo, maneras de tomar decisiones. Por ejemplo, ¿qué implicaciones tiene que una de las vías más frecuentes como requisito para la obtención del título de maestría culmine con la publicación de un artículo científico resultado de la investigación? ¿Por qué esa es la mejor, y en algunos casos única, vía de legitimación de los conocimientos?

Estas preguntas cobran valor en tanto el artículo pertenece a un canon específico de presentación del conocimiento validado, producido o generado, y numerosas comunidades no necesariamente dominan el canon, pero sí dominan modos de conocimientos pertinentes, necesarios y de valor para ellos mismos, para sus comunidades y para la humanidad en general. ¿Son necesarias otras formas del canon? ¿Es suficiente el método como órganon que hemos venido validando en la ciencia y en las ciencias sociales? Lo planteado aquí es un espectro de las implicaciones del trabajo con el conocimiento en la contemporaneidad, se aleja de la disyuntiva entre el canon académico y otros cánones y se cuestiona por las condiciones de posibilidad del canon académico a los conocimientos, a los intereses y focos de atención y selección de los miembros de las comunidades y sujetos sociales. ¿Es solo un asunto de lenguajes y

---

[4] Es premisa general aceptada, que los parámetros académicos provienen de los dominios y usos que realizan las comunidades científicas y profesionales de los estados, alcances y desarrollo sobre temas y problema específicos. Por ello, la figura de los pares académicos ha devenido fundamental.

estéticas diferentes que se resuelve en su traductibilidad? ¿O es una cuestión de revisar y revalorar, y reorientar, si es del caso, la ciencia académica o formal en la que venimos formándonos?

Ya Gibbons (1997) ha demostrado los modos 1 y 2 de conocimiento. El modo 1 de conocimiento define prácticas, reglas y normas cognitivas y sociales que orientan la producción, legitimación y emergencia del modo tradicionalmente considerado científico en la producción de conocimiento. De modo tal que quienes cumplen las reglas hacen ciencia y quienes las rompen no hacen ciencia. Por ello obedece a intereses de académicos y de comunidades científicas, disciplinares y profesionales específicas. De modo concomitante el autor demuestra la emergencia de un modo 2 de hacer ciencia, el cual se genera en contextos de aplicación, se caracteriza por ser heterogéneo y transdisciplinario, heterárquico y transitorio, donde los practicantes colaboran sobre un problema definido en contextos particulares. Por lo tanto, los interrogantes sobre el canon, sobre los instrumentos y sus modos de legitimación y validación adquieren actualidad y pertinencia tanto para la práctica investigativa como para la formación de los investigadores jóvenes y para la enseñanza de una investigación en pertinencia histórica y social.

En esta línea, cobra sentido y valor etho-político preguntarnos para qué nos movilizamos dentro del sistema de ciencia y tecnología. ¿Cuál es nuestro lugar dentro del sistema? ¿Cómo y desde donde nos ubicamos dentro y más allá de nuestro rol como académicos? Y ¿cuál es el alcance y el límite como intelectuales en la contemporaneidad latinoamericana? Estos interrogantes y otros semejantes remiten a pensar que el asunto de las decisiones que tomamos en el aula para la enseñanza de la investigación o la enseñanza en el ejercicio mismo de la investigación retorna a la pregunta ¿al servicio de quién tomamos las decisiones que tomamos? ¿Para qué? ¿Qué cambia cuando nosotros investigamos? Y, ante estos cuestionamientos surge el interrogante

¿todo tiene que ser intervenido para transformarlo? ¿Quién y cómo determina los modos de la transformación? En últimas, la pregunta es ¿cuál es el contenido de las demandas por la transformación social en el caso que nos ocupa? ¿Por qué suponemos que asumir al otro como fuente de información es suficiente?

Es aquí cuando cobra sentido plantear que la enseñanza de la investigación es ante todo un movimiento en clave de humanidad, de sociedad y de cultura. Moverse en estas claves implica reconocer las aristas alrededor de las cuales se articulan los problemas humanos: problemas alrededor de la vida, problemas alrededor de la tierra, problemas alrededor de la economía y las formas de producción, y problemas alrededor de las relaciones y problemas alrededor de la salud.

Es en el centro de esas aristas donde configuramos áreas de diseminación, de interrogación, de intervención y transformación paradigmáticas y parametrales, en tanto el *quid* está en darse cuenta y ubicar el parámetro para ponerse ante él (Zemelman, 2008), más que la propia discusión sobre el parámetro.

En síntesis, la formación investigativa donde la enseñanza y el aprendizaje de la investigación adquieren lugar supone, sobre todo, pensarnos en el nosotros y en el otro. El otro como legítimo otro conmigo, que tiene saberes propios desde lugares diferentes pero no desde jerarquías distintas. Lo cual supone un lugar político y vital fuerte, desde donde autores como Patricia Botero plantean que los otros son autores con nosotros, en virtud de que son poseedores de un saber.

Los desafíos de humanidad nos recuerdan que todo el conocimiento que generamos produce raíces y se multiplica. Cuando hablamos de desafíos de humanidad estamos planteando el desarrollo del trabajo desde hipótesis de mundo y de lo humano en él. Para el caso de la educación sistemática, si planteamos que el currículo es una hipótesis de formación, entonces ¿cuál es la clave de mundo y de lo humano que propone esa hipótesis de formación?, y ¿cuál es la clave de lo humano en esa lectura de mundo?

En término de desafíos de apertura, ¿cuáles son las organizaciones posibles en las que nos movemos?, y ¿cuáles son los ordenamientos en que ello deriva? ¿Cuáles son los errores que ahí se producen?, y ¿cómo me hago cargo de esos errores? ¿Cuáles son los intersticios de posibilidad y las autoproducciones?

Los desafíos de inteligencia viva cuestionan los movimientos que dan sentido a las decisiones que tomemos en términos de lógica de métodos si se trata de indagar-se y no solamente de indagar a los otros o de indagar por los otros. Recuerdan que los principios de selección y de combinación que aplicamos en términos de contenidos de las lógicas de método, de las andaduras y de las estrategias que utilicemos, tienen sentido solo en virtud de los sujetos que lo realizan. Esos movimientos dan sentido a las decisiones que tomamos en términos de lógica de métodos si se trata de indagar-se y no solamente de indagar a los otros o de indagar por los otros. Por ello, develar y trabajar sobre visiones de mundo que la formación investigativa dota de sentido a la enseñanza de la investigación.

A modo de no conclusión

Los principios, los acuerdos, los estilos de actuación individual y colectiva serán parte de nuestras propias elaboraciones para mantener la alerta creativa que nos vincule con el horizonte (como mirada en apertura, en inmensidad) y con la utopía (como proyecto realizable en el espacio y el tiempo vital, construido, comprendido). Un viaje que asume el riesgo, la incertidumbre, el error, la ilusión, como asuntos que comparten la vitalidad y la importancia del intelecto, de la razón, de la lógica, de la analítica, de los determinismos.

Un viaje donde razón, no-razón y sin razón (Darío Botero Uribe, 2000) se encuentran, se entrecruzan, se enlazan, se conjugan en su lucha por alejarse tanto de la confirmación del apocalipsis como de la búsqueda del mesías.

Un viaje así convoca subjetividades vivas, dispuestas a asumirse en la posibilidad de la tensión, del espectro conformado por tonalidades de gris que llaman al movimiento, a la acción, a la contemplación, a la tecnificación. Subjetividades en esfuerzo de humanidad que identifican las lógicas de colonización y dominación del saber y del poder que han entronizado la disyunción, la oposición/eliminación de los contrarios como formas y estilos de rigor, de eficiencia, de eficacia, de gerencia, de gobierno.

Entendida la enseñanza de la investigación como didactización del oficio de aprender a investigar, pareciera que transitamos hacia un énfasis en la enseñanza y sus formas específicas más que en el investigador en formación y sus modos de aprender. Cuando hablo de tránsito, esa aparente dicotomía entre enseñanza o aprendizaje emerge como falsa dicotomía, porque la formación investigativa tiene enseñantes y aprendientes y, en muchos casos, esos roles se intercambian en sentido creciente mientras se avanza en el proceso formativo. Los intercambios aumentan en virtud de las experiencias previas, de los trayectos previos, en virtud de las disposiciones previas, que crean *habitus* orientadores de la actividad de investigar.

Por lo tanto, transitar desde la enseñanza a la formación investigativa, implica cultivar el pensar orientado a la formación en clave de civilización desde donde se ubican lecturas en clave de mundo. Uno de los grandes desafíos de la formación en investigación es el asunto del sentido/dimensión/magnitud y densidad planetarias con las cuales los sujetos involucrados en la praxis formativa en investigación (enseñante y aprendiente como roles que se intercambian) estamos leyendo el mundo. De modo tal que las coordenadas de espacio y de tiempo con que lo hacemos den cuenta de la globalidad desde la localidad. El conocimiento científico como ámbito caracterizado por ser sistemático, sistematizado y estatuido es solo una forma del conocimiento, exige ser tejido con otras formas de conocimiento, mucho más en las ciencias sociales donde emergen fenómenos que todavía no sabemos nombrar[5]. El pensar sistematizado mostraría su insuficiencia si se limita al pensar teórico, mientras el pensar epistémico cobraría sentido para leer las realidades y configurar los problemas en pertinencia histórica social y académica, es el llamado de Zemelman (2008). En este orden de ideas, se ponen a la orden del día transformaciones en los ámbitos de la criba para el trabajo con el conocimiento: la primera criba son las mismas comunidades y, por último, la comunidad académica, como praxis ética y política de trabajo

Todo lo anterior, para que en el ámbito de la institucionalidad que trabaja con los novicios, en palabras de Tomas Kuhn, como quienes se están incorporando a la comunidad académica, se desplieguen condiciones que les permitan valorar las lógicas, las estrategias y las técnicas de investigación. Se trata de un trabajo que facilite a los novicios valorar el desarrollo de proyectos de investigación cuyos resultados logren entrar al circuito de lo estatuido en los sistemas de ciencias y tecnología, reconociendo que su valor primigenio está dado en virtud de su capacidad para dar cuenta de las claves de lectura con las cuales entran al problema civilizatorio.

Este punto de partida es lo que nos lleva a pensar, metodológicamente, la formación en el trabajo con el conocimiento, a partir de la pregunta por cómo estamos investigando lo que investigamos de esa manera y no de otra. Insistimos en la diferencia de la subjetividad no solo en términos de las epistemes, sino también de las comunidades

---

[5] A título de ejemplo, el estado actual en Colombia en el ambiente de posacuerdos, con resultados de plebiscito en contra, aunque por mínima proporción, ponen cuestionamientos que aún no sabemos nombrar en el ámbito de lo jurídico, lo social, lo educativo y lo cultural.

sociales de donde es originario el sujeto epistémico, familia, ciudad, barrio, comuna, resguardo; como ámbitos para ubicar un tiempo, un contexto y un espacio históricos a ese sujeto con historicidad.

Referencias bibliográficas

Díaz Barriga, Á., *El curriculum en Educación Superior*. Conferencia inédita orientada en la Universidad de Manizales, 2016.

_____, "El enfoque de competencias en la educación. ¿Una alternativa o un disfraz de cambio?", *Perfiles Educativos*, vol. XXVIII, núm. 111, México, 2006, pp. 7-36.

Gagné, R., *Las condiciones del aprendizaje*. México: Interamericana, 1987.

Gibbons, M., *La nueva producción del conocimiento*. Barcelona: Pomares-Corredor, 1997.

Gimeno Sacristán, J. y Pérez Gómez, A., *La enseñanza: su teoría y su práctica*. Madrid: Akal, 1985.

Hervás Avilés, R. M., *Estilos de enseñanza y aprendizaje en escenarios educativos*. Murcia: Grupo Editorial Universitario, 2005.

Morin, E., *La mente bien ordenada*. Barcelona: Seix Barrial, 2001.

Muñoz-Seca, B. y Riverola, J., *Gestión del conocimiento*. Barcelona: Ediciones Folio, 1997.

Moreno, G.; Sánchez, R.; Arredondo, V.; Pérez, G. y Klingler, C., "Formación para la investigación". En Ducoing, P. (ed.), *Colección: la investigación educativa en México 1992-2002*, México: Consejo Mexicano de Investigación Educativa, 2003, pp. 41-114.

Pérez Gómez, A., "La función y formación del profesor en la enseñanza para la comprensión. Diferentes perspectivas". En Gimeno Sacristán, J. y Pérez Gómez, A. (coords.), *Comprender y transformar la enseñanza*. Madrid: Morata, 1992.

Ríos Alvarado, A.; Vesga, A. y Zabala, G., *La investigación creativa*. Cali: Editorial Universidad Libre, 2009.

Rojas, C. y Aguirre, S., "La formación investigativa en la educación superior en América Latina y el Caribe: una aproximación a su estado del arte", *Revista Eleuthera*, vol. 12, Manizales, Colombia, 2015, pp. 197-222. 10.17151/eleu.2015.12.11.

Zemelman, H., "Enseñar a pensar. Pensar teórico y pensar epistémico: los retos de las ciencias sociales latinoamericanas". Mexico: IPECAL, 2008.

Cuál es el problema, ¿la enseñanza o la producción metodológica?

Introducción

Debates y reflexiones acerca de la enseñanza de la metodología ha habido y continúan en el presente, desde hace varios años, con diversos aportes a lo largo de Latinoamérica. Sin embargo, subirse a este escenario en la actualidad resulta riesgoso en tanto, es muy posible, que se reiteren los argumentos. Intentando hacer una breve síntesis, quizá no exhaustiva, esta cuestión ha sido tratada desde la mirada pedagógica y didáctica, desde el lugar de la práctica de investigación, la relación entre los contenidos teóricos y los prácticos, el bajo interés de los estudiantes respecto a estos temas, su relación con la epistemología, en cuanto al lugar de estas asignaturas en la currícula de las carreras y su relación con las asignaturas teóricas, desde el tipo de bibliografía más pertinente, desde el perfil del docente más adecuado, etcétera. A su vez, todas estas cuestiones han sido analizadas y discutidas dentro del marco del pregrado y del posgrado, y todo en un clima catártico. Lejos de mis posibilidades está poder aportar alguna idea de interés a lo mucho que se ha producido en investigaciones, debates, ponencias y diferentes expresiones bibliográficas.

En este documento pretendo mirar esta cuestión desde afuera del propio acto de la enseñanza, pero desde el interior de la metodología como conjunto de saberes, tradiciones y confrontaciones. Más aún, intentaré permeabilizar las fronteras de la metodología y mirar qué diferentes concepciones hay respecto a qué se entiende por investigar en ciencias sociales, en qué consiste el lugar del método como parte del proceso de investigación. Espero que reflexionando sobre qué está pasando más allá de la enseñanza, pueda aportar algo más a nuestra tarea áulica, en la que se construye ese desafiante y dinámico vínculo en el que circulan saberes, experiencias, preguntas, respuestas, dudas, acciones al servicio del conocimiento.

Cuestiones que aportan a la fragmentación del conocimiento

Lo que me motiva a escribir estas líneas es considerar que si hay dificultades, conflictos y preocupación en torno a la enseñanza de la metodología, entonces debemos mirar críticamente qué está ocurriendo con el posicionamiento que asumimos frente a diferentes cuestiones que forman parte de la reflexión y el debate metodológico, y que termina materializándose en nuestra producción metodológica y en nuestra propia práctica como investigadores e investigadoras. Afirmo esto porque lo que enseñamos resulta de lo que pensamos y producimos. Si no fuera así, estaríamos faltando a nuestra coherencia intelectual y falseando nuestro discurso.

En las próximas páginas intentaré caracterizar lo que entiendo son ciertos hábitos y costumbres, que como tales suelen presentarse en el discurso metodológico cotidiano. Entiendo por discurso metodológico cotidiano lo que decimos, en forma oral o escrita, lo que hacemos cuando investigamos, lo que decimos en nuestras presentaciones académicas públicas que debe hacerse o no debe hacerse. En otras palabras, nuestro lenguaje, nuestro modo de ver y decir acerca de lo que hacemos y hacen los otros, cuando de investigar se trata. Es muy probable que puedan sumarse otros hábitos y otras costumbres, pero en esta oportunidad opté por estos casos que fueron surgiendo a lo largo de años de trabajo como docente e investigador.

En este sentido, una de las cuestiones vigentes es la penosa y tediosa presencia de ciertos posicionamientos fundamentalistas. Elijo llamarlos de este modo porque suelen constituir sus discursos, a partir de criterios de verdad que no admiten ser refutados. Son fundamentalistas porque consideran los posicionamientos diferentes a los propios como desviados, alejados de lo esencial y porque se proponen como el único camino posible para la construcción de conocimiento. Actitud no recomendable para participar en cualquier campo de la ciencia. Sin embargo, no es tan difícil que podamos encontrarnos con quienes son portadores de estas actitudes.

Me refiero a la tensión, reitero penosa y tediosa, entre las metodologías cualitativas y cuantitativas, tensión que más allá de constituirse en la defensa de las propias virtudes y fortalezas, suele expresarse y debatir a partir de argumentos basados en la oposición al otro. En otras palabras, los discursos como los textos, que considero portadores de una esencia fundamentalista se construyen a partir de la mirada sobre el otro, más que a partir de sus propios argumentos y definiciones. El sujeto del discurso suele ser el otro, a partir de sus acciones y/u omisiones. En este sentido, Piovani y otros (2008: 131) plantean respecto al origen de los métodos y al debate cualitativo-cuantitativo, que se han generado "ideas estereotípicas con respecto a la génesis y desarrollo de los métodos científicos y [...] como sucede con los estereotipos, son visiones simplificadas de una trama socio-histórica mucho más compleja."

El otro surge como un rival frente al cual hay que vencer demostrando sus limitaciones, sus errores y cómo los argumentos propios son superadores. En algunas oportunidades, la referencia al otro es más hostil, se niega su existencia como tal. La negación se expresa desconociendo los aportes del otro o adhiriéndolo a enfoques de baja

calificación científica. Por ejemplo, desde el fundamentalismo *cualitativista* se califica a la investigación cuantitativa
como positivista e hipotética deductiva, no dejándole posibilidad alguna de apelar a otros enfoques epistemológicos
y proponiendo a la investigación cualitativa como la alternativa superadora, en tanto interviene sobre fenómenos
reales, con capacidad propia y única para interpretar los
fenómenos sociales tal como se dan y no con fenómenos
artificiales como trabaja, según se afirma, la investigación
cuantitativa. Sus adherentes consideran a la investigación
cualitativa como el camino único para acceder a la realidad
tal cual es. Del mismo modo, desde el fundamentalismo
cuantitativista se califica a la investigación cualitativa como
de un muy limitado alcance, a partir de no contar con
recursos metodológicos ni técnicos que permitan darle a
sus datos la condición de representativos ni poder cumplir
con los requisitos de confiabilidad y validez. Como si no
ocurriera lo mismo con gran parte, quizá la mayoría, de
los datos producidos en las investigaciones cuantitativas.
Quienes adhieren a este fundamentalismo consideran que
la investigación cuantitativa es el único camino para acceder a la objetividad científica.

Tanto desde un fundamentalismo como desde el otro,
se hacen afirmaciones valorativas, basadas en criterios de
verdad cuyo objetivo es presentarse como el camino único
y superador, el camino del deber ser. Ambos fundamentalismos se erigen como garantes de la verdad; unos, como
verdaderos intérpretes de la realidad social, y otros, como
verdaderos productores de objetividad. Ante estos posicionamientos cabe preguntarse, en primer lugar, ¿es posible
garantizar interpretaciones verdaderas y únicas de la realidad? Y, en segundo lugar, ¿hay algún camino posible para
lograr la objetividad científica? Finalmente, ¿se trata de
posibilidades o se trata de creencias?

Desde ambos lugares pareciera que el otro no tiene
posibilidad alguna de producir conocimiento con categorías científico-sociales o, en el mejor de los casos, solo

puede llegar a un nivel exploratorio, provisorio o intro-
ductorio, pero siempre, devaluado. Estos reiterados posicionamientos que necesitan del otro para afirmarse, sea
por oposición o por negación, contribuyen a la consolidación de un conocimiento fragmentado, dividido, debilita-
do. Contribuyen, además, a pensar en términos binarios,
donde la presencia de una de las partes excluye la otra.
La posibilidad de integrar, de articular, de generar sinergias metodológicas aparece como temeraria. La vigilancia
metodológica como condición para la autocrítica, la contradicción interna, la duda, no son requisitos inherentes a
estos fundamentalismos.

Otra de las cuestiones que aporta a la fragmentación
del conocimiento se instala, sutilmente, en las constantes
advertencias que surgen desde cierto saber metodológico,
acerca del uso de métodos que nos transformarían en investigadores o científicos sociales positivistas. Ser positivista
pareciera resultar de un pacto con el diablo, pareciera una
de las más terribles calificaciones que pudiera recibir un
científico. No niego las limitaciones, principalmente teóricas, que el positivismo genera, no niego las dificultades
epistemológicas que forman parte del positivismo. Acuerdo,
firmemente, con la corriente que considera que la realidad
que estudiamos resulta de una construcción teórica, por lo
tanto, colisiono con el enfoque positivista que objetiva la
realidad, que considera que debe ser aprehendida tal cual es
mediante recursos teóricos y metodológicos, privilegiando
la deducción sobre la inducción y asumiendo una supuesta
intervención neutral por parte del investigador en su relación con la realidad que estudia.

Sin embargo, me preocupa que la demonización del
positivismo nos distraiga y no nos permita tener conciencia
del riesgo empirista en el que podemos caer. Tanto desde
la investigación cualitativa como cuantitativa, y aquí muy
hermanadas, suelen producirse reiteradas investigaciones
empiristas. Por ejemplo, desde la investigación cualitativa
se enfatiza la necesidad de aproximarse a la realidad, en

lenguaje metodológico sería involucrarse en el trabajo de campo, sin hipótesis, sin conceptos previos, como *tabula rasa*, para evitar sesgos, para no buscar la confirmación de la mirada del investigador y garantizar la presencia de la perspectiva del actor. En otras palabras, hay quienes consideran que las categorías con que cuenta el investigador generan condiciones artificiales que deforman la realidad, modifican su forma y sus contenidos. En este sentido, recuerdo a Bourdieu (2008: 61) cuando señaló que "no hay que olvidar que lo real no tiene nunca la iniciativa puesto que solo puede responder si se lo interroga". Por otro lado, desde la investigación cuantitativa puede observarse cómo el uso de modelos estadísticos, preferentemente multivariados, lleva, en algunos casos, a neutralizar el rol de los conceptos y el propio modelo termina autonomizándose, y vemos cómo los datos adquieren vida propia y pareciera que el modelo hablara por sí mismo. Más aún, en algunas oportunidades, decisiones o ajustes que se realizan con los modelos pueden afectar la confiabilidad y validez de los datos. Reflexionando del mismo modo, Fernando Cortés (1987: 389) es muy explícito cuando señala que

> … no plantearse como una dificultad la relación armoniosa que debe existir entre teoría y estadística en una investigación particular, puede conducir a imponer a la teoría la camisa de fuerza del modelo estadístico o a extraer conclusiones abusivas de los resultados estadísticos.

Reivindicamos esta *dificultad* como camino hacia un mejor uso de las metodologías que disponemos, tanto cuantitativas como cualitativas, obviarla nos conduciría inevitablemente a independizar lo empírico de lo conceptual, a tratar los métodos como instrumentos y lo conceptual como abstracción. No pensar armoniosamente lo metodológico y lo teórico, considerar que la metodología es suficientemente autónoma, que consta de un conjunto de saberes que pueden ser puestos en acto más allá de cualquier corpus teórico, conduce a la producción de un conocimiento fracturado e insuficiente para interpretar el fenómeno abordado. Asumir esta dificultad de la cual habla Cortés no paraliza, sino más bien dinamiza el proceso de formación de conocimiento.

La centralidad del relevamiento de campo en la investigación cualitativa y la centralidad en el uso de modelos de análisis en la investigación cuantitativa desatendiendo los otros momentos del proceso de investigación tienden a limitar u olvidar la relevancia teórica que exige toda investigación y su determinación en cómo abordar la realidad que se estudia. Como planteara Becker (2009: 146): "Todos trabajamos con conceptos […], sin conceptos no sabemos qué observar, qué buscar ni cómo reconocer lo que estábamos buscando cuando por fin lo encontramos". Terrible paradoja para quienes están ocupados en la producción de conocimiento. Estos comportamientos en el campo científico habilitan, inexorablemente, los procedimientos empiristas.

Una tercera cuestión que contribuye a la fractura del conocimiento, y que aparece muy ligada a la cuestión anterior, es la homologación de hecho con dato. Este tratamiento indiferenciado de uno con el otro reproduce la disociación entre teoría y método, en tanto conlleva la idea de que el abordaje del hecho se resuelve, solo, si se cuenta con adecuados recursos metodológicos y técnicos. Desde esta perspectiva, más cercana al empirismo, el investigador asume un rol pasivo y dependiente del hecho como generador de teoría. Este modo de considerar el proceso de formación del conocimiento acerca de un fenómeno ubica a la experiencia, teóricamente descontextualizada, en la base de formación de conocimiento. Sin embargo, podemos encontrar otra perspectiva que también homologa hecho con dato, me refiero a aquella en la que se genera la ilusión de suponer que basta con desarrollar teorías y métodos eficientes y eficaces para el tratamiento de los hechos, garantizando así el logro de la tan ansiada meta de la objetividad científica. La realidad está, solo requiere de estrategias metodológicas y teóricas adecuadas para ser aprehendida, tomada tal cual es.

Desde esta perspectiva más imbuida de positivismo, proclive a cosificar el hecho, darle independencia, hay un momento metodológico –instrumental– de "recolección de datos" y otro teórico –reflexivo– ubicado, preferentemente, en el análisis. Desde ambas perspectivas la teoría y el método son independientes entre sí, transitan por caminos paralelos; en la primera la teoría es consecuencia de la intervención en la realidad y en la segunda la teoría se encarga de interpretar al dato tal como es en la realidad y, en ambas perspectivas, el método es autónomo, es el garante de la obtención del dato. Considero que esta disociación ataca en el centro de su gestación al método científico.

En las ciencias sociales el investigador no manipula ni maniobra hechos, la distancia entre uno y otros es la distancia teórica y metodológica a partir de la cual se produjeron los datos. Es muy importante tener en cuenta que si bien el investigador interviene a partir de sus decisiones teóricas y metodológicas, en otras palabras, es proactivo en el modo de interpelar la realidad, sin embargo hay dos instancias que ponen límite a –condicionan– su intervención. La primera expresada por los mismos hechos (la base empírica con la que confronta, a la que interpela), los hechos son independientes de sus intereses, tienen gestación y desarrollo propio, son producto de su propia historia y de su propio contexto espacial, y en segundo lugar la vigilancia –epistemológica y metodológica– a que debe ser sometido todo proceso de investigación. Producir datos conlleva la necesidad de generar las condiciones que contribuyan a maximizar la calidad de lo producido, para ello es necesario sostener una actitud vigilante sobre el procedimiento que fuera utilizado. Más aún, consideramos que este es un desafío que el debate metodológico, tanto desde la perspectiva cuantitativa como cualitativa, tiene aún en curso.

Tratar al hecho como dato significa desconocer que este es la representación teórica del otro, en otras palabras, significa suponer que la teoría tiene un lugar secundario, solo de interpretación y no de producción, y que el dato se impone desde más allá de la propia decisión y perspectiva del investigador. Separar la teoría de la génesis del dato es otra contribución a la fragmentación del conocimiento, es pensar el conocimiento como resultado de la suma de las partes, el dato por un lado, los métodos por el otro capturando el dato y la teoría, finalmente, interpretándolo. Considero, contrariamente, el tránsito de los hechos, entendidos como partícipes de la realidad estudiada, a los datos, productos generados en la propia investigación, es un tránsito complejo que involucra decisiones teóricas y metodológicas, mutuamente dependientes e inherentes al mismo proceso de investigación (Cohen y Gómez Rojas 2014).

No puedo dejar de mencionar el modo parcial y fragmentado del proceso de investigación que tienen algunos abordajes cualitativos y cuantitativos. Me refiero al énfasis que ponen en el tratamiento de algunos momentos del proceso, en detrimento de otros. Es frecuente que desde la investigación cuantitativa se focalice la atención en la etapa del análisis de los datos. Para ese momento se dispone de variados recursos, por ejemplo los modelos de análisis multivariados para variables cualitativas, para variables cuantitativas, sea con métodos de dependencia, interdependencia y estructurales, las técnicas de análisis que aportan la estadística descriptiva, la inferencial, las pruebas de hipótesis, etcétera. En el caso de la investigación cualitativa el énfasis suele estar puesto en la instancia del relevamiento, en las tareas de campo, en cómo entrevistar. La idea de flexibilizar la entrevista y permitir al entrevistado que construya su discurso con la mayor libertad posible, es una de las cuestiones que más atrae a algunos investigadores.

Tanto en un tipo de investigación como en el otro, la producción de los datos no aparece como un momento central de los procesos de investigación. Es bajo el nivel de vigilancia metodológica que se ejerce sobre estas instancias, no se presta mucha atención sobre los diferentes recorridos que se realizan sobre el puente que une teoría con métodos y base empírica. No es frecuente la reflexión crítica sobre cómo se ha interpelado la realidad, cómo se ha llegado a esa fuente de información, cómo se ha pasado del registro de campo al dato. Nuevamente la fragmentación del conocimiento se hace presente.

Finalmente, me preocupa esta tendencia tan generalizada a concebir la metodología como un campo autónomo con sus propias reglas, propio de los metodólogos, sujetos que se supone producen conocimiento metodológico. Lejos de coincidir con este pensamiento, acuerdo con Loïc Wacquant (2008: 55) cuando plantea que

> … el *metodologismo* puede definirse como la inclinación a separar la reflexión sobre los métodos de su uso real en el trabajo científico y a cultivar el método por el método mismo […]. Este fetichismo metodológico está condenado a erigir objetos preconstruidos en ropaje científico y corre el riesgo de inducir miopía científica.

La producción de conocimiento metodológico es una condición necesaria para el desarrollo del conocimiento de las ciencias sociales, pero esa producción solo se da a partir de las demandas surgidas en el marco de la investigación teórica-empírica. La producción de conocimiento sobre las cuestiones metodológicas se constituye como respuesta a los obstáculos, a las carencias, a las dificultades que surgen al interior de los procesos de investigación. Los aportes que se han hecho y se hacen a la metodología no se debieron ni se deben a reflexiones o especulaciones sobre el mejor método o la mejor técnica, independientemente del contexto de producción de conocimiento sustantivo. Han sido y son respuestas a necesidades surgidas desde la propia práctica de la investigación. La metodología, como conjunto de saberes, se desarrolló a partir de las demandas de la investigación. Siempre fue consecuencia de esas necesidades. Más aún, no solo ocurrió cuando se produjeron los nuevos desarrollos metodológicos y técnicos sino, también, cuando desde determinados campos se tomaron y adaptaron desarrollos de otros. Por ejemplo, la sociología y la ciencia política recibieron aportes de la antropología y la semiótica, entre otros campos, en cuestiones metodológicas cualitativas, y de la estadística y la economía, en cuestiones metodológicas cuantitativas. Esos puentes hacia campos "vecinos" se dieron cada vez que surgieron obstáculos en la implementación de las investigaciones y se complementaron con los propios desarrollos metodológicos.

Concebir la metodología como un campo en el que los que producen conocimiento son metodólogos, implica tener una concepción fragmentada, dividida, del proceso de producción del conocimiento científico, implica adherir a la ridícula idea de que una investigación es el resultado de la asociación entre un sujeto con saberes metodológicos y otro con saberes teóricos. Sostener este posicionamiento se basa en una concepción que niega el vínculo entre teoría, metodología y base empírica, vínculo indivisible e imprescindible para producir conocimiento científico.

Comentarios finales

Siempre que he leído o escuchado reflexiones sobre la enseñanza de la metodología o que he participado en debates afines, me he preguntado ¿dónde está el problema, dentro o fuera de las aulas? Con el tiempo he considerado que está en ambos lugares. Fuera de las aulas, gestándose a partir de diferentes posicionamientos, confrontaciones y, en algunas oportunidades, descalificaciones. Dentro de las aulas, reproduciendo estos posicionamientos. Las paredes de las aulas son permeables y quienes enseñamos metodología pareciera que no somos conscientes de que cuando reproducimos este tipo de confrontación, solo contribuimos a la fragmentación del conocimiento científico.

En esta ponencia identifico cinco manifestaciones o modos de expresarse que tienen estos posicionamientos dentro del trabajo o producción metodológica. Todos ellos conllevan como destino la fragmentación, la división entre lo que se debe y lo que no, lo normal y lo desviado, lo propio y lo ajeno. Es el caso de la tensión entre los tratamientos fundamentalistas cualitativo y cuantitativo que se expresan como el deber ser cualitativo versus el deber ser cuantitativo y en cada trinchera se autoperciben como la expresión superadora de la otra, más aún, construyen su propia identidad a partir de la confrontación con el otro. Es el caso de la demonización del otro como positivista, sin observar con mayor atención el espejo que les devuelve la imagen del más ingenuo de los empirismos. Muy ligada a esta ceguera se comete, quizá, uno de los errores más graves en el proceso de producción de conocimiento en las ciencias sociales, confundir hecho con dato. No tomar conciencia de este tipo de confusión lleva, inexorablemente, a creer –porque de una creencia, finalmente, se trata– que el dato es un representante objetivo de la realidad, sin intervención teórica previa –entendida como sesgo subjetivo– y al cual se llegó como resultado de decisiones metodológicas neutrales, verdaderas y definitivas. Una cuarta manifestación consiste en privilegiar algunos de los momentos del proceso de investigación y desatender otros. Es frecuente observar cómo, independientemente del enfoque metodológico utilizado, el momento de la producción de los datos suele ser minimizado. Esto es coherente con lo expresado más arriba respecto a la confusión de hecho con dato. Cuando se manifiesta en la investigación cualitativa, se observa que la atención está puesta en el relevamiento de campo sin vigilar en qué condiciones o desde dónde se llega, y en la investigación cuantitativa se privilegian las instancias analíticas sin vigilar la génesis de esos datos, sean de fuente primaria o secundaria. La última de las manifestaciones corresponde a tratar la metodología como un campo autónomo con su objeto, sus tensiones y códigos propios. Contrariamente, el desarrollo del conocimiento metodológico siempre se dinamizó a partir de las demandas surgidas desde la investigación teórica empírica sustantiva. Es un conocimiento del cual no se puede prescindir, pero subsidiario de este tipo de investigación.

Mientras no asumamos estas expresiones como contributivas a la fragmentación del conocimiento científico social, continuaremos produciendo confusiones de distinto tipo en nuestra tarea docente de pre y posgrado. Más que preguntarnos qué pasa con la enseñanza de la metodología, qué pasa con el vínculo docente-alumno, podríamos preguntarnos por qué la distancia entre la teoría y el método, por qué la indiferenciación de hecho con dato, por qué vigilar solo los procedimientos positivistas y no vigilar, además, los procedimientos empiristas que a pesar de los siglos siguen gozando de buena salud, por qué es necesario asumir una identidad metodológica basada en la oposición al otro. Y si no nos parecen pertinentes estas preguntas, podríamos hacernos una más general, ¿desde dónde llegamos a estos campos de las ciencias sociales que transitamos día a día?

Considero importante que reflexionemos sobre las tradiciones en las que nos hemos formado, los triunfos y las derrotas que dejan huellas día a día en nuestras trayectorias como investigadores e investigadoras, nuestros intereses cotidianos. Supongo que es un camino posible, entre otros, para desnaturalizar estos posicionamientos y no continuar contribuyendo a la fragmentación del conocimiento.

Referencias bibliográficas

Becker, Howard, *Trucos del oficio*, Buenos Aires: Siglo XXI, 2009.
Bourdieu, Pierre *et al.*, *El oficio de sociólogo*, Buenos Aires: Siglo XXI, 2008.

Cohen, Néstor y Gómez Rojas, Gabriela, "Esa cosa llamada datos", en *Revista Latinoamericana de Metodología de la Investigación Social*, año 4, n.o 8, octubre 2014-marzo 2015, Buenos Aires: CIES Estudios Sociológicos Editora, 2014.

Cortés, Fernando, "La insoportable levedad del dato", en Cortés, Fernando (comp.), *Estudios demográficos y urbanos*, México DF: El Colegio de México, 1987.

Piovani, Juan Ignacio *et al.*, "Producción y reproducción de sentidos en torno a lo cualitativo y cuantitativo en la sociología", en Cohen, Néstor y Piovani, Juan (comp.), *La metodología de la investigación en debate*, Buenos Aires: EUDEBA y EDULP, 2008.

Wacquant, Loïc, "Hacia una praxeología social: la estructura y la lógica de la sociología de Bourdieu", en Bourdieu, Pierre y Wacquant, Loïc (comp.), *Una invitación a la sociología reflexiva*, Buenos Aires: Siglo XXI, 2008.

Módulo V.
Notas sobre los Encuentros Latinoamericanos de Metodología de las Ciencias Sociales

Exploración del discurso generado por especialistas en investigación en América Latina en el marco del IV Encuentro Latinoamericano de Metodología de Ciencias Sociales (ELMeCS)[1]

LUIS DIEGO SALAS OCAMPO Y WILLY SOTO ACOSTA

Introducción

Algunas veces las ponencias de los congresos y eventos académicos similares quedan "pérdidas", es decir, a lo sumo se publican como una memoria o acta de la actividad, pero no hay una reflexión acerca de las tendencias que señalan esos trabajos.

Es valiosa información que no se trabaja, y en el mejor de los casos, se compila en forma escrita o digital.

En algunas ocasiones los congresos no son lo que son: se presentan trabajos que no siempre corresponden estrictamente a la temática del evento o a los tópicos específicos de cada mesa de trabajo. En el caso de los ELMeCS (Encuentro Latinoamericano de Metodologías de las Ciencias Sociales), sobre todo los cuatro primeros, buena parte de las ponencias no versan sobre lo metodológico sino más

---

1 Este trabajo se inscribe en los proyectos de investigación: 074-13, "El fenómeno de la integración regional en Relaciones Internacionales: una contribución teórica a la disciplina a partir de la crítica a la colonialidad del poder y el cosmopolitismo", y 0037-2014, "Fortalecimiento de las capacidades de investigación mediante el uso de software", de la Escuela de Relaciones Internacionales y de la Vicerrectoría de Investigación de la Universidad Nacional, Costa Rica.

bien, presentan resultados de diferentes investigaciones, muy valiosas por cierto, pero se dice poco acerca de los procedimientos metodológicos utilizados en esos estudios.

En el caso del IV ELMeCS, hay un esfuerzo notable de superar eso pero como se expondrá más adelante de manera más detallada en no pocas ocasiones lo metodológico quedó subordinado e incluso invisibilizado dentro otras dimensiones de la investigación social.

Entonces pareciera suceder dos cosas: a) los investigadores realizan buenos trabajos empíricos pero pareciera que no siempre pueden reconstruir el proceso metodológico que ellos mismos siguieron casi de manera inconsciente, b) cuando tratan de hacerlo, lo que hacen es teorizar acerca de lo metodológico pero no explicar su propio camino o medio para llegar a cumplir el objetivo de su indagación.

Por todo lo anterior, decidimos llevar a cabo el presente estudio, casi a nivel de meta-cognición, sobre lo que se presentó –y no se presentó– en el IV ELMeCS. Es decir, tratamos de identificar algunas tendencias de lo que se investiga y no se investiga en el campo de la metodología de la investigación en ciencias sociales.

En el marco de la sociedad del conocimiento, la producción de discurso teórico y técnico encierra un tema relevante para cualquier disciplina científica. El fenómeno lingüístico como tal refleja acuerdos, desacuerdos, contradicciones y temas sin resolver que tienen incidencia directa tanto en lo que se prioriza como en lo que se deja de lado en la práctica cotidiana de una profesión.

En la ciencia social latinoamericana existen un conjunto de elementos que indican que el desarrollo de esta área de conocimientos en nuestra región tiene diferencias medulares con otras latitudes. Pero también ha tenido un elemento en común con otras áreas del orbe que es la imposición/asimilación de ciertas categorías, teorías y enfoques, produciendo lo que algunos han llamado colonialidad del saber (Quijano, 2000).

A nivel de la producción empírica es donde se evidencia algunos de los nortes discursivos de los científicos sociales en materia de metodología y de investigación en nuestra región, lo cual hace especialmente retador este tipo de análisis. Es claro entonces que profundizar en la línea discursiva de los científicos sociales de Latinoamérica en términos de metodología, significa entre otras cosas, el ingreso a una apasionante área como lo es la sociología del conocimiento. Se entiende este concepto en el sentido de Karl Mannheim que presenta la determinación social del conocimiento en el marco de la interacción de individuo y contexto (Gómez, 1993, p. 47).

Para este artículo, se trabajó con un corpus de contenidos escritos conformado por los resúmenes de 19 mesas de trabajo, con un total de 285 ponencias de toda la región, presentadas durante el IV ELMeCS, para tratar de establecer desde dónde se produce conocimiento en este campo metodológico en términos del discurso, cuáles son las principales asociaciones y eventualmente también los ausentes de esta construcción colectiva. Este evento se realizó del 27 al 29 de agosto 2014, en la Escuela de Relaciones Internacionales, Facultad de Ciencias Sociales de la Universidad Nacional, Costa Rica.

Se espera que este aporte contribuya en la discusión de cómo desde América Latina nos pensamos desde el ejercicio intelectual, sobre todo, en un campo tan apasionante y retador como el metodológico, no solamente para el ejercicio académico de la disciplina sino también para la acción en el campo aplicado.

1. Algunas precisiones teóricas

En América Latina, uno de los elementos que ha marcado de manera importante el ejercicio de las ciencias sociales, se encuentra vinculado con la relación que tuvieron los partidos políticos en la consolidación de la academia en este campo de conocimientos.

Como se ha indicado en otros trabajos (Soto y Salas, 2016), en las disciplinas de las ciencias sociales en la región, su esencia o razón de ser se articuló al calor del Estado, del partido político o bien, múltiples combinaciones posibles entre ambos; esto en términos de su estructura funcional, de las personas que componían los espacios o de sus acciones políticas. Esto tuvo implicaciones éticas y metodológicas.

Además, las ciencias sociales como edificio de conocimiento en la región, tienen gérmenes del proceso histórico de conquista y de colonización europea. Es por ello, que en su composición, estas sean tratadas con un corte euro-centrista.

Es entonces donde un escenario de acción significativo queda para el científico social latinoamericano. Algunos lo han expresado de la siguiente forma:

> Tomar distancia no significa descartar o echar a la basura de la historia toda esta tradición tan rica, y mucho menos ignorar las posibilidades históricas de emancipación social de la modernidad occidental. Significa asumir nuestro tiempo, en el continente latinoamericano, como un tiempo que revela una característica transicional inédita que podemos formular de la siguiente manera: tenemos problemas modernos para los cuales no hay soluciones modernas. Los problemas modernos de la igualdad, de la libertad y de la fraternidad persisten con nosotros. (De Santos Souza, 2010, p. 35)

Se entiende entonces que un primer reto que debe asumir el científico social en estas latitudes, tiene que ver con el cómo piensa y verbaliza su acción en los mecanismos de transformación social y de producción de conocimiento con los que cuenta, ya que esto es lo que le permitirá hacer consciente o su toma de distancia o sus apuestas medulares en términos de la continuidad de la tradición intelectual con la que ha venido trabajando.

Es acá donde el discurso tiene un conjunto de posibilidades importantes para el hacer emergente y evidente las categorías mentales con las cuales se apropia tanto la ciencia social como el científico de su realidad.

En este trabajo el discurso es entendido como una unidad de lenguaje que se construye a partir de una estructura de pensamiento que se genera a partir de la interacción de sujetos, estructuras y procesos en la vida social (Abarca, 2012, p. 50).

Dentro de este análisis resulta clara la importancia del discurso en términos de su papel como elemento cohesionador y constructor de realidades que tienen incidencia en el comportamiento colectivo del poder y sobre todo en las particularidades que genera este en términos de contextos y procesos de construcción identitarios, tanto a nivel social como de colectivos profesionales.

En particular reviste importancia para propósitos analíticos el concepto de estudio crítico del discurso (ECD). La sociología del conocimiento tiene un punto de inflexión en este campo, ya que tal y como señalan algunas posiciones, esta en su análisis, por definición, se ocupa del conocimiento, pero no investiga el discurso y, además, hasta hace muy poco tampoco había mostrado interés por la dimensión cognitiva del conocimiento (Van Dijk, 2010, p. 169).

Dentro de los planteamientos sobre este tipo de estudios, queda claro entonces que todo discurso produce y reproduce poder, a su vez, el lenguaje transmite y produce conocimiento. Lo innovador de esto radica en la exploración de las facetas empírico sociales de la relación entre estos dos campos (poder y conocimiento).

En este trabajo se realiza un análisis del contenido del documento de resúmenes de ponencias presentadas en el IV ELMeCS, utilizando el software Tlab, procediendo a la identificación de los contextos, comprendidos como porciones de texto en las que puede dividirse el corpus. Estos pueden ser de varios tipos, entre ellos destacan las unidades primarias, en el caso de que el corpus tenga más de un documento, unidades de contextos elementales tal y como ocurre en este trabajo que fundamentalmente remiten a unidades sintagmáticas definidas automáticamente a partir de la interacción corpus y algoritmos de trabajo, y subconjuntos de corpus que en esta indagación no se tomaron en cuenta.

El análisis que se presenta en este documento parte de la evidenciación de procesos de co-ocurrencia entre las palabras, según los contextos. Quedará para un ejercicio posterior los análisis de los procesos de estructuración del discurso y los clústeres.

Otro de los elementos que fueron trabajados técnicamente en este análisis de contenido fue la evidenciación de las ocurrencias de los conceptos dentro del corpus. Estos son entendidos como las cantidades que resultan del cómputo de cuántas veces aparece una determinada unidad léxica dentro del corpus o unidades de contexto. Adicionalmente las coocurrencias se interpretan como la cantidad de veces que dos o más palabras aparecen vinculadas dentro de una unidad de contexto.

El otro concepto clave para visualizar los alcances de la indagación generada es el de umbral. Este se comprende como la necesidad que se tiene para el cálculo de los conceptos claves de un corpus, de establecer las palabras claves mediante un mínimo de apariciones dentro del universo de documentos o corpus. En el caso del análisis automático que el software por definición genera es de cuatro.

Además de las palabras, Tlab estructura sus cálculos también a partir del análisis de lemas o frases con sentido dentro de un contexto. Desde ahí, los resultados que se

generan tienen la lectura no solamente de las coocurrencias de contextos sino también de los lemas en los que se
genera este.

2. Consideraciones metodológicas

La Red Latinoamericana de Metodología de las Ciencias
Sociales (coordinadora general de los ELMeCS) es una instancia que aglutina a docentes de cátedras de metodología de la investigación social, investigadores dedicados a
cuestiones metodológicas y/o representantes de centros o
institutos de investigaciones metodológicas.

Para el IV Encuentro realizado en la Universidad
Nacional de Costa Rica, participaron 12 países, entre los
que destacan Colombia, Argentina, Nicaragua, Brasil, Chile,
Ecuador, España, Francia, Uruguay, Venezuela, México y el
país sede, Costa Rica.

Es posible visualizar tres elementos comunes en la elaboración de las ponencias de los participantes. El primero
de ellos, un gran eclecticismo a nivel teórico, que se traduce
fundamentalmente en el análisis de pequeños grupos o de
temáticas de contextos socio-espaciales reducidos. Aunado
a esto, se evidencia la priorización de enfoque por lo cualitativo. De hecho resultó en extremo curioso dentro de la
actividad como, pese a que había una mesa cuantitativa, en
no pocas ocasiones lo presentado no correspondía a esta
perspectiva. Finalmente, otra de las tendencias que ha quedado clara en el proceso del ELMeCS es que en no pocas
ocasiones lo metodológico quedó subordinado e incluso
invisibilizado dentro de la gran sombrilla de lo epistemológico. Dicho en otras palabras, el hacer fue relegado en el
teorizar sobre lo metodológico.

Es a partir de este marco donde se comienza a desarrollar el análisis de la información recopilada.

Como se adelantó, el análisis que se presenta, se estructura a nivel metodológico a partir de un universo de contenidos o corpus titulado "Resúmenes de ponencias del IV ELMeCS" producido por la Escuela de Relaciones Internacionales de la Universidad Nacional de Costa Rica. Dicho documento se trabajó con el software TLab a partir de su uso más sencillo, que es el análisis automático del corpus, generando las siguientes características a nivel del manejo de la información.

Figura 1: Composición del universo de información generado automáticamente con el software Tlab para el análisis de contenido del IV ELMeCS según contextos, palabras, lemas, ocurrencias y umbrales

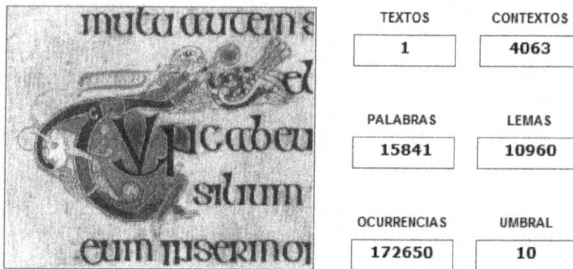

TEXTOS	CONTEXTOS
1	4063

PALABRAS	LEMAS
15841	10960

OCURRENCIAS	UMBRAL
172650	10

Elaboración propia.

En el análisis de coocurrencias se realiza un cálculo de las palabras dentro de los contextos elementales. Este concepto apela a frases, documentos y párrafos dentro del corpus (Lancia, 2014, p. 40).

Se trabajaron los datos a partir de índices de asociaciones entre los conceptos, particularmente dentro de lo referido al cálculo de índices de coseno. Este se realiza a partir del establecimiento de un índice de normalidad de valores de coocurrencia vinculados a dos palabras y oscila entre valores que van de 0 a 1. Entre más débil sea el índice de coseno tenderá a un valor mucho más cercano a 0 y entre más fuerte tenderá a uno.

También se realizó un abordaje a partir de la identificación de los conceptos de mayor frecuencia, de aquellos predecesores y sucesores dentro de determinados contextos.

El proceso de levantamiento de la información y establecimiento de tendencias fue generado por el equipo del proyecto: "Fortalecimiento de las Capacidades de Investigación mediante el uso de software cuantitativo, cualitativo y simuladores de negocios", de la Escuela de Relaciones Internacionales, de la Universidad Nacional[2].

3. Presentación de resultados

Dentro de los hallazgos encontrados, se tiene que los conceptos de mayor utilización en los científicos sociales que participaron, pueden ser agrupados a partir de cuatro cuadrantes de contexto de significación, como muestra la siguiente figura.

---

2 Agradecemos el enorme esfuerzo realizado por los estudiantes Adriana Huertas, Milena Núñez y Alonso Matarrita en el trabajo de recolección de información.

Figura 2: Ubicación de relaciones lexicales y núcleos temáticos del documento de "Resumen de Ponencias presentadas en el IV Encuentro Latinoamericano de Metodología de las Ciencias Sociales", basado en el método de Sammon

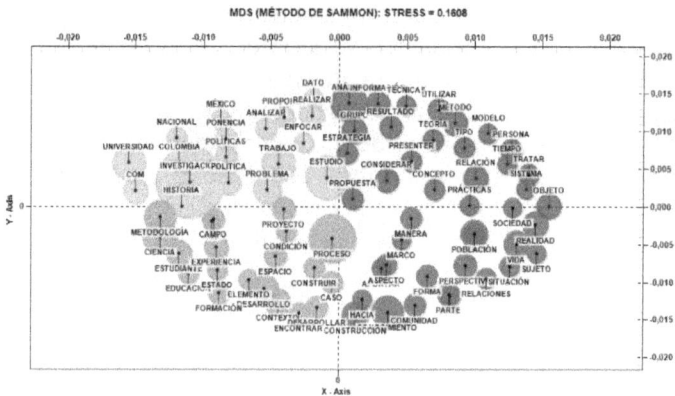

Elaboración propia.

Es posible detectar cuatro dimensiones de pensamiento desde donde se agrupa el conocimiento producido dentro de esta actividad. El primero de ellos, que se enmarca en el cuadrante superior izquierdo representado de color verde, da cuenta de los procesos académicos institucionales que sustentan la investigación. De ellos, el concepto que tiene mayor importancia en términos de ajuste *stress* = 0,000 es el de estudio y en términos de frecuencia es el propio concepto de investigación.

En el cuadrante superior derecho representado con el color rojo, el concepto de mayor importancia es el de análisis (*stress* = 0,000), el cual genera una dimensión del carácter epistemológico del ejercicio profesional de estos científicos sociales.

El tercer cuadrante representado con conceptos de color azul llama mucho la atención en el sentido de que ubica la dimensión de proyección colectiva del quehacer de este sector. Lo notorio en esta dimensión es que no exista ningún concepto que tenga una alta calidad del ajuste (que se logra cuando el concepto se ubica en los ejes X e Y en un punto de p < 0,10).

El último cuadrante representado en naranja tiene que ver con la dimensión interna del gremio profesional en términos de las prácticas culturales de la investigación. Como puede apreciarse, el concepto más fuerte es el de proceso, lo cual habla de que dentro de la perspectiva de los investigadores, el trabajar en temas durante un largo tiempo y en una perspectiva más de corte longitudinal, puede dar una mayor legitimidad tanto a su labor como al universo fáctico de producción de hallazgos.

Es posible entonces determinar que estos cuatro factores constituyen el marco a partir de donde se construye la significación conceptual de los procesos de metodología e investigación, esto desde la perspectiva de aquellos que presentaron ponencias dentro de la actividad.

La construcción de significado de conceptos estratégicos

Dentro de este panorama generado y a partir de las temáticas identificadas, se recurrió a visualizar el comportamiento de los siguientes conceptos en términos de asociaciones, coocurrencias y conceptos antecedentes y precedentes. La justificación de este análisis es que fundamentalmente permiten identificar cómo estas dimensiones identificadas moldean el discurso y por ello, la visión de poder de este gremio profesional a lo largo de la región.

Concepto de conocimiento

A partir de la identificación de la investigación como un concepto articulador del ELMeCS, se procedió a establecer los conceptos con los que este genera asociaciones. La figura 3 da cuenta del panorama.

Figura 3: Asociaciones existentes del concepto de conocimiento con otros en el corpus analizado a partir del resumen de ponencias del IV ELMeCS utilizando el coeficiente de coseno

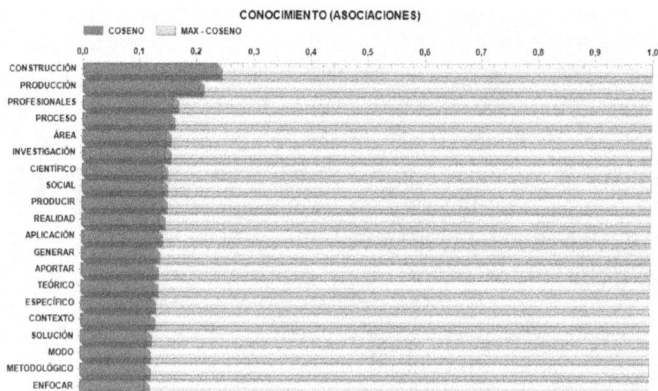

Elaboración propia.

El coeficiente de coseno mide las coocurrencias de las palabras contenidas en los segmentos de texto definidos como contextos elementales. Puede apreciarse en la figura que este concepto está asociado directamente a procesos de construcción y producción dentro de un gremio claramente profesional. Resulta interesante al observar los seis primeros conceptos, la tendencia a la especialización investigativa, lo cual llama la atención en vista de que a diferencia de otros períodos históricos donde el conocimiento podía tener para el caso latinoamericano marcados tintes ideológicos partidarios, en este momento, o al menos en esta actividad, más bien se apunta a un abordaje que privilegia la diferenciación de investigador–metodólogo con respecto a otros profesionales. También resulta relevante el hecho de que se puede observar cómo conceptos de naturaleza político-estratégica, se encuentran ausentes de estas asociaciones.

Concepto de desarrollo

Este es uno de los conceptos más importantes de la tradición de las ciencias sociales latinoamericanas, sobre todo por el aporte que la teoría de la dependencia y la CEPAL (Comisión Económica para América Latina) dieron para la acción organizada de los gremios profesionales en toda la región. En la figura 4 es posible establecer las asociaciones de este concepto.

Figura 4: Asociaciones existentes del concepto de desarrollo con otros, en el corpus analizado a partir de los resúmenes de ponencias del IV ELMeCS, utilizando el coeficiente de coseno

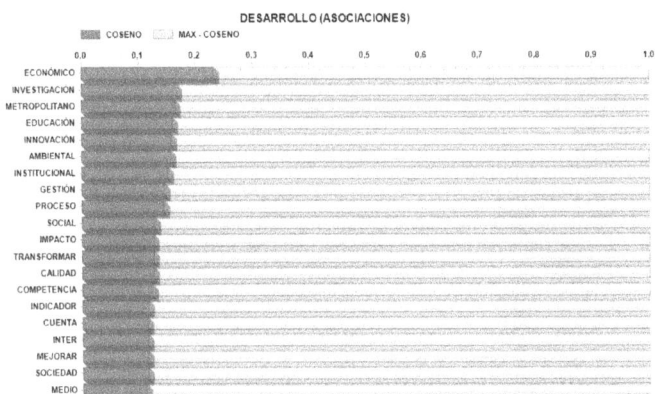

Elaboración propia.

Resulta interesante para propósitos del análisis, ver cómo la historia del concepto en América Latina aún persiste dentro del imaginario de los profesionales en metodología y en particular, cómo se fortalece con una de las aristas que la teoría tuvo a partir de la CEPAL, como lo fue los estudios de Medina Echeverría sobre industrialización y el papel de las orbes, en lo que remitía a las tendencias desarrollistas del Estado. Es curioso que a pesar de una creciente especialización del profesional, aún se percibe la necesidad de vinculación con estos elementos identitarios de la ciencia social latinoamericana.

Concepto de estudiante

Este es uno de los conceptos que más han llamado la atención dentro del análisis de los datos, por muchas razones. La primera de ellas es que el mismo es importante dentro de la estructuración del discurso, pero se encuentra fundamentalmente asociado a un rol de espectador de los procesos de investigación o bien como aprendiz de la teoría o de las técnicas y no necesariamente, del ejercicio de la labor profesional.

Figura 5: Asociaciones existentes del concepto estudiante con otros, en el corpus analizado a partir de resúmenes de ponencias del IV ELMeCS, utilizando el coeficiente de coseno

Elaboración propia.

Al analizar la relación discursiva existente entre el concepto de estudiante e investigación, queda claro que el rol que se les asigna en estos procesos, es pasivo y simplemente de receptor de contenidos. Esto se comprueba cuando se observa que el segundo concepto que emerge como asociación es el de dificultad. En otras palabras, podría visualizarse que el estudiante debe hacer investigación, pero se le genera dificultad por el tiempo, los procesos de enseñanza y los vacíos en metodología. Esto da soporte a ideas construidas previamente sobre la tendencia de los profesores de investigación en las universidades a pensar que el problema está en otro lugar y no en la forma en la que se enseña y en dónde se hace (Salas D., 2013, p. 50).

Por otro lado, también se podría identificar algunas tendencias encontradas previamente de cómo el rol de poder del académico que enseña investigación se perpetúa, esto a partir de la concepción de estos procesos de indagación como altamente difíciles y restringidos al experto (Soto, 2013, p. 14).

Concepto de investigación

Es claro que la investigación desde la evidencia aportada, se concibe fundamentalmente como un asunto de formación y en el marco de la universidad en un primer nivel de relacionamiento. Un poco más distante dentro de las relaciones, se presenta un vínculo con temas como el desarrollo, lo metodológico y el alcance nacional como conceptos de mayor fuerza a partir de las asociaciones. La figura 6 da cuenta de la situación.

Figura 6: Asociaciones existentes del concepto estudiante con otros, en el corpus analizado a partir de resúmenes de ponencias del IV ELMeCS, utilizando el coeficiente de coseno

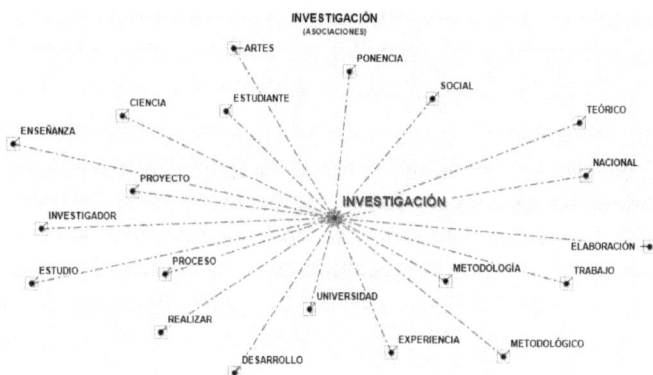

Elaboración propia.

Entre más cerca se encuentre el concepto asociado al centro, más importante es la naturaleza de la asociación. Como puede evidenciarse, entonces, la investigación es concebida desde su rol más universitario y en particular, desde el cómo se realiza, más allá de otros elementos que pueden ser sugerentes a nivel de proyección, utilidad y alcance. A nivel de análisis de coocurrencias, se procedió a establecer en el marco de cuáles conceptos la relación investigación-trabajo se generaba discursivamente y se compartían en unidades de contexto, es decir, cuáles son aquellos que cuando aparece investigación simultáneamente también ocurren. Resulta clara la ausencia que tiene esta en términos de imaginar el mercado profesional y se vincula la investigación únicamente al ejercicio académico.

Figura 7: Coocurrencias existentes entre los conceptos de investigación y trabajo analizado a partir de resúmenes de ponencias del IV ELMeCS

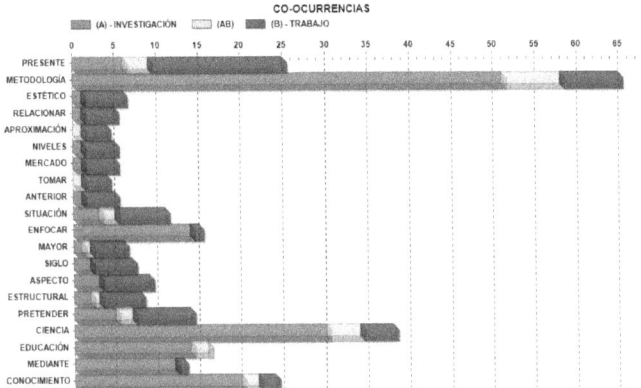

Elaboración propia.

Resulta altamente interesante el hecho de que, cuando estos dos conceptos se vinculan, se restringe particularmente a una situación de presente y sobre todo en el marco de la metodología. Esto es clave ya que pese a que actualmente existen nuevas tendencias de comercialización de los productos de ciencias sociales, particularmente de los de conocimiento, es posible que esos a nivel metodológico no sean concebidos aún desde la dimensión más comercial. En otros trabajos se ha indicado esta preocupación de una descontextualización del profesional de ciencias sociales en términos del mercado:

> El primero de ellos tiene que ver con la preparación profesional. En particular se hace necesario que la formación responda al signo de los tiempos. Es decir, una Ciencia Social que se desnuda de su camisa de fuerza de especialización disciplinar y temática y que se encuentra dispuesta a arriesgar y a cuestionar sus eternas verdades. En este sentido, las "epistemologías del sur", como ya se ha planteado, constituyen un paso, claramente inacabado, pero un primer paso que tendrá como

reto el trascender las discusiones epistemológicas bizantinas y aquellas que simplemente buscan evidenciar el gran manejo filosófico. Por el contrario, una nueva formación profesional deberá centrarse en cómo acercar al científico a esta realidad compleja, híbrida e insegura, en la que debe moverse para asegurar su empleo, pero además para aportar nuevas ideas y conocimientos que permitan una evolución cualitativa de las disciplinas. (Soto y Salas, 2016, p. 10)

Sería necesario explorar con mayor evidencia empírica la siguiente idea, pero es fundamental para el ejercicio de interpretación. Es posible que exista a nivel de la investigación en ciencias sociales en las universidades, una confusión en términos de su alcance y sus implicaciones sobre todo en el campo de los desarrollos metodológicos como consecuencia de una sobre exposición a la vida y cotidianidad académica, que se encierra dentro de los campus universitarios y no llega a sectores sociales medulares para dar sentido a su acción como gremio y como estructura de conocimientos en los escenarios nacionales.

Esta idea es reflejada cuando se observa los conceptos que preceden y proceden al de investigación en el corpus analizado.

Figura 8: Identificación de conceptos predecesores al concepto de investigación a partir de resúmenes de ponencias del IV ELMeCS

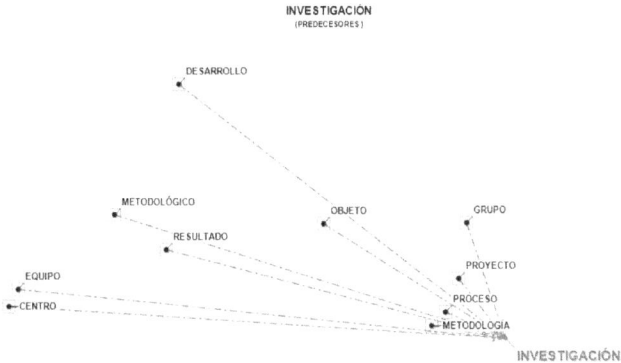

Elaboración propia.

Figura 9: Identificación de conceptos sucesores al concepto de investigación a partir de resúmenes de ponencias del IV ELMeCS

Elaboración propia.

Aunque debe tenerse más datos para hacer categórica esta afirmación, lo cierto es que el corpus analizado nos da evidencia suficiente para indicar en el caso de análisis, que la investigación se visualiza fundamentalmente como un ejercicio académico que comienza en un grupo profesional especializado, preocupado por elementos de corte técnico y por qué no, en ocasiones burocrático, y termina en la universidad y con la aspiración de hacer ciencia en el marco de lo que socialmente se acepta como científico en la vida del campus.

Concepto de lo metodológico

Este concepto también se encuentra mayormente involucrado con el estudio de la epistemología dentro del contexto de la universidad, lo cual llama la atención por la ausencia del componente de experimentación y sistematización. Es dudoso como construir epistemológicamente la discusión sin ambos.

Figura 10: Identificación de conceptos sucesores al concepto metodológico a partir de resúmenes de ponencias del IV ELMeCS

Elaboración propia.

Esta figura llama la atención en el tanto parece reafirmar desde el campo de este saber, cómo existe esa tendencia al encerramiento dentro de los parámetros de los campus universitarios. Ahora bien, esto hizo que se estableciera el análisis de vinculación a nivel de coocurrencia entre este concepto y el de política.

Figura 11: Coocurrencias existentes entre los conceptos de metodología y política analizado a partir de resúmenes de ponencias del IV ELMeCS

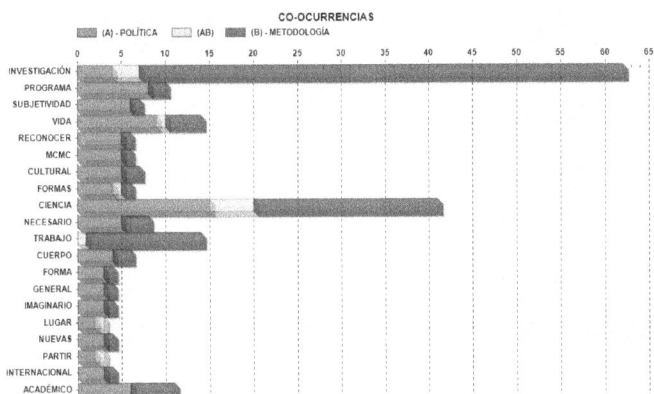

Elaboración propia.

Este dato es sumamente interesante por dos motivos de naturaleza completamente opuesta. Un primer nivel de interpretación podría ser que, como en algunos países latinoamericanos la ciencia social nació al calor del partido y no necesariamente desde la academia, el profesional en el campo piense que su acción tiene implicaciones en términos de poder, es decir, en su función social, o en su forma de aportar directamente a las decisiones del país. La otra más bien podría ser que en un proceso creciente de deshistorización de las ciencias sociales latinoamericanas, sobre todo desde el rol político del científico y su creciente tecnocratización, se justifique la no participación desde conceptos como la objetividad, neutralidad, etc. Queda claro la necesidad de profundizar en esta línea.

Esta duda hizo que se desarrollara otro análisis de coocurrencia entre los conceptos de metodología y realidad. Los resultados son expuestos en la figura 12.

Figura 12: Coocurrencias existentes entre los conceptos de metodología y realidad, analizado a partir de resúmenes de ponencias del IV ELMeCS

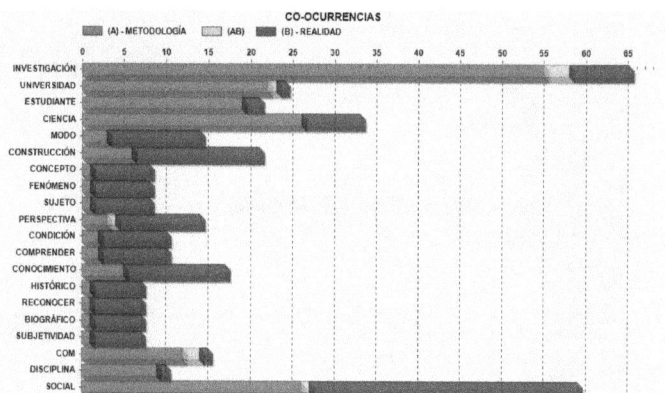

Elaboración propia.

Resulta altamente sugerente que la mayor coocurrencia vuelva a ser a partir del concepto de investigación y el de universidad. Llama la atención que aparezca brevemente por primera vez en el análisis el concepto comunidad. En otras palabras, pese a que la realidad desde la perspectiva de los metodólogos en la región se construye a partir del ejercicio de la investigación en el marco de la universidad (lo que apunta a la perspectiva de Bourdieu en el sentido de que los objetos no existen sino que se construyen), es interesante que sea imaginable otra ruta posible. Ahora bien, si se hace importante que desde la metodología se haga un ejercicio no solamente de conceptualización del sujeto social, sino también de su ubicación en los procesos de construcción de conocimiento, ya que los datos indican que desde este gremio profesional, el rol es pasivo y ausente.

Figura 13: Asociaciones existentes del concepto sujeto con otros, en el corpus analizado a partir de resúmenes de ponencias del IV ELMeCS, utilizando el coeficiente de coseno

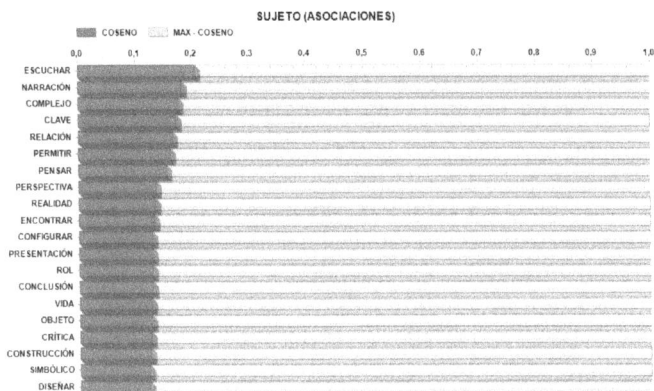

Elaboración propia.

5. Consideraciones finales

No cabe duda que la ciencia social en América Latina se ve expuesta a un conjunto nuevo y complejo de retos a partir de la desmitificación de las categorías, teorías y tendencias de análisis.

Sin embargo, este proceso implica un costo importante en términos de definición identitaria y de resignificación así como de reconstrucción de prácticas y tendencias profesionales, donde los investigadores y en particular aquellos que se dedican a la metodología, tienen grandes responsabilidades.

La primera de ellas, relacionada fundamentalmente con el cómo vincular nuevos problemas, nuevos sujetos y sobre todo nuevas conceptualizaciones a los abordajes técnicos instrumentales. Para esto se hace necesaria la experimentación, en el sentido de que solamente con la interacción con otros sectores fuera de la universidad se podrá determinar si el arsenal teórico-conceptual está de verdad analizando, explicando, y si tiene posibilidades de predicción de lo que ocurre en los distintos escenarios sociales.

El segundo de estos elementos tiene que ver con el cómo se conciben los procesos de enseñanza de la metodología. Al respecto, desde hace ya algunos años se ha venido insistiendo en que debe pasarse de la concepción de curso de metodología a la de taller.

Esto significa también repensar el rol del intelectual en ciencias sociales, en especial del metodólogo, en las nuevas preocupaciones, emergencias y temáticas que en esta diversa y compleja región latinoamericana experimentamos fuera de las universidades en el día a día.

Referencias bibliográficas

Abarca, A. (2012). *Técnicas Cualitativas de investigación.* Costa Rica: Ciudad Universitaria Rodrigo Facio: Editorial de la Universidad de Costa Rica.

Aupetit, S. (2006). *Internacionalización de la educación superior y provisión transnacional de servicios educativos en América Latina: del voluntarismo a las acciones estratégicas.* Panamá: IESALC – UNESCO.

Balandier, G. (1994). *El poder en escenas: Del poder de la representación a la representación del poder.* Santiago, Chile: Editorial Paidos.

Bell, D. (2001). *El Advenimiento de la Sociedad Post Industrial: Un intento de Prognosis Social.* Barcelona: Alianza Editorial.

Bourdieu, P. (1991). *La Distinción: Bases sociales para la estructuración del gusto.* Buenos Aires: Amorrortu.

Comité Ético Científico Universidad Estatal a Distancia. (2010). *REGLAMENTO PARA EL COMITÉ ÉTICO Y CIENTÍFICO ASESOR MULTIDISCIPLINARIO.* Paraninfo Daniel Oduber Quirós: EUNED.

De Santos Souza, B. (2010). *Refundación del Estado en América Latina: Retos para una epistemología del sur.* Lima, Perú: Instituto Internacional de Derecho y Sociedad.

Dirección de Investigación de la Universidad Nacional. (12 del 12 de 2014). *Página Web de la Dirección de Investigación de la Universidad Nacional.* Recuperado el 12 del 12 de 2014, de Dirección de Investigación Universidad Nacional: https://bit.ly/2L2n1P0.

Gómez, J. (1993). El retorno de la sociología del conocimiento de Mannheim a una epistemología de corte weberiano. *Reis: Revista Española de Investigaciones Sociológicas,* n.0 62, pp. 45-59.

Lancia, F. (2014). *Manual de usuario Tlab 9.1 Herramientas para el análisis de textos.* Roma: TLab.

Quijano, A. (2000). Colonialidad del poder y clasificación social. *Journal of World-System Research,* Volumen XI, n.0 2, *Summer/Fal.*

Salas, D. (2016). *Retos del Intelectual en la Centroamérica Actual.* Campus Omar Dengo: Inédito.

Salas, D. (2013). *Tecnología y Práctica Educativa desde la Relaciones Internacionales.* Heredia, Costa Rica: Cuadernos de Estudio: Escuela de Relaciones Internacionales Universidad Nacional.

Soto, W. (2013). El Trípode del Estancamiento en Ciencias Sociales: Inadecuada Didáctica de la Metodología, Escaso Desarrollo de las Competencias de Investigación yel Síndrome Todo Menos Tesis. *Economía y Sociedad,* Vol. 18, n.0 43 Enero-Junio de 2013, pp. 1-17.

Van Dijk, T. (2010). Discurso, conocimiento, poder y política. hacia un análisis crítico epistémico del discurso. *Revista de Investigacion Lingüística,* n.013, pp. 167-215.

Módulo VI.
Performance-investigación

Taller de performance-investigación

Indagaciones colectivas de y desde los cuerpos

SILVIA CITRO

Introducción

Desde los años 70, especialmente a partir de los trabajos pioneros del sociólogo colombiano Fals Borda (1994) y el pedagogo brasileño Paulo Freire (1982), en las ciencias sociales latinoamericanas se han generado diferentes experiencias de investigación participativa, colaborativa o de investigación-acción, cuyo denominador común es la participación activa de los "sujetos investigados" en las problemáticas abordadas. Como han destacado diversos autores (Lassiter, 2005; Rappaport y Pacho, 2005; Marcus, 2008; Katzer y Samprón, 2011), en estas experiencias, los investigadores académicos y los mismos miembros de los grupos coordinan conjuntamente las problemáticas a investigar, la obtención de la información, su interpretación y análisis y, en algunos casos también, la búsqueda de posibles soluciones para los problemas que originaron la investigación. De este modo, aquellos que en las investigaciones etnográficas tradicionales eran considerados "informantes", pasan a ser "consultores" o "colaboradores" (Lassiter, 2005), o también, como sostiene Rapapport (2007), "co-teorizadores"; asimismo, en estos complejos procesos, la investigación social tienden a entrelazarse con la acción política y también con distintas experiencias pedagógicas.

Estos procesos investigativos suelen combinar diversos métodos y/o técnicas, por un lado, los más conocidos y habituales, basados fundamentalmente en la palabra, como los grupos de discusión, la elaboración de narrativas, auto-etnografías y autobiografías, la realización conjunta de encuestas y entrevistas y, en general, diversos modos de escrituras en coautorías. Por otra parte, también se utilizan cada vez más diversos modos de producción visual y audiovisual colaborativa, a partir de la realización de registros fotográficos y fílmicos, y más recientemente también, de la construcción de cartografías sociales (que incluyen diversos modos de expresión plástica), murales o museos comunitarios (a partir de diversos objetos significativos). No obstante, son pocas todavía las experiencias que incorporan otras prácticas performáticas –basadas, por ejemplo, en la exploración de los movimientos corporales, las gestualidades y las sonoridades– como una vía alternativa para la producción colectiva de conocimientos y la generación de reflexividades, en América Latina, podemos señalar algunos experiencias más recientes realizadas en Colombia (Riaño Alcalá, 2005; Arboleda Gómez, 2009) y Brasil (Araujo, 2008).

Mi intención aquí es brindar algunos ejemplos de los modos en que las performances pueden ser incorporadas a investigaciones participativas, y reflexionar sobre el potencial epistemológico y político que estas metodologías experimentales poseen. Para ello, en primer lugar, compartiré algunas de las investigaciones colectivas que venimos realizando con el Equipo de Antropología del Cuerpo y la Performance, que coordino en la Facultad de Filosofía y Letras de la Universidad de Buenos Aires, Argentina, y que nos llevaron a proponer las estrategias metodológicas que denominamos "performance-investigación". En segundo lugar, describiré un ejemplo de estas estrategias aplicadas a la indagación sobre problemáticas de género, a partir de la reseña del breve taller brindado en el V ELMeCS, en el cual participó un numeroso grupo de estudiantes, docentes e investigadores. Esta segunda parte, será acompañada del registro fotográfico realizado por La Colectiva Desenfocadas, del proyecto SECTyP de la FCPyS de la UNCuyo denominado "Saberes de mujeres. Corpobiografías de sanación" (2016-2018), con la dirección de Dra. Rosana Rodríguez. Por tanto, a través de estas imágenes, intentaremos dar algo más de cuerpo y espesor a las experiencias y reflexiones que este escrito intenta evocar.

Sobre la performance-investigación: fundamentaciones y primeras hipótesis

Para comenzar, quisiera situar brevemente el origen de estas reflexiones teórico-metodológicas que nos llevaron a indagar en el potencial de las *performances*. Desde hace ya 20 años, como antropóloga social y también bailarina y *performer*, me he dedicado al estudio de la corporalidad, principalmente en grupos indígenas de zonas rurales del noreste argentino, pero previamente también, en diferentes prácticas estéticas urbanas, como por ejemplo el rock y otras performances artísticas. Desde 2004, estos trayectos investigativos han sido compartidos con los miembros que han integrado el Equipo de Antropología del Cuerpo y la Performance de la Universidad de Buenos Aires, quienes provienen de diversos campos de las ciencias sociales, y en muchos casos también, de las artes. Estas indagaciones han explorado especialmente los usos y representaciones de las corporalidades en diferentes prácticas culturales vinculadas a los pueblos originarios, afroamericanos y también asiáticos, basándonos fundamentalmente en metodologías etnográficas, y apelando también a diálogos interdisciinarios con la filosofía, la psicología, la historia, los estudios de género y, más recientemente, las neurociencias.

Durante todos estos años, reflexionamos sobre un nutrido corpus de autores que contribuyeron a destacar los modos en que las corporalidades sensibles y en movimiento pueden ser generadoras de saberes y reflexividades así como de agencias y transformaciones micropolíticas, desde una perspectiva crítica de los paradigmas dualistas del racionalismo, hegemónicos en la modernidad occidental. Si bien no podremos desarrollar aquí en detalle estas complejas articulaciones teórico-metodológicas, sí quisiera mencionar brevemente los principales conceptos y autores trabajados, así como las publicaciones en que estas argumentaciones han sido profundizadas. En mis primeros trabajos (Citro, 1997, 1999), para argumentar sobre esta capacidad cognoscitiva de la percepción y el movimiento corporal, comencé a analizar los vínculos entre las nociones de "conocimiento preobjetivo" del "ser-en-el mundo" en la fenomenología de Merleau-Ponty (1993), los conceptos de "práctica" y "*hábitus*" de Bourdieu (1991), los "modos somáticos de atención" en la "fenomenología cultural" propuesta por Csordas (1993), el "pensamiento sensorio-motriz" y "el juego simbólico" en la "psicología genética" de Piaget (1964), la "inteligencia corporal-kinestésica" en la teoría de las "inteligencias múltiples" de Gardner (1987). Posteriormente (Citro, 2003, 2009), seguí profundizando en estos vínculos y ya con nuestro equipo (Citro, Lucio y Puglisi, 2015) indagamos en las relaciones entre las nociones de *habitus* de Bourdieu y la "disposiciones adquiridas" de Damasio (2008).

Por otra parte, para explorar no solo las relaciones de poder que operan sobre los cuerpos sino también su potencialidad de agencia y transformación micropolítica, inicialmente (Citro, 2003; 2009) investigamos los aportes de Nietzsche (2000) sobre el carácter encarnado de la "voluntad de poder", así como la noción de "performatividad" en Butler (1999, 2002); y luego, ya con nuestro equipo (Citro, Aschieri y Mennelli, 2011; Citro, Lucio y Puglisi, 2015) indagamos en los últimos trabajos de Foucault (2001) sobre la capacidad transformadora de las prácticas corporales en los "procesos de subjetivación", y más recientemente, en los de Deleuze y Guattari (1990) sobre el rol de las corporalidades en los "agenciamientos colectivos". Cabe destacar que estas discusiones fueron puestas en diálogos con los resultados de nuestras etnografías, así como de diversos autores latinoamericanos que estaban realizando indagaciones similares, para el primer corpus de autores, especialmente los trabajos de Bizerril (2007) y Rabelo (2008) en Brasil y para el segundo, los de Muñiz (2002) en México y Pedraza Gómez (1999) en Colombia, entre los principales.

Un tercer conjunto de indagaciones, refiere ya más específicamente a discusiones metodológicas que reflexionan sobre el rol de la corporalidad de el/la antropólogo/a durante el trabajo de campo. Una de las primeras apreciaciones es la de Pocok, cuando señala que "el cuerpo del antropólogo puede servir como una 'herramienta de diagnóstico' y 'un modo de conocimiento' del cuerpo de los otros" (en Blacking, 1977, p. 7). Posteriormente, Jackson (1989) también destaca que el conocimiento etnográfico se fundamenta en la participación personal y práctica del etnógrafo en la experiencia de campo; por ello, reivindica el conocimiento a través de la participación corporal y de la percepción desde los cinco sentidos, en tanto la experiencia del cuerpo no es menos significativa que la experiencia que proviene de la palabra. Tiempo después, desde la sociología, Wacquant (2004) plantea la necesidad de una "participación observante" y una "sociología carnal", o también Ylönen (2003) y Bizerril (2007) enfatizan en los modos en que el compromiso corporal activo del etnógrafo en las prácticas de movimiento que estudia puede contribuir a una mejor comprensión de las mismas.

Finalmente, un cuarto corpus de trabajos que hemos indagado, proviene del campo de estudios de la performance. Estos estudios centran la atención en las actuaciones que combinan diferentes expresiones estéticas (corporales, visuales, sonoras, discursivas) y han contribuido a destacar tanto el carácter reflexivo como el potencial micropolítico de estos actos encarnados. Así, retomamos los aportes de Turner (1992, p. 81), quien en sus últimos trabajos sostuvo que las performances de diferentes culturas, "ponen de relieve el carácter reflexivo de la agencia humana: a través de sus actuaciones o también de la participación u observación de performances generadas por otros, las personas pueden conocerse mejor a ellas mismas y a sus semejantes". Si bien las actuaciones de las personas en la vida cotidiana pueden ser pensadas como un tipo de teatralidad, tal como planteaba Goffman, "los dramas sociales" y "performances culturales" serían para Turner (1992, p. 76) un tipo de "metateatro", un lenguaje dramatúrgico que permite reflexionar sobre aquellos roles y estatus de la vida cotidiana. Y de esta reflexividad metateatral, proviene también su potencial político, pues las performances "no son simples reflejos o expresiones de cultura o aún de cambio cultural, sino que pueden ser ellas mismas agentes activos de cambio, representando el ojo por el cual la cultura se ve a sí misma", y desde la cual actores creativos pueden "bocetar aquellos 'diseños para vivir' que creen más aptos o interesantes" (1992, p. 24). En una perspectiva similar, se encuentran los trabajos del director teatral Richard Schechner, quien trabajó con Turner a partir de la indagación y puesta en escena de materiales etnográficos, y de Diana Taylor (2001), quién analiza cómo las performances operan como "repertorios de memorias corporizadas" –expresadas en gestos, palabras, movimientos, danzas, cantos– que permiten acumular y transmitir conocimiento; en consecuencia, "operan como actos vitales de transferencia, transmitiendo saber social, memoria, y sentido de identidad [...], reproducen y transforman los códigos heredados, extrayendo o transformando imágenes culturales comunes de un 'archivo' colectivo".

Ahora bien, a pesar de haber indagado individual y colectivamente en esta extensa y nutrida tradición de estudios que argumenta sobre los vínculos entre cuerpo, conocimiento y agencia, y de haber experimentado en nuestras propias prácticas etnográficas, artísticas y políticas "lo que pueden los cuerpos" cuando sus potencias sensibles y motrices se articulan, durante mucho tiempo, en nuestras prácticas académicas concretas de investigación, docencia y divulgación, la diversidad de posturas, gestos, movimientos corporales y emociones, solía reducirse a la preeminencia de una postura (sentada), dos sentidos (oído-vista) y al lenguaje de la palabra, oral y escrita. Así, aquellos otros saberes colectivos, ejercidos desde los cuerpos, eran inmovilizados e invisibilizados al ingresar al mundo logo-céntrico, y por momentos individualista y competitivo, del saber académico. Esta situación nos planteó entonces una intensa incoherencia epistemológica, existencial y política. Porque si bien en las aulas de las universidades aprendimos a ser más libre en nuestros pensamientos, empoderando nuestra razón crítica con la multitud de teorías que leímos, pensamos, reescribimos y creamos, comenzamos a sentir también que allí nuestra corporalidad, más que empoderarse se debilitaba… Nos asemejábamos así a aquellos "cuerpos dóciles" que describió Foucault: cuerpos delimitados, gestionados y controlados por aquel espacio disciplinar que, en la práctica, aún siguen siendo nuestras universidades y mundos académico-profesionales, a pesar, y tal vez a la sombra, de nuestras intenciones intelectuales transformadoras. La riqueza senso-perceptiva y de movimientos corporales de nuestra experiencia, tendía a reducirse a la de un cuerpo objeto de discursos verbales-textuales, y en especial nuestros dedos, ojos, oídos y órganos fonadores, se convertían en los principales medios técnicos que garantizaban la reproducción de esos discursos; es decir, cuerpos dóciles orientados a reproducir eficazmente aquellos *papers* escritos y "ponencias" orales que legitiman nuestro sistema científico hegemónico.

En trabajos más recientes (Citro, 2014), señalamos cómo estas exclusiones e invisibilizaciones de las potencialidades sensible-corporales en el campo académico, son herederas de aquella compleja matriz de la modernidad que, junto con el dualismo ontológico de mente/cuerpo y el de cultura/naturaleza, fue encabalgando otros tantos dualismos epistémicos concomitantes: como los de razón/emoción, abstracto/concreto, teoría /práctica, e inclusive también, como ya tempranamente señaló la crítica feminista, el mismo dualismo hombre/mujer fue montado sobre estas otras dualizaciones. De manera muy sintética, podríamos decir entonces que estas matrices ontológicas y epistémicas dualistas, son el resultado de la intersección de complejas genealogías que abarcan: desde la hegemonía del pensamiento dualista del racionalismo cartesiano, el proceso histórico de consolidación de la burguesía como clase social dominante con su peculiar gestión de las corporalidades y emociones (Elías, 1993), los disciplinamientos biopolíticos del capitalismo y la modernidad occidental (Foucault, 1970) y la heteronormatividad y el patriarcado como matriz dominante de las relaciones sexo-génericas (Butler, 1999, –entre otras autoras–). Pero además, no debemos perder de vista el régimen geopolítico más amplio que sustentó la constitución de estas modernidades: el de la colonialidad y sus múltiples violencias, en la colonialidades del poder, del ser y del saber. Las teorías sobre la "colonialidad/modernidad" y la "decolonialidad" en América Latina, contribuyeron a subrayar el rol constitutivo que ha jugado la expansión colonial en la legitimación de la racionalidad tecno-científica moderna, que especialmente desde el siglo XVII se convirtió en el único modelo válido de producción de conocimiento, dejando por fuera cualquier otro tipo de "epistemes" generadas en los territorios coloniales y promoviendo diversos "epistemicidios" (Dussel, 2000; Lander, 2005; Mignolo, 2005; Souza Santos, 2010). Lo que nosotros agregamos a este planteo, es que en este movimiento de prescindencia de estos otros saberes vinculados a los mundos indígenas y afroamericanos, se excluyó la también posibilidad de considerar la corporalidad como una vía legítima en la producción de conocimiento, reduciendo su participación sobre todo a los sentidos de la vista y el oído, desde una "perspectiva" que resaltaba la importancia de la observación, la escucha y la distancia como fuentes de aquella ansiada "objetividad". No obstante, estos saberes excluidos (amerindios, afroamericanos, mestizos populares), involucran modos de conocimiento que no siempre escinden las teorías de las prácticas, la razón de la emoción, el pensamiento del movimiento, y además tienden a involucrar a los distintos sentidos (gusto, olfato, tacto, vista, oído y cenestesia). Asimismo, estas *epistemes* han dado lugar a concepciones más holísticas que conciben a la persona senti-pensante en relación a los otros seres, humanos y no humanos, que habitan el mundo. Justamente, como ya señalamos, gran parte de las investigaciones de nuestro equipo se centraron en indagar en esos otros modos de saber-hacer provenientes de esta amplia diversidad de tradiciones culturales que suelen denominarse "no occidentales", y aunque cada vez más estos modos se hallan atravesados por las prácticas propias de la modernidad/posmodernidad occidental –y especialmente por el omnipresente capitalismo–, aún poseen modalidades propias que los distinguen, y de las cuales, creemos, los cientistas sociales podríamos también aprender.

En suma, fue a partir de estos cuestionamientos teóricos pero también prácticos y políticos, que comenzamos a problematizar los modos concretos en que utilizamos nuestros cuerpos en la producción de conocimientos tanto en las prácticas investigativas como pedagógicas y a explorar otras prácticas posibles. Así comenzamos a ensayar lo que denominamos *"performance*-investigación": estrategias metodológicas interdisciplinarias e interculturales que se caracterizan por potenciar la articulación de las dimensiones sensoriales, afectivas y reflexivas de las experiencias intersubjetivas, a través de las palabras pero también de la diversidad de gestos, posturas, movimientos y sonoridades de los que son capaces nuestros cuerpos, con la intención de promover procesos de indagación-reflexión pero también de creación-transformación entre sus participantes.

Así, en el marco de nuestro equipo, utilizamos estas metodologías en talleres de investigación participativa sobre el
rol social de la música y danzas con poblaciones indígenas tobas (Gómez, Greco y Torres Agüero, 2012; Greco,
2013; Citro, *et. al.*, 2016)[1], con mujeres adultas y jóvenes
de barrios populares de Buenos Aires (Greco, 2010), y con
jóvenes estudiantes universitarios[2]; y más recientemente, en
el marco de un proyecto colectivo[3], comenzamos a desarrollar talleres sobre violencia de género con jóvenes estudiantes y adultos en Buenos Aires, y sobre discriminación
y racismo con jóvenes de poblaciones tobas asentadas en
Rosario. Por otra parte, otro conjunto de indagaciones en
la *performance*-investigación han estado destinadas a producir transposiciones de investigaciones antropológicas a
formatos teatrales, performáticos o audiovisuales que pro-
picien su divulgación ya no solo en los ámbitos académicos
habituales, sino también en nuevos públicos así como en
la devolución de los resultados a los grupos sociales con
los que trabajamos. Tal es el caso de los trabajos de Roa
(2015, 2016) sobre sus producciones de "teatro etnográfico",
basadas en su investigación doctoral sobre subjetividades
de jóvenes cosecheros de la provincia de Misiones; también
en mi caso (Citro, en prensa) produje video-*performances*
experimentales, en un caso, a partir de mis investigaciones
sobre las representaciones del vínculo cuerpo-mundo entre
los indígenas tobas y mocovíes; y en otro, de indagaciones sobre los vínculos entre corporalidad, performatividad
y poder en la construcción de las posiciones identitarias

---

[1] Un video que retrata parte de esta experiencia, puede verse en *Taller de danza
y memoria en el barrio toba de Ingeniero Juárez* (8′, 2011). Disponible en
https://bit.ly/2ztzvxW.
[2] Un video que sintetiza parte de este taller puede verse en *Pasos del pasado. La
antropología desde los cuerpos como dispositivo de memorias culturales.* (9′18′′,
2014). Disponible en https://bit.ly/2ukUY6r
[3] Proyecto UBACYT (20020160100089BA, 2017-2020) "Aportes metodológicos de la performance-investigación a los estudios socio-antropológicos
sobre los cuerpos", Instituto de Ciencias Antropológicas, Facultad de Filosofía y Letras, Universidad de Buenos Aires.

sexo-genéricas (Citro, 2015)[4]. Finalmente, un tercer conjunto de prácticas fueron desarrolladas en el campo de las
pedagogías universitarias, en las diversas materias y cursos
que dictamos en la Universidad de Buenos Aires, así como
en cursos de posgrado ofrecimos en diferentes universidades de Argentina y América Latina[5].

Nos interesa profundizar aquí especialmente en el
carácter interdisciplinario e interculturalidad que proponemos para estas estrategias. En relación a la interdisciplinariedad, nos hemos ido nutriendo no solo de
las investigaciones socio-antropológica y humanas antes
señaladas, sino también de diversas prácticas que se han
venido gestando especialmente en el último siglo, como
alternativas críticas a los modos hegemónicos desarrollados en los campos pedagógicos, artísticos, políticos
e incluso terapéuticos. En este sentido, consideramos
que existe un importante acervo de prácticas colectivas
en cada uno de estos campos, que pueden brindar-
nos importantes herramientas para repensar críticamente y recrear nuestros modos de investigación social,
docencia universitaria y divulgación académica. Entre
estas, destacamos: la "pedagogía del oprimido" de Freire
(1982) y las diversas experiencias de educación popular
que, a partir del diálogo entre educadores-educandos y
entre saberes académicos-populares, proponen procesos
de empoderamiento para la transformación social; las
experimentaciones performáticas ensayadas en diversos ámbitos artísticos, tanto desde las vanguardias de
la primera y segunda posguerra europea como en los
distintos movimientos estéticos latinoamericanos; las

---

4   En el primer caso, se trata del video *Transmutaciones del ser-en-el-mundo*
(14'06'', 2015). Disponible en https://bit.ly/2uehDkO; y en el segundo, de
Sísif@ un antiguo mito revisitado (7', 2014. Disponible en https://vimeo.com/
164929589

5   Algunos ejemplos de breves *performances* producidos por los estudiantes en
el marco de una clase universitaria, pueden verse en https://bit.ly/2L17v6g;
y en https://bit.ly/2L3Kn6Z

modalidades artístico-políticas participativas promovidas por el "teatro del oprimido" de Augusto Boal en Brasil, los diversos movimientos de "teatros" y "danzas comunitarias" y, en el caso argentino, por muchos de los colectivos artísticos surgidos luego de la crisis del 2001; las diversas modalidades de "psicodrama" (Moreno, 1993; Kesselman y Pavlovsky, 1989); y finalmente, las modalidades de activismo político y prácticas autogestivas que se vienen gestando en diversos movimientos sociales: aquellos ligados a los feminismos, las sexualidades disidentes, los movimientos LGTTTBI (lésbico, gay, travesti, transexual, transgénero, bisexual, intersexual) y el movimiento *queer/cuir*, a los movimientos de derechos humanos, de los desocupados, o las reivindicaciones de grupos indígenas, campesinos y afrodescendientes, para citar los casos más relevantes.

En un sentido similar de apertura, la apelación a una perspectiva intercultural, implica permitirnos ir más allá de los límites de nuestra episteme (pos)moderna occidental, para indagar y experimentar, por ejemplo, con la incorporación de prácticas de saber-hacer, mitos, rituales y estéticas provenientes de nuestros pueblos originarios, afrodescendientes y mestizo populares, e incluso también de las diversas tradiciones asiáticas. Hace varias décadas atrás, Taussig (1992, p. 29) proponía que el objetivo de la antropología no debería ser solamente el estudio de las otras sociedades para revelar "en qué forma se ven influidas por la nuestra", sino que al mismo tiempo tales investigaciones deberían proporcionarnos "alguna facultad crítica con qué evaluar y comprender las suposiciones sacrosantas e inconscientes que se construyen y surgen de nuestras formas sociales". No obstante, es posible también dar un paso más, y pasar de esta perspectiva crítica a una praxis transformadora, ensayando formas de "interculturalidad crítica" que, como recientemente han señalado Walsh (2008) para el contexto latinoamericano, operen como estrategias micropolíticas descolonizantes.

Es importante aclarar que a pesar de la multiplicidad de teorías y prácticas aquí referenciadas, esta diversidad no implica una simple yuxtaposición o montaje de metodologías y técnicas, amparada en un relativismo posmoderno multicultural –aunque reconocemos sí que este es un peligro siempre latente. Por el contrario, esta multiplicidad intenta convertirse en una apuesta de apertura epistemológica y también política, por un mayor pluralismo metodológico en las ciencias sociales, que nos permita explorar nuevos modos de indagar, encarnadamente y con los/as otros/as, en aquellas problemáticas socioculturales que nos atraviesan, e incluso también, de ensayar colectivamente algunas posibilidades de transformarlas. Pero para ello, cada incorporación y cruce entre teorías y prácticas, exige primero una cuidadosa contextualización previa y análisis crítico, así como un posterior ejercicio creativo de trasposición, en el que esa práctica es readaptada y combinada con otras, según los fines y el contexto situacional y sociocultural en el que se realiza cada investigación y/o proceso pedagógico. De ahí que no se trate tanto de técnicas prefijadas, sino de estrategias metodológicas que requieren ser especialmente diseñadas y readaptadas, según cada grupo y contexto.

En conclusión, podríamos decir que si heredamos una modalidad investigativa y pedagógica que es fruto de los procesos de colonialidad-modernidad y que ha estado basada mayormente en el logocentrismo, el individualismo, los disciplinamientos y normalizaciones de las microfísicas del poder y el imperialismo ideológico de la ciencia occidental, lo que proponemos es explorar estratégicamente aquellos otros modos de saber que permanecieron por fuera o a veces en los bordes de aquel entramado *ontológico-epistémico–micropolítico* hegemónico, y que por ello tendieron a ser deslegitimados, invisibilizados, silenciados, soterrados. Ahora bien, más allá de esta intencionalidad decolonial que anima estas experimentaciones metodológicas, ¿qué otras intenciones nos impulsan? Nuestra provisoria respuesta son algunas hipótesis-esperanzas sobre las contribuciones epistemológicas y micropolíticas que estas metodologías híbridas podrían aportar a las actuales prácticas de investigación, docencia y divulgación en América Latina. En términos epistemológicos, consideramos que promueven una diversificación y ampliación de las formas de conocimiento y reflexividad, al profundizar en los distintos modos senso-perceptivos y afectivos inherentes a todo proceso cognoscente, pero que han tendido a invisibilizarse en los formatos académicos tradicionales; en términos políticos, favorecen la emergencia de modalidades participativas que involucran relaciones más simétricas así como un mayor agenciamiento individual y colectivo. Y me atrevería a agregar una tercera cualidad, estas formas de conocer-reflexionar suelen convocar más fácilmente las "pasiones alegres", las cuales son fundamentales para despertar y fortalecer el deseo por el saber, pero también para articular procesos de empoderamiento y resistencia política colectiva frente a las múltiples violencias que hoy padecemos en América Latina.

Por último, para concluir esta primera parte, quisiera exponer este breve cuadro que intenta resumir algunas de las principales características de las modalidades hegemónicas del saber académico (especialmente desde el positivismo y el disciplinamiento de la modernidad-colonialidad), y las compara con las características complementarias que proponemos explorar desde la *performance*-investigación; a la manera, probablemente, de un horizonte utópico, el cual, no obstante, no dejamos de ensayar...

PRACTICAS ACADÉMICAS HEGEMÓNICAS	HORIZONTE DE LA PERFORMANCE-INVESTIGACION
Logocentrismo de la razón-palabra y neutralidad afectiva. -Descripciones "objetivas", análisis conceptuales y abstracciones generalizadoras.	*Performances*: prácticas multimediales que combinan palabras-sonoridades, gestos-movimientos, imágenes (audio)visuales, olfativas, táctiles y gustativas; promoviendo la diversidad de afectaciones sensibles. -Descripciones multisituadas, narrativas de experiencias vividas, análisis conceptuales y abstracciones generalizadoras pero también síntesis metafórico-poéticas, apelando a diferentes modos de significación (simbólicos, icónicos e indexicales).
Investigador individual.	*Investigación-creación colectiva con etapas de repliegue subjetivo-individuación.*
Especialización de los modos de saber-hacer y *jerarquización* de las relaciones de "saber-poder".	*Interdisciplinariedad* y apertura al intercambio con *los saberes no académicos y/o subalternizados.*
Epistemes del "mundo occidental"	*Interculturalidad crítica* en diálogo con modos de saber-hacer de diversas regiones y orígenes culturales.
Micropolíticas del disciplinamiento y la normalización: – Procesos de sujeción-fijación de las identificaciones en "identidades" (sexo-genéricas, étnico-raciales, de clase, profesionales, etc.) -Jerarquías institucionales prefijadas (investigador-investigado, docente-alumno, conferencista-auditorio)	*Micropolíticas del deseo y las prácticas de libertad*: -Posibilidad de circulación por distintas "posiciones identitarias" para experimentar, atravesar y transformar sus límites. -Propiciar la horizontalidad y reciprocidad entre las diversas posiciones institucionales.

-Organización los procesos (especialmente pedagógicos y productivos) en esquemas evolutivos prefijados, de complejidad creciente, con control de los tiempos y fijación de pruebas. – Recorridos prefijados en espacios cerrados, con división funcional-jerárquica en zonas y disposiciones rectilíneas.	-Procesos (investigativos y pedagógicos) que involucran la imitación práctica, los modos analógicos y el juego simbólico, como proceso lúdico-creativo capaz de producir nuevas prácticas significantes y reflexividades, instaurando su propia temporalidad colectiva. -Exploración de espacios abiertos (conexiones con el entorno), multifuncionales, con disposiciones circulares.

Reseña del taller en el V ELMeCS

Este taller tuvo como objetivo compartir con los participantes una estrategia metodológica de *performance*-investigación orientada al reconocimiento e indagación colectiva sobre los modos en que determinadas normatividades y performatividades sexo-genéricas se encarnan en nuestras prácticas sociales cotidianas. En primer lugar, quiero aclarar que un antecedente de esta propuesta fue una actividad realizada en el taller "Corporizando ideas", que organizamos con nuestro equipo durante 2016, con la coordinación de la Prof. Gabriela Iuso, y en el cual exploramos cómo indagar en diferentes conceptos teóricos desde nuestros cuerpos en movimiento. Así, en uno de estos encuentros, nos propusimos trabajar el concepto de "performatividad" de Judith Butler (1999, 2002). Nos interesaba indagar sobre los modos en que estamos atravesados por poderosas matrices hegemónicas que definen nuestros posicionamientos identitarios (en especial los de sexo-género y raza-etnicidad, aunque podríamos también pensar en la clase y otras adscripciones identitarias), y sobre todo, cómo estos posicionamientos se conforman a partir de nuestra capacidad de "citar", mediante actos performativos, esas normas hegemónicas. Como sostiene la autora, esas matrices son

citadas "y reiteradas, logrando su efecto mediante su naturalización en el contexto de un cuerpo" (Butler, 1999, p. 15),
y terminan expulsando al campo de lo ininteligible o incluso de lo abyecto, otras identificaciones posibles. Como es
conocido, desde esta perspectiva, toda construcción identitaria es fundamentalmente un proceso de reiteración per-
formativa, aunque advirtiendo que esa reiteración no está
determinada plenamente de antemano, pues en cada cita
o reiteración, podemos producir rearticulaciones, desliza-
mientos y subversiones (Butler, 2002, p. 145).

Para explorar este concepto, en aquel momento
Gabriela nos propuso recordar alguna situación de "incomodidad" que hayamos vivido en relación a nuestra identificación sexo-genérica, es decir: alguna práctica incómoda
o displacentera que nos hayamos visto forzadas a realizar reiteradamente por ser socialmente identificadas, en
nuestros casos, como "mujeres". Sin embargo, y cómo era
habitual se nuestros encuentros, no se trataba solamente de
explorar estas performatividades desde las imágenes mentales que proporcionan nuestros recuerdos introspectivos y
tampoco solamente desde el diálogo y el grupo de discusión,
sino también, de encarnar esas situaciones con nuestros
cuerpos en movimiento.

A partir de esta experiencia previa, elaboré entonces el
siguiente taller de *performance*-investigación sobre las performatividades sexo-genéricas, el cual se organizó en los
cinco momentos y las diferentes actividades que a continuación reseñaré, según fueron realizadas en el V ELMeCS.

El primer momento, como es habitual en estas dinámicas colectivas (y en especial cuando se trata de grupos
que no se conocen entre sí), tuvo la intención de acercar
a los participantes a un primer reconocimiento sensible
del propio cuerpo, del espacio en el que se trabajará, y de
los/as compañeras/os con las/os que se realizará la actividad; lo que en algunas dinámicas de grupos suele denominarse "caldeamiento". Para este momento inicial, combina-
mos entonces algunas actividades sencillas (habituales en el

campo del teatro y la expresión corporal), como el caminar por el espacio y mover el cuerpo libremente con una música de acompañamiento (en este caso elegimos músicas afro-cubanas), percibir el espacio con los diferentes sentidos y luego las propias sensaciones, afectos e ideas que tenemos al realizar estas primeras caminatas-movimientos. Luego, propusimos una actividad de reconocimiento de las/os compañeras/os, especialmente diseñada para este grupo de participantes, provenientes de las ciencias sociales. A cada uno les dimos una breve encuesta (ver anexo A) que le invitamos a completar, y a conservar consigo para trabajar luego en el taller. Una vez realizadas las primeras caminata-movimientos libres con la música, les propusimos que cuando la música cesara, se pararan frente al compañero/a que tuvieran más cerca, y simplemente lo saludaran, se presentaran y conocieran libremente, por un lapso aproximado de dos minutos. Luego, al reanudarse la música, fueron invitados a continuar libremente con sus caminata-movimientos. En el segundo silencio, la propuesta fue acercarse y conocer a un segundo compañero/a pero esta vez sin hablar y utilizando libremente los diferentes sentidos perceptivos y movimiento corporales; posteriormente, con la música, reanudaban sus caminata-movimientos. Finalmente, en el tercer silencio, eran invitados/as a pararse frente a un/a tercer/a compañero/a y a intercambiar solo sus encuestas.

Una vez finalizado este primer momento, propusimos una breve discusión sobre las sensaciones, emociones e ideas que surgieron durante la práctica, en relación a estos tres modos de acercarse y reconocer a un otro: desde modalidades no estructuradas, pero que la mayoría de las veces recurren al gesto de saludo y la conversación; desde la percepción sensorial y el movimiento, que al suprimirse el habla tiende generalmente a centrarse en la visualidad; y finalmente, desde un modo estructurado, como es la encuesta. Asimismo, propusimos reflexionar sobre cómo estos modos son utilizados o no en nuestras investigaciones empíricas en las ciencias sociales, y a preguntarnos sobre el tipo de experiencias intersubjetivas que generan entre investigadores-investigados.

El segundo momento, comenzó ya a desplegar la problemática central del taller, a partir de una actividad que denomino "auto-genealogías reflexivas y geopolíticamente situadas" y se organizó en tres actividades. Primero, les pedimos que eligieran una postura corporal cómoda, cerraran sus ojos y tratasen de indagar en sus propios recuerdos, algún modo de actuar y usar el propio cuerpo, que se hayan visto forzados/as o interpelados/as a realizar, por la imposición o la hegemonía de una identificación sexogenérica, y que haya estado asociado a una cierta incomodidad o displacer. Se remarcó que intentasen recordar alguna "experiencia vivida" que se haya reiterado a lo largo de un lapso de tiempo, y también, que fuera compartida por otros. Es decir, no se trata de indagar en experiencias extraordinarias únicas e individuales sino en performatividades sociales que se reiteran en el tiempo y entre diferentes sujetos sociales –más allá de que la experiencia subjetiva de "incomodidad-displacer" pueda variar intersubjetivamente, en un mismo contexto sociocultural–.

En segundo lugar, se invitó a que ese recuerdo genérico fuera reconstruido por una serie de preguntas más específicas, que cada uno debía contestarse a sí mismo. Estas preguntas (anexo B), provienen de una guía de descripción analítica de la experiencia corporal, elaborada por nuestro equipo para los registros etnográficos, y es también utilizada, con las adaptaciones pertinente, tanto en nuestras investigaciones como en los cursos universitarios de antropología del cuerpo y en diferentes talleres de *performance*-investigación. La intención de esta guía es poder llevar la atención a los aspectos sensoriales y afectivos de la experiencia, que a veces tienden a ser descuidados en las investigaciones socio-antropológicos, por el énfasis dado a los discursos obtenidos en entrevistas y conversaciones, como material privilegiado del análisis.

En tercer lugar, se invitó a que esa experiencia vivida sea sintetizada en algunos gestos o movimientos corporales, que permitiesen comunicar parte de esa experiencia a otras personas. Se trata así de encarnar aquel recuerdo ya analizado, en una breve secuencia performática que lo evoque, y de enfrentarnos también al desafío de una comunicación no centrada exclusivamente en las palabras.

El *tercer momento* del taller, desplegó dos actividades de reflexión performática colectiva. En la primera, se propuso realizar la propia secuencia performática individual en el espacio, intentando reconocer a otros/as compañeros/as que estén realizando algún gesto o movimiento que les resultara más o menos similar al propio, para formar así diferentes grupos de afinidades. Una vez conformados estos grupos, se realizó una discusión grupal, en las que se invitó a intercambiar las experiencias elegidas por cada uno, y a debatir en torno a las siguientes preguntas: ¿Qué similitudes y/o diferencias existieron entre el recuerdo genérico y el analítico?, ¿qué similitudes y/o diferencias aparecieron al comunicar esa experiencia con un gesto-movimiento y al describirla luego con palabras?, ¿qué sensaciones y emociones asociaron a esa experiencia?, ¿cómo estas experiencias se vinculan a determinadas posiciones de clase, generacionales y/o étnico-raciales?, ¿qué efectos performativos consideran que ha tenido en ustedes la reiteración de ese tipo de maneras de actuar y usar sus cuerpos?

En el *cuarto momento*, a partir de las *performances* y de las discusiones de cada grupo, se invitó a producir lo que denominamos un *montaje performático colectivo de los deseos*. Se propone crear una breve secuencia de acciones en la que se presente esa experiencia de incomodidad compartida, pero también, se proponga una alternativa creativa que muestre cómo desearían transformar esa situación, cómo podría ser convertida en una experiencia más placentera. Asimismo, propusimos que cada grupo elija un título que sintetice ese montaje performático. Esta actividad podría vincularse, en parte, con la noción de "inédito viable" en la pedagogía de

Freyre, en tanto invita a la reflexión crítica pero también a la imaginación y proyección de una acción transformadora frente a una situación de opresión. Según este autor:

> [...] el inédito viable es algo que el sueño utópico sabe que existe pero que solo se conseguirá por la praxis libertadora que puede pasar por la teoría de la acción dialógica [...]. Así, cuando los seres conscientes quieren, reflexionan y actúan para derribar las situaciones límite que los obligan como a casi todos y todas a ser menos, lo "inédito viable" ya no es él mismo, sino su concreción en lo que antes tenía de no viable. (Freire, 1999, p. 195)

Es esta dimensión de la acción, la que justamente remarca el "teatro del oprimido" de Boal. El autor aboga para que en el pasaje del público desde su habitual rol de "espectador" al de "actor participante", estos "inventen un nuevo mundo [...]" en la ficción teatral, pero con la intención de que ese ejercicio "estimule el deseo de cambiar el mundo" en la realidad social (Boal, 2001, p. 84-85). Así, al asumir un rol protagónico en la acción, encarnando *performances* transformadoras, el "espectactor [...] ensaya soluciones, debate proyectos de cambio, en resumen, se entrena para la acción real", por ello, dirá también, esta modalidad participativa se constituye en un "ensayo de la revolución" (Boal, 1989, p. 25,17). No obstante, cabe recordar que uno de los corolarios que puede desprenderse de las teorías de la performatividad antes mencionadas, es que este tipo de ensayos performáticos creativos, que "juegan" a transformar nuestras performatividades sociales disciplinantes, solo podrán ser "eficaces" en la vida social si se reiteran durante un lapso considerable de tiempo y se replican en diferentes ámbitos de la vida social.

Finalmente, para el *quinto momento*, se propone que cada grupo muestre su montaje, y que los/as otros/as participantes, traten de imaginar qué experiencias están presentado sus compañeros/as, y comenten también las sensaciones, emociones y significaciones que les genera esa performance. Luego, los integrantes de cada grupo comentan sus experiencias y develan el título del montaje performático. Cabe agregar que cuando tenemos tiempo suficiente, promovemos también que los espectadores retomen algún movimiento, gesto o sonido que les resulte significativo de cada montaje y lo realicemos todos juntos.

A continuación, se exponen algunas fotos sobre los montajes realizados por cada grupo, cabe destacar que algunos de los temas tratados fueron: el autocontrol de la propia imagen corporal y la gestualidad, por la presión de las miradas sociales, especialmente sobre los cuerpos femeninos en los espacios públicos (foto 1); el silencio y la pasividad a la que se ven forzadas algunas mujeres ante las situaciones de acoso callejero (fotos 2 y 3); el autocontrol de determinadas intensidades emocionales que se va imponiendo con el paso de los años a muchas mujeres (fotos 4 y 5); la presión de las matrices heteronormativas sobre las posturas, gestualidades y vestimentas, especialmente sobre *aquellxs* cuerpos que no se "ajustan" a los modelos socialmente legitimados para cada sexo-género (fotos 6, 7 y 8); la delimitación heteronormativa de las prácticas recreativas, entre otros temas.

Foto 1. La Colectiva Desenfocadas

Foto 2. La Colectiva Desenfocadas

Foto 3. La Colectiva Desenfocadas

Foto 4. La Colectiva Desenfocadas

Foto 5. La Colectiva Desenfocadas

Foto 6. La Colectiva Desenfocadas

Foto 7. La Colectiva Desenfocadas

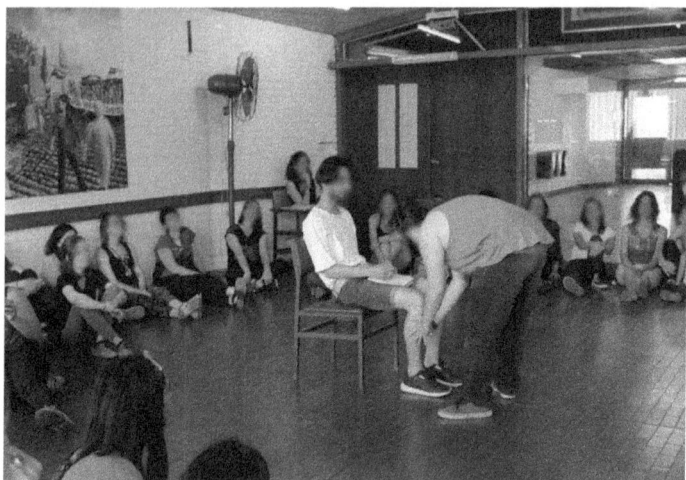

Foto 8. La Colectiva Desenfocadas

Foto 9. La Colectiva Desenfocadas

Foto 10. La Colectiva Desenfocadas

Foto 11. La Colectiva Desenfocadas

Foto 12. La Colectiva Desenfocadas

Reflexiones finales

En esta presentación, expuse algunas de las motivaciones y fundamentaciones teóricas que nos llevaron a explorar metodologías performáticas, que junto con nuestro equipo venimos ensayando tanto en prácticas de investigación participativas como en diversas experiencias pedagógicas universitarias y congresos académicos. Nuestra intención es que este tipo de prácticas que recurren al movimiento corporal y exploración senso-perceptiva, puedan incorporarse como una vía complementaria para la producción de conocimiento, para promover una reflexividad más plenamente corporizada, sentí-pensante y colectiva.

Un elemento que quisiera destacar es que si bien la dinámica de taller aquí reseñada, con sus adaptaciones específicas, puede realizarse con distintos grupos sociales en el marco de investigaciones sobre problemáticas de género, aquí el desafío que se agregó, es que los propios investigadores fueron invitados a indagar, desde sus propias experiencias vividas, sobre la problemática. Justamente, considero que este tipo de indagaciones también pueden constituirse en una herramienta de utilidad para promover procesos de reflexividad en los cientistas sociales, ayudándonos a identificar los posicionamientos, las significaciones y las valoraciones previas que poseemos sobre las problemáticas a investigar. Como pudo apreciarse, el aporte que intentamos hacer desde la *performance*-investigación, es que estos ejercicios reflexivos no se efectúan solamente a través la indagación introspectiva individual, basada fundamentalmente en la práctica escritural, sino también a través de la reflexividad que proviene de la misma experiencia práctica, de la *performance* colectiva, los diálogos y debates compartidos. En este sentido, desde hace tiempo sostenemos que la atención a los modos en que usamos nuestros cuerpos, permite complementar las informaciones aportadas por los discursos verbales, pues muchas veces, aquello que las palabras olvidan o estratégicamente invisibilizan o reconfiguran, puede ser inferido por los modos peculiares en que los gestos, la imagen corporal y los movimientos han sido efectuados. Por tanto, aquello que reconocemos como herramienta válida para el entendimiento de "los/as otros/as", también podría ayudarnos a entendernos a nosotros/as mismos, incluyendo nuestro rol como investigadoras/es.

Referencias bibliográficas

Araújo, Samuel, "From Neutrality to Praxis: The Shifting Politics of Ethnomusicology in the Contemporary World", en *Musicological Annual 1*, Ljubljana, 2008, pp. 13-30.

Arboleda Gómez, Rubiera, *El cuerpo: huellas del desplazamiento. El caso de Macondo*, Medellin, Hombre Nuevo Editores, 2009.

Bizerril, José, *O retorno à raiz: uma linhagem taoísta no Brasil*, San Pablo, Attar, 2007.

Blacking, John, *The Anthropology of the Body*, Londres, Academic Press, 1977.

Boal, Augusto, *Teatro del oprimido 1. Teoría y práctica*, México, Nueva Imagen, 1989.

Bourdieu, Pierre, *El sentido práctico*, Madrid, Taurus, 1991.

Butler, Judith, *El género en disputa: El feminismo y la subversión de la identidad*, Buenos Aires, Paidós, 1999.

_____, *Cuerpos que importan: sobre los límites materiales y discursivos del sexo*, Buenos Aires, Paidós, 2002.

Citro, Silvia, *Cuerpos festivo-rituales: Un abordaje desde el rock*. Tesis de Licenciatura en Cs. Antropológicas, Facultad de Filosofía y Letras, Universidad de Buenos Aires, 1997.

_____, *Cuerpos Significantes: Una etnografía dialéctica con los toba takshik*. Tesis de doctorado en Antropología, Facultad de Filosofía y Letras, Universidad de Buenos Aires, 2003.

_____, *Cuerpos Significantes. Travesías de una etnografía dialéctica*, Colección Culturalia, Buenos Aires, Editorial Biblos, 2009.

_____, "Cuerpos significantes. Nuevas travesías dialécticas", en *Corpo-gafrías. Estudios críticos de y desde los cuerpos*, Vol. 1, Bogotá, 2014, pp. 106-106.

Citro, S., P. Aschieri y Y. Mennelli, "El multiculturalismo en los cuerpos y las paradojas de la desigualdad poscolonial", en *Boletín de Antropología*, Vol. 25, n.o 42, Universidad de Antioquía, Colombia, 2011, pp.103-128.

Citro, Silvia, Mayra Lucio y Rodolfo Puglisi, "Hacia una perspectiva interdisciplinar sobre la corporeidad: Los habitus, entre la filosofía, la antropología y las neurociencias", en Muñiz, Elsa (comp.) *Heurísticas del cuerpo. Consideraciones desde América Latina*, México DF, UAM-Xochimilco-La Cifra Editorial, 2015, pp. 97-129.

Citro, S., *et. al.* "Las performances como metodología de investigación participativa". Ponencia presentada como Panelista invitada a las *2das. Jornadas de Investigación: Cuerpo, Arte y Comunicación. Metodologías y métodos*. Facultad de Humanidades y Ciencias de la Educación, Universidad Nacional de La Plata, Buenos Aires, Argentina, 12 y 13 de julio de 2016.

Csordas, Thomas, "Somatic Modes of Attention", en *Cultural Anthropology*, 8 (2), 1993, pp. 135-156.

Damasio, Antonio, *El error de Descartes*, Buenos Aires, Editorial Drakontos, 2008.

Deleuze, Gilles y Felix Guattari, *Mil mesetas. Capitalismo y esquizofrenia*, Valencia, Editorial Pre-textos, 1994.

De Sousa Santos, Boaventura, *Descolonizar el saber, reinventar el poder*, Montevideo, Trilce, 2010.

Dussel, Enrique, "Europa, modernidad y eurocentrismo", en Lander, Edgardo (comp.), *La colonialidad del saber: eurocentrismo y ciencias sociales. Perspectivas Latinoamericanas*, Buenos Aires, CLACSO, 2000.

Elías, Norbert, *El proceso civilizatorio*, Buenos Aires, Fondo de Cultura Económica, 1993.

Fals Borda, Orlando, *El problema de cómo investigar la realidad para transformarla por la praxis*, Colombia, Tercer Mundo, 1994.

Foucault, Michel, *Vigilar y castigar*, Buenos Aires, Siglo XXI, 1987.

_____, *La hermenéutica del sujeto*, Buenos Aires, Fondo de Cultura Económica, 2001.

Freire, Paulo, *Pedagogia del oprimido*, Madrid, Siglo XXI, 1982.

Gardner, Howard, *Inteligencias múltiples*, Buenos Aires, Paidós, 1987.

Gómez, Mariana, Lucrecia Greco y Soledad Torres Agüero, "Notas sobre talleres de danza y memoria en un barrio toba del oeste formoseño", en *La Pata en diálogo con el Primer Encuentro Sudamericano de Danza y Políticas del Área de Danza del CCC. Departamento de Artes del Movimiento del IUNA*, 2012.

Greco, Lucrecia "O "hábito da criação. Análise de uma experiência de trabalho corporal com mulheres no bairro 31, Buenos Aires", *Idanca.txt*, Vol. 2, disponible en http://idanca.net/idanca-txt, 2010.

_____, *Políticas culturales y performance en proyectos artístico-sociales: un estudio comparativo entre sectores populares de Buenos Aires y Río de Janeiro*, Tesis de Doctorado, Facultad de Filosofía y Letras, UBA, 2013.

Jackson, Michael, *Paths toward a Clearing: Radical Empiricism and Ethnographic Inquiry*, Indiana, Indiana University Press, 1989.

Katzer, Leticia y Agustín Samprón, "El trabajo de campo como proceso. La "etnografía colaborativa" como perspectiva analítica", *Revista Latinoamericana de Metodología de la Investigación Social*, n.o 2 (1), 2011, pp. 59-70.

Kesselman, Hernán y Eduardo Pavlovsky, *La multiplicación dramática*, Buenos Aires, Ayllu, 1989.

Lander, Edgardo (comp.), *La colonialidad del saber: Euro-centrismo y ciencias sociales. Perspectivas latinoamericanas,* Buenos Aires, Consejo Latinoamericano de Ciencias Sociales, 2000.

Lassiter, Luke Eric, "Collaborative Ethnography and Public Anthropology", *Current Anthropology,* n.o 46 (1), 2005, pp. 83-106.

Marcus, George, "El o los fines de la etnografía: del desorden de lo experimental al desorden barroco", *Revista de Antropología Social,* n.o 17, 2008, pp. 27-48.

Merleau-Ponty, Maurice, *Fenomenología de la percepción,* México, Fondo de Cultura Económica, 1994.

Mignolo, Walter, *Historias locales / Diseños globales: Colonialidad, conocimientos subalternos y pensamiento fronterizo,* Madrid, Ediciones Akal, 2003.

Moreno, Jacobo Ley, *Psicodrama,* Buenos Aires, Lumen,1993.

Muñiz, Elsa, *Cuerpo, representación y poder. México en los albores de la reconstrucción nacional 1920-1934,* México, Porrúa-UAM Azcapotzalco, 2002.

Nietzsche, Frederich, *La Voluntad de Poder (1901),* Madrid, EDAF, 2000.

Pedraza Gómez, Zandra, *En cuerpo y alma. Visiones del progreso y de la felicidad,* Bogotá, Universidad de los Andes, 1999.

Piaget, Jean, *Seis estudios de psicología,* Buenos Aires, Ariel, 1964.

Rabelo, Miriam "A possessão como prática: esboço de uma reflexão fenomenológica", *Mana,* n.o 14 (1), 2008, pp. 87-117.

Rapapport, Joan y A. Ramos Pacho, "Una historia colaborativa: retos para el diálogo indígena-académico" en *Historia Crítica,* Bogotá, Universidad de los Andes, 2005, pp. 39-62.

Rapapport, Joan, "Más allá de la escritura: la epistemología de la etnografía en colaboración", Revista Colombiana de *Antropología* n.o 43, 2007, pp. 197-229.

Riaño Alcalá, Pilar "Encuentros artísticos con el dolor, las memorias y las violencias", *Íconos* n.o 21, 2005, pp. 91-104.

Schechner, Richard, *Performance. Teoría y Prácticas interculturales*, Buenos Aires, Libros del Rojas, Universidad de Buenos Aires, 2000.

Taussig, Michael, "El fetichismo y la deconstrucción dialéctica", en *El diablo y el Fetichismo de la Mercancía en Sudamérica*, México, Nueva Imagen, 1992, pp. 17-29.

Taylor, Diana, "Hacia una definición de performance", disponible en *http://www.nyu.edu/tisch/performance*, 2001.

Turner, Victor, *The Anthropology of Performance (1983)*, Nueva York, Paj Publications, 1992.

Wacquant, Lois, *Entre las cuerdas. Cuadernos de un aprendiz de boxeador*, Buenos Aires, Siglo XXI, 2004.

Walsh, Catherine, "Interculturalidad crítica, pedagogía decolonial", en Villa, W. y A. Grueso (comp.), *Diversidad, interculturalidad y construcción de ciudad*, Bogotá, Universidad Pedagógica Nacional/Alcaldía Mayor, 2008.

Ylönen, Maarit, "Bodily Flashes of dancing Women: Dance as a Method of Inquiry", en *Qualitative Inquiry*, n.o 9 (4), 2003, pp. 554-568.

Anexo A: Encuesta

1. ¿Por qué vino al taller? Resuma en 4 palabras claves.
2. Nacionalidad
3. Edad (marque con una cruz)
   Entre 15 y 25
   25-35
   35-45
   45-55
   55-65
   Más de 65

4. Clase social (marque con una cruz)
Alta
Media-alta
Media
Media-baja
Baja
5. Mayor nivel educativo alcanzado
Universitario Posgrado
Universitario Grado
Terciario
Secundario
Primario
6. Ocupación actual
7. Mi identificación sexo-génerica actual estaría mejor representada por el/los términos:
8. Mi identificación étnico-racial actual estaría mejor representada por el/los términos:

¡Gracias por participar!

Anexo B: Guía para la descripción analítica de una experiencia intersubjetiva

1. En esta situación, ¿estaban solos o acompañados?, en caso de elegir la segunda opción ¿cómo eran las distancias corporales con los cuerpos del otro?
2. ¿Cómo es el espacio en el que se dio esa situación: cerrado-abierto, oscuro-iluminado?
3. ¿Qué objetos e imágenes intervinieron?
4. ¿Cómo caracterizan a los cuerpos presentes, según tamaño, forma, color?
5. ¿Cómo estaban vestidos?
6. ¿Qué tratamientos aplicados al cuerpo percibieron? Maquillajes, tatuajes, peinados, etc.

7. ¿Cuál fue la postura corporal predominante: sentados, parados, acostados?

8. ¿Qué partes del cuerpo pusieron en movimiento y cuáles dejaron quietas?

9. ¿Realizaron desplazamientos por el espacio? ¿Qué formas o diseños espaciales adquirieron?

10. ¿Cómo definirían la temporalidad de los movimientos realizados? Lentos, rápidos, moderados.

11. ¿Cómo fue el flujo de energía o dinámica que involucraron? Continuo, entrecortado.

12. ¿Cuál fue el tono muscular predominante? Tenso, relajado.

13. ¿Qué sentidos perceptivos utilizaron mayoritariamente?

14. En esta situación, ¿se hallaban degustando bebidas, comidas o cigarros?

15. ¿Escuchando o produciendo músicas u otras expresiones sonoras?

16. ¿Olfateando olores?

17. ¿Recuerdan alguna sensación táctil? ¿Y cenestésica, al interior del propio cuerpo?

18. ¿Qué emociones o sentimientos asocian a estas experiencias?

19. ¿Qué voluntades o deseos?

20. ¿Qué ideas o significaciones?

Acerca de los autores

Adriana María Arpini

Profesora, licenciada y doctora en Filosofía por la Universidad Nacional de Cuyo –UNCuyo– (Argentina). Profesora de grado y posgrado, UNCuyo. Investigadora principal de CONICET en las áreas de Filosofía Práctica e Historia de las Ideas Latinoamericanas. Fue directora de la Maestría en Estudios Latinoamericanos de la Facultad de Ciencias Políticas y Sociales de la UNCuyo. Coordina la Especialización en Filosofía con niños y jóvenes de la Facultad de Filosofía y Letras de la UNCUyo. Autora y compiladora de libros, capítulos de libros y artículos en revista de circulación internacional. Entre sus publicaciones se pueden mencionar: *Filosofía, ética, política y educación,* con Leticia Molina (comps.) (Qellqasqa – Ediciones del Centro de Investigaciones Interdisciplinarias de Filosofía en la Escuela –CIIFE–, UNCuyo, 2008); *Eugenio María de Hostos y su época. Categorías sociales y fundamentación filosófica* (La Editorial, Universidad de Puerto Rico, 2007); *Razón práctica y discurso social latinoamericano. El "pensamiento fuerte" de Alberdi, Betances, Hostos, Martí y Ugarte* (comp. y coord.) (Biblos, 2000).

Manuel Canales

Sociólogo y doctor en Sociología por la Universidad Complutense de Madrid (España). Profesor de Metodología de la Investigación en la Universidad Estatal de O'Higgins, Chile. Entre sus publicaciones se destacan: *Metodología de*

Investigación Social. Introducción a los Oficios (comp.) (Editorial LOM, 2006); *Experiencias y metodología de la investigación participativa. Conversaciones para el entendimiento*, con J. Durston y F. Miranda (comps.) (Cepal, 2002); *Diseño del sistema sello bicentenario, para la comisión bicentenario* (Comisión bicentenario, Gobierno de Chile, 2004); Informe Desarrollo Humano en Chile: *El poder: ¿para qué y para quién?* (PNUD, 2004).

Silvia Citro

Doctora en Antropología por la Universidad de Buenos Aires –UBA– (Argentina) con formación en danza y música. Investigadora del Consejo Nacional de Investigaciones Científicas y Técnicas (CONICET) y profesora asociada de la Facultad de Filosofía y Letras de la UBA. Coordina el Equipo de Antropología del Cuerpo y la Performance (http://www.antropologiadelcuerpo.com). Algunos   de sus libros son: *Cuerpos significantes. Travesías de una etnografía dialéctica* (Biblos, 2009); *Cuerpos y corporalidades en las culturas de las Américas* (con Yanina Mennelli y José Bizerril, Biblos, 2015); *La Fiesta del 30 de agosto entre los mocoví de Santa Fe* y *Lengua, Cultura e historia mocoví en Santa Fe* (con Beatriz Gualdieri, Universidad de Buenos Aires, 2006), en colaboración con miembros de las comunidades indígenas. Ha publicado más de 50 artículos en compilaciones y revistas académicas de diferentes países.

Néstor Cohen

Licenciado en Sociología por la Universidad de Buenos Aires (Argentina), magíster en Metodología de la Investigación Científica por la Universidad Nacional de Entre Ríos y doctor en Ciencias Sociales por la Universidad de

Buenos Aires –UBA–. Profesor titular de Metodología de la Investigación (UBA), investigador y coordinador del Grupo de Estudio en Metodología de la Investigación Social (Gemis), Instituto Gino Germani (UBA). Autor de diferentes publicaciones vinculadas a la problemática discriminatoria y a la reflexión sobre la cuestión metodológica. Entre ellas: *La metodología de la investigación en debate,* con J. Piovani (comps.) (Eudeba-Edulp, 2008); *Perspectivas críticas sobre la cohesión social: desigualdad y tentativas fallidas de integración en América Latina*, con C. Barba (comps.) (CLACSO, 2011).

Roberto Follari

Licenciado y doctor en Psicología por la Universidad Nacional de San Luis (Argentina). Profesor de Epistemología de las Ciencias Sociales, Universidad Nacional de Cuyo. Profesor de posgrado en diversas universidades de la Argentina, Chile, Uruguay, Venezuela, Ecuador, Costa Rica, México y España. Autor de más de 200 artículos y 16 libros sobre filosofía, ciencias sociales y educación. Entre ellos: *Modernidad y Posmodernidad: una óptica desde América Latina* (Aique-Rei-IDEAS, 1990) y *La selva académica: los silenciados laberintos de los intelectuales en la universidad* (Homo Sapiens, 2008).

Carlos Gallegos

Politólogo formado en la Universidad Nacional Autónoma de México y con doctorado en la École de Hautes Étudies en Sciences Sociales (París, Francia). Profesor titular en la Facultad de Ciencias Políticas y Sociales de la Universidad Nacional Autónoma de México –UNAM–. Entre sus publicaciones recientes se destacan: *Reflexiones latinoamericanas sobre metodología de las ciencias sociales, Vol. I.,* junto a R. Lince Campillo, A. González Sánchez y D. Gutiérrez Rohán (coords.) (UNISON-UNAM-RedMet, 2011); *Lecturas de Metodología de las Ciencias Sociales* (Tomo I), junto a R. Lince Campillo, y D. Gutiérrez Rohán (coords.) (UNAM-UNICACH-RedMet, 2011); *¿Cómo investigamos? ¿Cómo enseñamos a investigar?* (Tomo II), junto a A. Mejía Martínez e Y. Paredes Vilchiz) (FCPyS, UNAM, 2016).

Luis Mauricio Phélan Casanova

Sociólogo y especialista en Análisis de Datos por la Universidad Central de Venezuela (UCV), Doctor en Sociología por la Universidad de Barcelona (UB). Profesor titular del Departamento de Métodos de la Escuela de Sociología de la Facultad de Ciencias Económicas y Sociales (FACES) de la Universidad Central de Venezuela (UCV). Director de la *Línea Población y Sociedad* del doctorado de Ciencias Sociales y del Instituto de Investigaciones Sociales y Económicas de la UCV. Ha sido consultor de UNICEF, UNFPA, PNUD, OMS/OPS. Entre sus publicaciones recientes se destacan: *Exploración de Indicadores para la medición operativa del concepto de Buen Vivir* (PYDLOS y Universidad de Cuenca, 2016). *Estudio exploratorio mediante el uso del procedimiento DEMOD de caracterización de variables nominales* (*Notas de Población* XLIV(104), 2017; *Potencialidades y Sinergias en América Latina* (*Monografía Europa balcánica y los países de la Cuenca del Mar Negro – Mercosur. Escenarios sociopolíticos, culturales e integracionistas: posibilidades y desafíos*), con Levy Sary y Jhoner Perdomo (Universidad John Naisbitt y CEISAL, 2016).

Juan Ignacio Piovani

Posdoctorado en Ciencias Sociales por la Universidad Nacional de Córdoba (Argentina), Doctor en Metodología de las Ciencias Sociales por Sapienza – Università di Roma (Italia) y magíster en Métodos Avanzados de Investigación Social y Estadística por City University London (Reino Unido). Profesor titular de Metodología en la Universidad Nacional de La Plata –UNLP– y en varias carreras de posgrado. Investigador principal del CONICET en el CIMeCS, Instituto de Investigaciones en Humanidades y Ciencias Sociales (IdIHCS), UNLP – CONICET. Director del Doctorado en Ciencias Sociales (UNLP) y del Doctorado binacional en Estudios Sociales Interdisciplinarios (UNLP – Universität Rostock). Coordinador de la Red Latinoamericana de Metodología de las Ciencias Sociales (RedMet). Ha publicado, entre otros libros, *Manual de Metodología de las Ciencias Sociales,* con A. Marradi y N. Archenti (Siglo XXI, 2018); *Alle origini della statistica moderna* (Angeli, 2006); *La metodología de la investigación en debate*, con N. Cohen (coords.) (Eudeba-Edulp, 2008) y *¿Condenados a la reflexividad? Apuntes para repensar el proceso de investigación social*, con L. Muñiz Terra (coords.) (Biblos-Clacso, 2018).

Ezequiel Potaschner

Licenciado en Sociología y doctorando en Ciencias Sociales en la Universidad Nacional de Cuyo –UNCuyo– (Argentina). Ha sido becario de CONICET. Docente de Metodología de la Investigación en la Facultad de Ciencias Políticas y Sociales de la UNCuyo. Ha dictado diferentes cursos y seminarios de metodología y de uso de herramientas informáticas para el análisis de datos. Coordinador y organizador del V ELMeCS. Entre sus publicaciones recientes se destacan: *Los temas de investigación y el contexto socio-histórico:*

una forma de profundizar la mirada en el modo en que se constru-
ye conocimiento científico (coautor) (Memorias de las I Jornadas de Sociología. FCPyS-UNCuyo, 2016); "Conduciendo
almas; buscando caminos. Los "nuevos" creyentes frente al
poder pastoral y la biopolítica", en Assalone, E. y Bedin,
P. (comp.), *Bios y Sociedad I.* (Universidad Nacional de Mar
del Plata, 2012); coautor de *Atlas de las creencias religiosas en
Argentina* (dirigido por F. Mallimaci) (Biblos, 2013).

Azucena Beatriz Reyes Suárez

Licenciada en Sociología por la Universidad del Salvador
(Argentina). Docente investigadora de la Universidad
Nacional de Cuyo –UNCuyo–. Ha sido profesora titular de Metodología de las Ciencias Sociales en la Facultad de Ciencias Políticas y Sociales (UNCuyo) y Profesora en posgrados de diferentes universidades. Directora de
numerosos proyectos de investigación. Fue vicedecana de
la Facultad de Ciencias Políticas y Sociales y Directora del
Centro de Investigaciones Científicas (UNCuyo). Coordinadora y organizadora del V ELMeCS. Entre sus publicaciones se destacan: *La pobreza más de cerca* (EDIUNC,
1993); *La enseñanza de la metodología en clave emancipatoria,
MILLCAYAC, Anuario de la FCPyS,* 2011; *La elaboración de
proyectos de investigación en la práctica pedagógica de la enseñanza de la metodología. Reflexiones a partir de una experiencia*
(II ELMeCS, Universidad de Sonora, 2011); *Los temas de
investigación y el contexto sociohistórico: una forma de profundizar la mirada en el modo en que se construye conocimiento
científico* (Memorias de las I Jornadas de Sociología, FCPyS-
UNCuyo, 2016); coautora de *Atlas de las creencias religiosas
en Argentina* (dirigido por F. Mallimaci) (Biblos, 2013).

Luis Diego Salas Ocampo

Bachiller en Sociología por la Universidad de Costa Rica, licenciado en Administración y Gerencia de Empresa y magíster en Administración de Negocios por la Universidad Castro Carazo (UMCA), magíster en Entornos Virtuales de Aprendizaje por la Universidad de Panamá. Académico-investigador de Escuela de Relaciones Internacionales de la Universidad Nacional (Costa Rica). Coordinador del Programa de Innovación metodológica, participación estudiantil y gestión del conocimiento. Algunas de sus publicaciones son: *Exploración de la investigación tecnológica promovida por el Consejo Nacional de Ciencia y Tecnología en Costa Rica durante los años 2000- 2008* (Segundo Congreso Iberoamericano de Información y Sociedad del Conocimiento), Universidad Nacional de Costa Rica – Universidad de Granada España, 2008; *El papel de la investigación en Ciencia Social en la Universidad Nacional de Costa Rica para el desarrollo de innovación* (Tercera Semana de las Ciencias Sociales), Universidad Nacional, Heredia, Costa Rica, 2007; *La construcción de intelligentsia en la enseñanza de ciencias sociales mediante formas innovadoras y sus implicaciones en el desarrollo nacional* (Segunda semana de las Ciencias Sociales), Universidad Nacional, Costa Rica, 2006.

Ruth Sautu

Licenciada en Economía por la Universidad de Buenos Aires –UBA– (Argentina). Ph. d. (Economics) Sociology, The London School of Economics and Political Science (Reino Unido). Profesora emérita y titular de Metodología de la Investigación en Ciencias Sociales, Facultad de Ciencias Sociales, UBA. Investigadora del Instituto de Investigaciones Gino Germani, UBA. Miembro de Número de la Academia Nacional de Educación. Algunos de sus libros son: *Todo es Teoría: Objetivos y Métodos de Investigación* (2003); *El análisis de las clases sociales: teorías y metodologías* (2011); *Economía, clases sociales y estilos de vida* (2016); *Manual de metodología: construcción del marco teórico, formulación de los objetivos y elección de la metodología* (2005); *Práctica de la investigación cuantitativa y cualitativa. Articulación entre la teoría, los métodos y las técnicas* (2007). Coordinadora de la serie *Cuadernos de Métodos y Técnicas de la investigación social ¿Cómo se hace?*

María Teresa Sirvent

Doctora (Ph. D.), master of Arts y master of Philosophy por Columbia University (EE. UU.). Licenciada y profesora en Ciencias de la Educación por la Universidad de Buenos Aires –UBA– (Argentina). Profesora consulta titular del Departamento de Ciencias de la Educación de la Facultad de Filosofía y Letras de la UBA. Investigadora principal del Consejo Nacional de Investigaciones Científicas y Técnicas (CONICET). Publicaciones recientes: *Investigación acción participativa. Un desafío de nuestros tiempos para la construcción de una sociedad democrática*, Colección Proyecto Páramo Andino, Quito-Ecuador, 2012 y *Metodología de la investigación social y educativa: diferentes caminos de producción de conocimiento* (manuscrito en vía de revisión), ambos escritos conjuntamente con Luis Rigal; *Educación de adultos: investigación y participación, desafíos y contradicciones* (2a ed., Miño y Dávila, 2008).

Willy Soto Acosta

Sociólogo y politólogo. Doctor por la Université d´Aix-Marseille (Francia). Catedrático de la Escuela de Relaciones Internacionales de la Universidad Nacional (Costa Rica) y profesor del Doctorado en Estudios Latinoamericanos de la misma universidad. Miembro del Grupo de Trabajo de CLACSO "Subjetivaciones, ciudadanías críticas y transformaciones sociales" y de la Red Latinoamericana de Metodología de las Ciencias Sociales. Entre sus publicaciones recientes se destacan las siguientes: *Política Internacional e Integración Regional Comparada* (ed.) (FLACSO-Universidad Nacional, Costa Rica, 2014); *Ciencias Sociales y Relaciones Internacionales: nuevas perspectivas desde América Latina* (ed.) (Universidad Nacional, Costa Rica-CLACSO, 2015) y *Repensar las fronteras, la integración regional y el territorio* (ed.) (Universidad Nacional, Costa Rica-CLACSO, 2017).

Gloria Clemencia Valencia González

Doctora en Educación y Política Educativa por la Universidad de Salamanca (España) y magíster en Desarrollo Educativo y Social por la Universidad Pedagógica Nacional (Colombia). Docente del Doctorado en Educación de la Universidad Católica de Manizales (Colombia). Entre sus publicaciones recientes se destacan: *Educación superior. Horizontes y Valoraciones. Relación Pei Ecaes*, con Díaz Villa, Muñoz, Urrea y Vivas (Editorial Bonaventuriana, 2006) y *Las especializaciones, conceptualización, diagnóstico y lineamientos de política* (ed. Icfes, 2002).

Irene Vasilachis De Gialdino

Doctora en Derecho, Socióloga y especialista en análisis del discurso. Docente de posgrado en distintas universidades de su país y del exterior. Investigadora principal del CONICET (Argentina) en el CEIL. Directora del Proyecto Institucional (CEIL-CONICET) "Estrategias de producción y reproducción social de las familias en Argentina: trabajo, educación, religión y salud en contextos sociales y territoriales heterogéneos" (2017-2022). Entre sus publicaciones se encuentran: *Métodos Cualitativos. Los problemas teórico-epistemológicos* (CEAL, 1992); *Estrategias de Investigación Cualitativa* (coord.) (Gedisa, 2006); *Discurso científico, político, jurídico y de resistencia. Análisis lingüístico e investigación cualitativa* (Gedisa, 2013); *La construcción discursiva de la identidad y el modelo de sociedad en el discurso político de M. Macri* (*Discurso & Sociedad* 10(3), 2016); "Investigación Cualitativa: epistemologías, validez, escritura, poética, ética" en N. K. Denzin e Y. Lincoln, *Manual de Investigación Cualitativa Vol. V* (Gedisa, 2017).

Este libro se terminó de imprimir en agosto de 2018 en Imprenta Dorrego (Dorrego 1102, CABA).

www.ingramcontent.com/pod-product-compliance
Lightning Source LLC
Chambersburg PA
CBHW030641270326
41929CB00007B/157